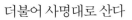

더불어 사명대로 산다

더불어 사명대로 산다

초판 1쇄 발행 | 2024년 3월 8일

지은이 | 강대흥
펴낸이 | 이민교
편 집 | 이한민
디자인 | IF Design
펴낸곳 | 도서출판 사도행전
주 소 | 서울시 강남구 자곡로 180
전 화 | 010-6251-3842
이메일 | actsbook29@gmail.com
홈페이지 | www.actsbook.org
카카오톡 | sonkorea
등록번호 | 465-95-00163
공급처 | (주)비전북 031-907-3927

ISBN 979-11-985484-4-3 03230

복음에 빚진
선교사 열전 8

팀사역과 본질을 추구하는 애초와 궁극의 선교 방향

더 불 어
사명대로
산 ── 다

강대홍 지음

사도행전

선교사열전은 한국교회의 축복이다. 이 책에는 선교사에게 중요한 몇 가지 원리가 숨어 있다.

첫째로, 선교사열전의 주인공인 강대흥 선교사 개인의 신앙적 뼈대가 탁월하다는 것이다. 선교사로서 그의 눈은 오직 하나님만 주시하고 있으며, 선교의 방향은 오직 말씀에 기초해 있다. 마치 바둑의 고수가 기초돌을 여기저기에 놓듯, 그는 미래에 큰 선교의 집이 만들어질 것을 미리 안 것처럼, 선교의 고수로서 선교의 기초돌들을 하나씩 잘 놓은 것을 이 책을 통해 보여준다. 또한 강 선교사가 국내목회에서 해외선교로 전환하는 부르심 앞에서 '내가 목사가 됨은 이때를 위함이라'고 하며 순종한 것은, 그가 하나님의 택함을 받은 최고의 선교사임을 입증한 것이다

둘째로, 강 선교사는 이론과 현장을 모두 가지고 있다. 대체적으로 한 명의 선교사가 이론과 실제를 다 가지고 있기 힘들다. 그러나 저자는 이론으로는 방콕포럼을 통해 한국 최고의 선교 지도자들이 학구적인 선교 이론을 쏟아내게 함으로써 한국교회가 선교의 기준으로 삼게 하였다. 또한 태국 내 17인의 팀선교 사역현장인 KGAM에서는 현장을 구현해냈다. 전천후로 헌신된 17명의 사역자들을 통해, 이 시대의 17명의 바울들이 17개의 다양한 색깔의 선교 현장을 보여주었던 것이다. 더 중요하고 경탄하지 않을 수 없는 일은, 그 17명의 각기 다른 바울들이 희생적인 선교 현장을 만들어, 오직 하나의 선교

목적인 '태국 현지 교회(태국기독교총회)에 이양하는 모습'을 보여주고 있는 것이다.

셋째로, 팀사역은 시작부터 다음의 세 가지를 전제해야 성공할 수 있다는 것을 이 책이 보여주었다. 그것은 첫째, 팀사역을 위해 나의 욕심을 내려놓겠다. 둘째, 모든 의견을 경청할 것이며 모든 팀과 같이 울고 같이 웃겠다. 셋째, 팀의 모든 은사를 찾아내어 모두 꽃을 피우게 함으로써, 모든 사역자가 팀의 주인공이 되게 하겠다.

강대홍 선교사의 어머니는 평생 선교기도를 하셨고, 그의 아내 황정신 선교사는 방콕 오아시스힐링센터 등을 통해 평생 섬김을 아끼지 않으셨다. 이분들은 하나님께서 보내주신 천사들이다. 두 분의 천사에게 경의를 표한다.

더 놀라운 기적은, 선교사 열전의 진짜 시작은 이제부터라는 것이다. 저자가 서구교회 중심 선교 시대를 지나 비서구 중심 선교시대에 들어서는 이때에 가장 걸맞는 총체적 지도자(total leader)이기 때문이다.

_광명교회 최남수 목사

이 책을 통해 저자가 보여주는 두 가지 건강한 선교적 관점, 즉 성육신적 관점과 공동체적 관점 때문에 기꺼이 추천사를 쓰게 되었다. 돈의 힘으로 진행되는 일을 성경적 선교로 볼 수 없다는 저자의 생각은 가난한 자로 태어나 가난한 자들의 친구가 되어 그들에게 복음을 소통하신 그리스도의 성육신 관점을 드러낸다. 은과 금이 없어도 선교는 얼마든지 가능하다. 주님이 본을 보이시고 우리에게 기대하시는 방식은 식민시대의 시행착오인 경제-정치-군사적 힘이 아니라 자신을 내어주는 성육신적 선교다.

한편, 팀사역의 초점은 선교가 본질적으로 삼위 하나님 공동체를 닮은 '공동체에 의한, 공동체를 위한, 공동체를 향한' 여정임을 드러낸다. 사변적 설명이 아니라, 자신의 삶과 사역으로 이 핵심 개념을 잘 담아낸 소중한 책을 모든 교회와 그리스도인에게 기꺼이 추천한다.

_**정민영**, 전 국제위클리프 부대표

호랑이는 죽어서 가죽을 남기고 사람은 죽어서 이름을 남긴다는 말에서, 이름은 단지 명성을 말하기보다 자기 삶의 기록이라는 말이다. 이런 점에서 선교사에게 자기 기록은 여러 가지 측면에서 중요한 의미를 가진다. 그것은 자신의 명성을 위한 자랑이 아니다. 선교사에게 자기 기록은 결국 자기가 섬긴 나라의 교회 역사가 되고 선교 전략이 된다. 이런 점에서 태국 선교 사역을 중심으로 기록된 이 책의 내용은 장차 태국교회 역사의 일부가 될 것이고, 필자가 시도한 팀사역 모델 등은 태국 선교의 전략이 된다. 더 나아가 한국 선교의 미래 전략이 될 것이다. 이런 점에서 이 책은 한국 선교사의 자기 기록에 좋은 본이 된다. 선교사들뿐 아니라 선교사를 보내는 교회도 꼭 읽으면 좋겠다.

_**한철호 선교사**, 미션파트너스 상임대표

이 책은 37년 동안 태국과 한국의 서로 다른 문화와 선교적 토양 속에서 가졌던 많은 선교 경험들을 바탕으로, 강대흥 선교사의 깊은 고민의 흔적들을 담은 삶과 선교의 이야기이다. 나는 GMS의 선교사무총장으로 일하면서 오랫동안 강 선교사님의 열정과 세심함과 배려와 사랑을 보아왔기에, 이 책에 그의 이야기들이 하나도 꾸밈없이 진솔하게 담겨 있다는 것을 바로 알 수 있었다. 이 책을 읽으면서, 적지 않은 시간임에도 많은 내용들을 일목요연하게 정리한 세밀함에 감탄하였다. 분명한 선교 철학과 소신을 가지고 선교 사역을 건강하게 이루어온 그의 삶과 사역을 응원한다. 이 책이 모든 선교사들과 선교후보생들에게 읽혀져 사역의 고비마다 힘이 되고, 격려와 지지가 되고, 자기 성찰과 선교의 길잡이가 되기를 소망한다.

_전철영 선교사, GMS 선교사무총장

선교사로서 28년을 살면서 가장 감사하는 것 중 하나는 강대흥 선교사님을 만났고 그를 통하여 멘토링을 받았다는 것이다. 강대흥 선교사님은 나에게 팀사역, 전략 선교, 지도력 개발, 현지 교회와의 관계, 연구 개발, 선교사 멤버 케어, 네트워크 등에 대하여 먼저 희생과 본을 보여주었다.

이 책은 저자가 나에게 보여준 다양한 선교의 주제들을 그의 경험들과 연결하여 진솔하게 기록한 것이다. 이런 면에서 이 책은 한 선교사의 단순한 경험 모음집이 아니라 선교지의 다양한 모습들과 이슈들을 여과없이 보여주고 있다. 이 책에는 선교 원리가 현장에서 어떻게 실천될 수 있는지에 대한 생생한 경험들이 녹아 있다. 전환기에 선 한국교회의 적절한 현장 선교 방향을 알고 싶은 분들에게 이 책을 추천한다.

_오영철 선교사, ACTS 연구교수

사명이었고
은혜의 선물이었다

"이 복음을 위하여 그의 능력이 역사하시는 대로 내게 주신 하나님의
은혜의 선물을 따라 내가 일꾼이 되었노라"(엡 3:7).

사도 바울의 이 고백처럼, 선교는 하나님의 선물이다. 내가 선교사가
된 것은 사명이기도 했지만, 하나님의 '은혜의 선물'이기도 했다.

나는 20대 후반에 지역 교회의 담임목사가 되어 5년간 목회하였다.
내가 선교사가 되기로 결심하여 태국에 처음 갔을 때 서른세 살이었다.
그때는 그저 열심히 충성하기만 하면 된다고 생각했다. 태국 목회자들
이 나를 통해 은혜를 받고 교회들이 연합되고 부흥되는 것을 보면서,
내가 선교사가 된 것이 인생에서 가장 큰 축복임을 깨닫게 되었다.

나는 햇수로 37년간(1987년 11월 파송) 선교사로 살면서 큰 은혜의
삶을 누렸다. 태국 란따섬의 미전도종족인 바다 집시족에게 전도하
여 교회를 세웠고, 그들이 자립하여 현지 교단에 가입도 하게 하였다.
초기 11년간은 태국의 목사들을 위한 '목회자훈련원' 사역에 집중했

다. 이 과정에서 과거 한국교회가 선교사들을 통해 복음화되는 과정에서 경험한 자립(自立), 자치(自治), 자전(自轉)의 방식으로 태국교회가 부흥하는 것을 보는 은혜를 누렸다. 태국기독교총회(CCT : Church of Christ in Thailand)와 협력하는 가운데, 현장 선교사들의 단체인 한국총회선교회(KGAM : Korea General Assembly Mission)를 만들어 17명의 선교사 가정과 '팀사역'으로 동역했던 것은 특히 보람있는 일이다.

이 책에 쓴 '팀'이라는 용어는 한국에 본부를 둔 선교단체일 수 있지만, 대개는 내가 설립한 선교부처럼 현지의 팀사역을 위해 선교사들끼리 지역 기반의 단체로서 결성한 것이다. 따라서 팀(team)은 현장에서 사역을 위한 단체이며 팀을 말한다. 그래서 '팀'과 '선교단체'를 거의 같은 개념으로 혼용하여 쓸 것이다.

나는 현장 선교사로서 사역했을 뿐 아니라, 2004년부터 4년간은 한인세계선교사회(KWMF : Korea World Missionary Fellowship)의 사무총장으로, 2008년부터 4년간은 이 단체의 회장으로 섬겼다. 2006년에는 선교사들을 섬기는 GMS(총회세계선교회, Global Mission Society)의 사무총장이 되어 두 기간(two term)을 섬겼다. 2021년부터는 선교단체들을 섬기는 연합기관(KWMA) 사역도 경험하는 복을 누렸다. 한국 교단 중에서 가장 많은 선교사를 파송한 GMS의 사무총장으로 사역할 때는 지역 교회 목사님들의 선교 경향을 이해하게 되었고, 성도를 목양하는 목회자와 교회를 더욱 이해하게 되었다. 2021년, 방콕에서 현지 교회의 선교 동원과 선교사들에게 디브리핑(debriefing) 사역을 하는 동안 한국세계선교협의회(KWMA : The Korea World Missions Association)의 사무총장으로 선임되어 2025년 2월까지 섬기는 중이다. 또한 2004년부터는 현장의 선교사들의 사역을 격려하기 위해, 선교 현장의 주요 이슈들을 발표하고 건강한 선교 현장을 만들기 위한 작업으로서 방콕포럼을 시작했다. 이 포럼의 코디네이터로 섬기면서 한국교회의 선교가 더욱 건강해지고 지속가능할 수 있는 길을 모색할 수 있었다. 세계기도자학교(WPS : World Prayer School)의 사무총장으로도 섬겼다. 이 과정에서 국제선교단체들과 협력하고, 특히 동남아시아의 교계 리더들과 관계를 맺은 것은 큰 열매였다.

GMS 사무총장의 임기를 마치고 2013년에 태국에 재입국한 후에는 두 가지 사역에 집중했다. 하나는 태국교회가 선교하는 교회가 되도록 돕는 4개월 과정의 '선교학교'를 매년 개최하여 태국인 가운데 평신도 선교 동역자가 배출되게 한 것이다. 다른 하나는 나를 중심으로 태국 목사 10명이 실행위원이 되어 태국교회에 교회개척운동을 시작한 것이다. 2017년부터 2019년까지 2년간 힘쓴 결과 100여 개 교회가 동참하였고, 교회마다 목사님들과 평신도 리더들이 훈련을 받았다. 이 훈련에는 방콕, 치앙마이, 핫야이, 끄라비, 피사누록에서 800여 명이 참가하였다. 그 결과 1,130명이 예수님을 믿었고 89명이 세례를 받았으며, 79개의 가정교회가 개척되었다. 이런 사역들을 통해 태국교회가 스스로 전도하고 선교사를 보내는 교회로 성장하도록 협력하는 모델을 만들었다고 자부한다. 이 모든 과정에서 누구하고도 협력할 수 있는 은사가 내게 있다는 걸 발견한 것은 또 하나의 축복이라고 생각한다.

선교사로서 아내 황정신 선교사와 더불어 동역자 이상의 사역을 함께 해온 것도 큰 축복이었다. 나는 아내와 함께 2013년 방콕에 '오아시스힐링센터'를 설립해 매년 20여 선교사 가정에게 3박 4일간 숙박과 '디브리핑'을 제공했다. 디브리핑이란 사역자가 수행한 일을 보고하는 형식으로 진행하는 상담의 일종으로, 상담학을 전공한 아내의 전문 영역이다. 아내는 이 은사를 통해 수많은 선교사들의 마음과 고충을 들어주었다. 우리는 이 사역을 통해 선교사들의 아픔을 품는 마음을 더 넓혀갈 수 있었다.

나는 이상과 같은 여러 사역들을 통해 선교 현장과 선교사, 현지인 교회 리더 모두에 대한 이해가 깊어질 수 있었다. 한국에서의 목회 경험과 GMS 사무총장으로서 사역한 경험은 교회와 담임목사 그리고 교단을 이해할 수 있게 했고, 교파를 초월해 선교사들과 교류하면서 초교파 선교단체의 DNA 역시 이해하게 되었다. 특히 국내의 선교단체들이 협력하고 합의를 이뤄낼 수 있는 유일한 단체인 KWMA의 사무총장으로서 일한 최근의 섬김은 선교사의 일생에서 특히 영광스러운 시기였다고 생각한다.

한국 선교의 우선 과제는 선교지가 필요로 하는 전문인을 발굴하여 파송하는 것과, 이미 국내에 거주하는 이주민(산업 노동자, 유학생, 다문화 가정, 난민)들 260만 명을 타문화권 선교 대상으로 여기고, 교회(성도)가 이들에게 선교적으로 접근해야 하는 것이다. 현장의 사역자들은 다양한 사역들을 선교지의 교회에 유익한 방향으로 해야 한다. 선교사 중심의 사역을 지양하고, 현지 교회(교단)가 원하는 쪽으로 사역의 방향을 잡아야 하는 것이다. 더 나아가, 사역을 종료할 무렵에 반드시 수행해야 할 이양(移讓)과 출구 전략의 문제, 그리고 은퇴 이후의 삶까지, 풀어야 할 과제도 생각해야 한다.

나는 선교의 모든 과제를 해결할 수 있는 사람이 아니다. 선교에 관한 여러 분야를 경험할 기회를 가졌을 뿐이다. 그 중에서 특별히 내가 조금이라도 자신있게 말할 수 있는 분야는 '팀사역'이다. 선교사들이 현장에서 제각각 독불장군이나 소외된 독립군이 되는 것이 아니라, 선배는 후배를 돌보고 이끌며, 후배는 선배의 도움을 통해 더 나은 사역을 해나갈 수 있는 구조를 만들고 실행하는 것이다. 선교사로서 개인의 경험을 쓴 이 '선교사 열전' 책에서 팀사역에 대해 많은 부분을 할애한 것은 이 사역이 선교 현장에서 그만큼 중요하다고 확신하기 때문이다.

내가 소개하고 싶은 또 하나의 사역은 선교사 자녀들(missionary kids)을 위한 기숙사(dormitory)이다. 1997년 치앙마이에 세운 MK호스텔 '푸른초장'이 그것이다. 목회자의 자녀는 한국에서도 특별한 입장이 될 수 있지만, 부모가 해외에 선교사로 가게 되면 완전히 다른 상황에 봉착하게 된다. 일반적으로 교육 환경이 여의치 않다. 부모의 사역이 더 많아지고 바빠지며, 경우에 따라 오지에 가 있어야 할 부모와 분리되는 상황까지 흔하게 발생한다. 선교사들 역시 자녀에게 매이면 제대로 사역하기 어렵다. 자녀교육 문제가 심각해지면 선교사로서 정체성마저 흐릿해지기도 한다. 무엇보다 팀사역을 하려면 선교사의 자녀들을 돌보는 일은 팀 전체의 몫이 되어야 한다.

KGAM 소속 선교사들은 전략적인 지역에서 사역하였다. 태국의 남부(나컨시타마랏), 북부(치앙라이), 중부(나콘파톰), 그리고 동북부(우돈타니)에서 사역했는데, 자녀들을 보낼 만한 학교가 없기에 어쩔 수 없이 치앙마이의 선교사 자녀 학교에 보내야 했다. 그러기에 선교사인 부모가 자녀에 대한 염려 없이 안심하며 사역하게 하려면 자녀들이 안전하게 돌봄받고 공부할 수 있는 환경을 만들어야 했다. 기숙사는 그런 점에서도 필요하다. 나는 이런 문제를 팀의 선교사들이 힘을 합쳐 선교사들의 자녀를 공동으로 돌보는 '선교사 자녀 기숙사'를 통해 해결하려 했다. 서양의 기숙사처럼 한국인의 정서에 맞지 않는 곳이 아니라, 마치 한국에서 삼촌이나 이모가 부모를 대신해 조카를 돌보듯, 선교사가 선교사의 자녀를 돌보는 시스템을 만든 것이다. 이것은 우리 팀의 자녀들에게 가정 같은 느낌을 주었고, 부모들이 선교사로서 사역에 집중할 수 있도록 도왔다.

한국교회의 선교는 이제 기존과 전혀 다른 패러다임의 길로 들어서야 할 때가 되었다. 한국교회가 한동안 서구의 선교 패러다임을 따라 재정과 물리적 실적을 통한, 이른바 '보여주기식 선교'에 치중했던 것이 사실이다. 하지만 현지에 건물을 세우기보다 사람을 세우고, 개인의 업적을 먼저 이루기보다 다른 선교사들과 팀으로 사역하는 길을 추구했으며, 교단과 지역과 나라를 초월해 협력하는 길을 모색했던 필자로서는 조금 다른 것을 말하고 싶다.

주님이 다시 오실 날이 가까워진 듯한 이때, 세상은 더욱 혼탁해지고 있다. 각종 이단은 세계 곳곳에서 활개를 치고 있다. 이런 마당에 복음주의와 정통을 표방하는 교회들이 뜻과 마음을 모으지 않고 제각기 다른 방향으로 가고 있다면 어떻게 되겠는가? 말세의 끝자락에 선 우리의 선교는 주님의 뜻과 현실에 맞게 전략과 방향을 바로잡아야 할 것이다.

물론 방법과 결론이 어떤 하나뿐이라고 말하려는 것은 아니다. 각자 맡은 사명이 다르고 은사도 다르다. 한국의 힘이 다양성인 것처럼, 한국교회의 다양성도 선교에는 큰 자양분이 되는 것이다. 그러나 한국교회는 다양성 속에서도 일치와 화합을 모색하는 노력을 계속 해나가야 한다. 무엇보다 과거의 낡은 패러다임은 뒤로 접어두고, 현장의 새롭고 다양한 이슈에 귀를 기울여야 한다. 무엇보다 돈이 하는 선교가 아니라 사람과 본질이 하는 선교의 길을 찾아야 한다. 기존의 서구권 선교 방식과 새롭게 부상하는 비서구권 선교 방식의 양쪽을 두루 경험해온 한국교회는 우리만이 할 수 있는 특별한 사명을 찾아내고 감당해야 할 것이다.

달라진 환경 가운데 하나는 '외국에 나가는 것만이 더 이상 선교가 아닌 것'이다. 국내에서도 외국인을 상대로, 이른바 타문화권을 상대로 선교해야 하는 상황이 된 지 오래다. 260만 명이 넘는 외국인이 한국에서 살고 있다. 그들 가운데엔 난민도 있다. 북한이 고향인 탈북민은 별도로 계산된다. 탈북민 또한 문화적으로는 처음엔 외국인이나 마찬가지로 보아야 한다. 언어가 같아 접근하기 수월할 뿐이다.

한국교회는 국내에 와 있는 다양한 타문화권의 사람들을 대상으로 복음을 전하는 일 또한 선교로 인식해야 한다. 그래서 나는 국내에서 타문화권 사역을 하는 이들을 국내 선교사로 부르지 말고 그들이 사역하는 언어권에 따라 부르기를 제안한다. 예를 들면 국내의 태국 사람들을 위한 사역자도 태국 선교사, 인도네시아 사람들을 위한 사역자도 인도네시아 선교사로 부르자는 것이다. 또한 우리나라에 온 이주민들을 대상으로 사역하는 분들은 타문화 선교 훈련을 거쳐 '이주민 선교사'라고 인정하기를 제안한다. 왜냐하면 우리나라 안에서 타문화권, 즉 다른 언어권의 사람들을 대상으로 사역하는 것 또한 선교로 보아야 하기 때문이다. 그러므로 이제는 그런 사역을 하는 언어권 선교사 역시 교회가 선교사로 여기고, 파송하고 지원하며 격려해야 한다고 생각한다.

해외 파송 선교사는 목회자여야 한다는 기존의 고정관념도 달라져야 한다. 이슬람 같은 종교적 장벽이 있는 곳에서 목회자인 선교사의 현장 진출이 불가능해진 지는 오래다. 전통적으로 기독교를 거부하는 선교지의 문은 갈수록 닫힐 것이다. 하지만 그런 제3세계 국가일수록 개발이 시급한 입장이므로, 전문성을 가진 평신도 선교사들에게는 기회의 문이 더욱 열릴 것이다. 따라서 전통적인 목회 선교사뿐 아니라 선교로서 하는 비즈니스(BAM : Business As Mission)와 직업을 통한 평신도 선교사를 격려하고 활성화하여, 결과적으로 모든 성도가 다양하고 창의적인 방법으로 선교할 수 있어야 한다.

한국교회는 선교사들을 동원하는 선교의 입구뿐 아니라 출구, 즉 선교의 이양과 은퇴 문제까지 챙기고 책임지는 일에도 마음을 모아야 한다. 선교지의 업적을 정리하고 현지인에게 넘겨주는 이양의 문제는 경우마다 다르고 매우 복잡한 것이므로 여기서 길게 언급하지는 않을 것이다. 기본적으로 사역을 마치고 귀국하는 선교사들의 정착과 노후를 돕는 장치를 마련하는 것, 즉 선교사 연금 같은 제도를 초교파적으로 연합하여 수립하는 일이 필요하다. 이런 배려는 선교사들이 사역에 더욱 집중하도록 도울 것이다.

선교사들이 현장에서 경험하고 얻게 된 지식을 한국교회가 적극적으로 수용하여 미래의 자원으로 활용할 수도 있어야 한다. 개인적으로는 이 '선교사 열전 시리즈'가 선교사의 개인 간증으로서 한국교회의 후원을 보람스럽게 만들 뿐 아니라, 이후의 한국선교에 유익한 자료가 될 것으로 확신한다. 그런 점에서 도서출판 사도행전의 선교사 열전 시리즈는 한국교회가 선교적으로 협력하고 후원할 일이라고 본다. 이 중차대하고도 어려운 일을 선교 후원자가 아니라 이민교 선교사에 의해 시작된 것은 매우 의미있는 일이다.

이 귀한 도서의 목록에 본인이 포함된 것을 무한한 영광으로 생각하고 감사드린다. 모쪼록 많은 독자가 이 책을 읽으며, 선교 지원자는 선교의 영광에 대해 확신할 수 있고, 한국교회는 선교 후원이 매우 의미있고 보람된 일인 것을 확인하실 수 있을 것이다.

이 책에 기록한 나의 미흡한 경험과 고백이 밀알처럼 작은 것일지라도 한국선교에 도움이 될 것을 기대한다. 무엇보다 선교에 헌신하려는 후배들에게는 길라잡이 역할을 하길 바란다.

강대흥 선교사

| 차례 |

3부　개인사역이 아닌 팀사역이다

1부

선교사를 만드는 기도

✛ 1 ✛
사무엘처럼 태어난
목사

——— 너는 목사 될 사람이야

나는 어릴 때부터 교회 어른들로부터 목사가 되어야 한다는 말을 듣고 자랐다. 중고등학생일 때 다니던 서울 성북구 소재 장성교회(지금의 예수비전교회)에서는 어머니 또래의 집사님과 권사님들이 나를 보실 때마다 "장래의 강 목사"라고 부르시며, 이런 말씀을 무슨 '협박'처럼 하시는 걸 듣기도 했다. "대홍아, 네 엄마가 아들 낳으면 반드시 목사 되게 하겠다고 서원하셨다. 아들을 구하는 네 엄마 기도가 너무나 간절해서, 아마 한나도 네 엄마만큼 기도하진 않았을 거야."

결혼하기 전까지 예수님을 믿지 않던 내 어머니 박순재 권사님은 강봉무와 결혼해 아들부터 낳았다. 하지만 그 아들은 내가 아니라 나의 형이었다. 그가 다섯 살 때 냇가에서 놀다가 다쳤는데, 어머니가 한의원에 데려갔지만 치료되지 못하고 세상을 떠났다고 한다. 어머니는 이후 네 명의 딸을 줄줄이 낳았는데, 아들을 너무나 원한 가부장적 아버지가 어머니를 심하게 핍박하였다. 아들을 낳지 못한 어머니의 속을 상하게 한 아버지의 행적은 일일이 기록하기 어렵다. 모두가 상상할 수 있는 그것, 어쩌면 그 이상이었다.

어머니는 어느 선교사의 전도를 받아 예수님을 구주와 구세주로 영접하고 교회를 다니기 시작하셨다. 그런 어머니가 교회 갈 때마다 울면서 드린 기도의 제목은 당연히 아들을 달라는 것뿐이었다. 어머니는 목사님의 설교를 들을 때, 혹은 성경을 읽을 때 사무엘 선지자의 어머니 한나를 알게 되었을 것이다. 그래서 이러셨을 것이다.

"나에게 아들을 주시면, 한나가 서원했던 것처럼 나도 그 아들을 목사로 바치겠어요! 그러니 부디 아들을 낳게 해주세요!"

그렇게 간구하고 또 간구하셨다. 그 기도를 목사님과 교인들에게 얼마나 부탁하셨는지 교인들도 "박순재 집사가 아들을 낳아야 남편도 핍박을 멈추고 예수를 믿을 것이니, 부디 이 집에 아들을 주십시오" 하고 기도했다고 한다. 그러니 어른들이 나를 볼 때마다 "너는 목사 될 사람이야"라고 하셨던 거다. 심지어 어떤 어른은 "어차피 대흥이는 목사 될 사람이니까, 지금부터 작은 목사야. 아이고, 강 목사님!" 하고 놀리셨다. 그럴 때 나는 얼굴이 붉어졌지만, 그 말씀이 축복이고 격려였다는 걸 이제는 안다.

———— 가난한 어머니들이 세운 교회

　　내 아버지 강봉무는 내가 초등학교 4학년 때 돌아가셨다. 나는 철이 없었는지 장례식장에서 유행가를 부르며 뛰어다니기만 했다고 한다. 장지가 망우리 공동묘지였는데, 조문객마다 상주가 너무 어리다며 나를 불쌍히 여기셨다고 한다. 장례식 때 유일하게 기억나는 일은 아버지를 매장할 때 어머니가 크게 우셨는데, 그걸 보고 같이 울었던 것뿐이다.

　　아버지가 돌아가실 무렵, 우리집은 당시엔 '명덕굴'이라고 불린 성북구 석관동의 끝자락에 있었다. 그땐 전기도 수도도 들어오지 않는 시골이었다. 동네 초입에는 염광여자중고등학교가 있었고, 나는 50분을 걸어 그 여학교보다 먼 장위국민학교를 다녔다. 중학교는 무려 1시간을 걸어야 하는 광운중학교를 다녔다. 그럴 만큼, 시골이나 다름없던 서울 외곽에서 자랐다.

　　어머니는 아버지가 살아계셨을 때도 고생하셨지만, 아버지가 돌아가시자 고생은 가중되었다. 처음엔 어디서 받아오셨는지 몰랐는데, 큰 '다라이'(붉은색의 대형 플라스틱 바구니)에 야채나 생선 같은 걸 담아와 석관시장 길바닥에 좌판을 깔고 장사하셨다. 내가 조금 큰 다음에 우연히 눈치로 알게 된 사실은, 어머니가 채소와 생선을 싸게 구하려고 인천의 도매시장까지 다녀오신 것이었다. 그 무거운 걸 머리에 이고 기차나 버스를 여러 번 바꿔 타고서, 승객들의 눈칫밥을 굶은 아침밥 대신 드셨을 것이다. 어머니가 그렇게 힘들게 돈을 벌었기에 네 명의 누님들과 나는 학교를 다닐 수 있었다.

당시 어머니 주변에는 어머니를 비롯한 8명의 신앙 동지가 계셨다. 아마도 모두 가난했을 분들인데, 모일 때마다 기도하며 고단한 삶을 서로 어루만지셨을 것이다. 그런데 이분들이 뜻을 모아 교회를 개척하기를 원했다. 동네에 예배 처소를 먼저 만들고 예배드리다가, 당시 충현교회 담임이신 김창인 목사님을 찾아가 담임목사를 보내달라고 부탁하였다. 김 목사님이 원동교회에서 사역중이던 강석원 강도사를 보내주셔서 장성교회가 시작되었는데, 그 교회는 훗날 예수비전교회가 되었다. 나는 장성교회가 창립된 둘째 주일부터 어머니를 따라 그 교회를 다녔다. 도보로 1시간이 넘게 걸렸다. 그래도 어머니는 매일 새벽기도회에 가셨다. 비가 오나 눈이 오나 어머니의 새벽기도는 그치지 않았다. 어머니는 새벽기도를 다녀오신 후에야 장사하러 나가곤 하셨다.

내가 중학교 3학년일 때 임영재 목사님이 장성교회에 부흥회를 인도하러 오셨다. 나는 그때 목사가 되기로 결심하였다. 나는 고등학교를 졸업하자마자 아무 고민 없이, 지금은 고인이 되신 광천교회 1대 담임인 박병진 목사님의 추천서를 받고 총신대학교에 입학했다. 당시는 장성교회에서 분립한 광천교회(지금의 맑은샘광천교회)를 다니고 있었다. 그 교회를 섬기면서 총신대학교 신학대학원도 다녔다.

박병진 목사님은 교회법에 능통한 분이셨다. 교회 정치를 바르게 하려는 마음이 가득하셨고, 설교는 성경강해만 하신 분으로 기억한다. 이분 덕에 나는 교회 정치와 헌법을 밥상머리에서 듣고 배웠다. 박 목사님은 몇몇 목사님들과 교회가 예장합동 교단에서 나가 개혁 교단을 만들 때, 가까운 목사님들이 개혁 교단으로 가는 경우가 많아 따라갈 수도 있었으나, 교회 자체가 분규에 빠지는 것을 원치 않아 그냥 담임목사직을 사임하셨다. 나는 그런 박 목사님의 모습을 보고서 교회는 평화롭고 분규가 없어야 한다는 것을 배웠다. 모름지기 목사는 교회가 어려움에 빠지지 않도록 목회하는 것이 가장 중요하다는 것을 배운 것이다. 그때 받은 가르침 덕분으로, 내가 태국에 가서 목회를 시작한 초기에 교회가 분열될 수도 있는 상황에서 담임목사 직분을 내려놓고, 그저 선교 사역에만 집중하는 방향으로 처신할 수 있었을 것이다.

─────── **젊은 목사를 통해서도 부흥을**

나는 총신대학교 2학년일 때, 지금의 일산에 속한 능곡에 가서 입대를 위한 신체검사를 받았다. 군의관이 용케 내가 결핵이라는 사실을 밝혀주었다. 질병과 더불어, 아버지가 먼저 돌아가신 독자라는 뜻의 '부선망 단대 독자'라는 사유로 면제를 받게 되었다. 하지만 집안의 경제 여건으로 일반 병원에서 결핵 치료를 받을 수 없었다. 남산에 있던 대한결핵협회까지 가서 주사약을 받아와, 동네 의원에서 6주간 매일 엉덩이에 주사를 맞은 후에 객담에서 결핵균이 나오지 않는다는 진단을 받았다. 지금도 흉부 엑스레이를 찍으면 결핵의 흔적이 발견된다. 나는 군대를 가지 않은 덕에 신학교의 또래 친구들보다 빨리 졸업하고 교회 사역도 일찍 시작하였으며, 목사 안수도 20대에 받을 수 있었다.

나는 대학생일 때 교회 생활에 참으로 열심이었다. 주일학교 총무로 섬기면서 매주 수요일마다 교회에 가서 주일학교 예배를 인도했다. 당시엔 수요일에도 주일학교를 했기 때문에 수요일 오후 3시 이후의 수업은 빠질 때가 많았다. 아이들에게 성경을 가르쳐 전국 주일학교 성경고사에 나가게 한 일은 특히 잊을 수 없는 추억이다. 그렇게 열심히 사역했더니, 교회는 내가 신학대학원에 들어가기 전인 학부 4학년 때 주일학교 전도사로 임명해주었다.

그 무렵에 어머니는 석관시장에 점포를 얻어 건어물 장사를 하고 계셨다. 나는 어머니를 대신해 을지로 중부시장에 가서 건어물을 사와 어머니의 장사를 도왔다. 그래서 나는 지금도 건어물을 참 좋아한다.

우리는 월셋집에 살았는데, 내가 수업료를 내거나 책을 사야 한다고 하면 어머니는 일수를 얻어서라도 내게 공부할 돈을 주곤 하셨다. 그 돈을 100일에 걸쳐 매일 갚으시는 걸 보았다. 그러니 나는 결코 공부를 게을리할 수 없었다.

총신 신대원 2학년 때, 교단이 합동과 개혁으로 갈리는 상황에서 학내 분규가 일어났다. 박아론 박사님을 중심으로 총신에서 나간 이들은 개혁신학교를 세웠다. 그때 나는 반장(원우회장)이었다. 나는 분규에 휩쓸리기보다 수업받기를 원했으므로, 나를 비롯한 2학년 대부분은 강의를 끝까지 듣기로 했다. 하지만 1학년 후배들은 강의를 거부하기로 결의하고 강당에서 기도회를 열었다. 우리는 공부를 계속했고, 그들에게 빵과 우유를 제공했다. 그때 강의를 거부한 이들이 총신 74회이고 나는 73회인데, 우리 동기가 강의를 들은 것은 반장이던 내가 용감하지 못했기 때문일 것이다. 한편으로, 어려운 환경 가운데 신학 공부를 하던 나로선 그때 공부하지 못하면 평생 목회하는 데 부족한 점이 있을 수 있다는 우려가 컸던 것 같다.

나는 1980년 2월에 총신대학원을 졸업했다. 졸업과 동시에 중구 필동에 있는 한민교회에서 전임으로 부교역자 사역을 시작했다. 그해 4월 22일에는 중매로 만난 아내 황정신과 결혼했다. 당시 한민교회 담임이던 이덕수 목사님은 부흥사여서 평일에는 교회 일의 대부분을 내게 맡기셨다. 그 덕분에 나는 목사 안수를 받기 전부터 심방과 전도와 설교 경험을 많이 쌓을 수 있었다. 그리고 목사 안수를 받은 지 1년 만인 1982년 9월, 28세에 불과했던 내가 동대문구 전농동 소재 성은교회의 담임목사로 청빙받아 담임목회를 시작하게 되었다.

당시 성은교회에는 60여 명의 성도와 두 분의 장로님이 계셨다. 교회 건물은 약 50여 평의 본당과 5개의 방이 마치 열차처럼 일자로 연결된 것이었다. 그 방들 중에 사택도 있었다. 교회 앞의 골목은 좁아서 차량이 들어갈 수 없었다. 나는 그런 열악한 환경에서도 아내와 함께 열심히 목회하였다.

주님께서는 젊은 목사를 통해서도 부흥의 은혜를 부어주셨다. 1년이 지나자 출석 교인은 100명이 되었고, 3년이 되자 150명이 모였다. 태중에서부터 "아들을 주시면 목사가 되게 하겠다"고 서원하신 어머니의 간구와 교인들의 축복이 쌓아주신 은혜의 열매였다고 생각한다.

————— 선교사 3명을 후원하니까 3층 건물을

교회가 부흥하는 가운데, 뜻밖에 세상으로부터 들이닥친 도전이 있었다. "교회 앞의 골목으로 소방차가 들어올 수 없으니 길을 넓혀야 하므로 교회를 철거해야 한다"는 통보를 1985년에 동대문구청으로부터 받은 것이다. 당시 서울시는 1986년 아시안게임과 1988년 올림픽 유치가 결정된 상황에서 대대적인 도시 정비 사업을 하고 있었다. 한강 주변을 정비하고 올림픽대로를 만드는 큰 공사 외에도, 소방도로조차 없던 동네마다 소방차가 다닐 수 있을 정도의 길을 낸다는 계획을 세운 것이다. 우리 교회 앞의 골목에도 소방도로를 낸다는 결정이 내려졌고, 교회를 비롯해 주변 집들에도 철거 통보가 왔다.

청천벽력 같았다. 교인들은 절대 철거할 수 없다고 맞섰다. 정부의 보상금이 아무리 많다고 한들, 새 땅이나 새 건물을 얻어 새 예배당을 가진다는 건 엄두를 못 낼 일 같았기 때문이다. 무엇보다 교인들 가운데에도 철거 대상인 집에서 사는 이들이 있었다. 나는 난감했다. 사실 대부분의 교인이 동네 주민이기도 한 교회였다. 그들은 청량리역 주변에서 장사나 일용직을 하며 살아가던 영세민이기도 했다. 철거 통보에 따라 입장이 난감해진 건 교회나 동네나 다를 것이 없었다.

주민들은 나라가 무리한 정책을 추진한다고 항의하였다. 일부 주민은 구청에서 철거반원을 보내면 똥을 준비했다가 부어 쫓아버리면 된다는 험한 말까지 했다. 그러면서 교회 눈치를 보기도 했다. 철거될 면적만 보면 우리 교회가 동네에서 가장 큰 집이었기 때문이다. 하지만 교회가 구청 같은 관공서를 상대로 마냥 싸울 순 없었다. 아시안게임과 올림픽을 앞둔 상황에서 정부 시책에 반대하기만 할 수 없다는 생각도 젊은 목사의 고민에 무게를 더했다. 결국 어느 날, 새벽기도를 하면서 철거에 동의하기로 마음먹었다. 이제는 교인들을 설득하는 일이 문제였다. 그때 엉뚱한 생각이 내게 들어왔다. 30대 초반에 불과했던 젊은 목사여서 그랬는지 몰라도, 엉뚱한 믿음 같은 것이 있었던 것 같다.

그 믿음은 이랬다. 당시 성은교회는 세 명의 선교사를 후원하고 있었다. 그러니 하나님께서 새 교회를 주실 때는 3층 건물을 주실 것 같다는 생각이 기도 중에 든 것이다. 그때 교회가 후원하던 세 명의 선교사는 태국의 김중식 선교사와 박선진 선교사, 감비아의 이재환 선교사였다. 개념과 연관성이 하나도 없는, 정말 말도 안 되는 황당한 생각이었지만, 그래도 나는 이 생각을 성도들에게 나누었다.

"성도 여러분, 우리 교회가 선교사님 세 분을 후원하고 있으니까, 하나님께서 우리에게 새 예배당으로 3층 건물을 주실 것으로 확신합니다. 어차피 나라에서 결정한 일을 우리가 언제까지 막을 수 없고, 이참에 우리 교회가 새 성전을 마련할 수 있도록 믿음으로 간구합시다."

나는 기도 중에 받은 감동을 따라 성도들에게 기도하자고 도전했다. 이 일을 위해 전 교인이 77일간 금식하고 100일간 철야기도회를 하자고 했다. 교인들은 젊은 목사의 말을 잘 따라주었다. 릴레이 기도표를 예배당 뒤에 붙이고 연이어 금식기도에 동참했다. 매일 밤 12시에 교회에 모여 철야기도를 했다.

당시 내 나이는 서른한 살이었다. 교인들 중에 장로님과 권사님은 모두 60이 넘은 분들이어서 부모님이나 마찬가지였다. 하지만 모두 담임

목사에게서 새 성전에 관한 좋은 소식이 있지 않나 하고 귀만 쫑긋거릴 뿐이었다. 하지만 나라고 뾰족한 수가 있을 리는 없었다. 그저 교인들 가운데 부동산에 대한 정보를 얻을 만한 이가 있으면 돌아다니다가 매물로 나온 건물이 있는지 알아보라고 부탁할 뿐이었다. 건물을 볼 때는 3층인지부터 확인하라고 당부하는 것도 잊지 않았다.

금식기도를 작정한 77일이 다 되어갔다. 하지만 그때까지 좋은 소식은 없었다. 나는 그래도 낙심하지 않으려 마음을 다잡았다. 낮에는 심방을 다니고 밤에는 기도하기를 계속했다. 그 와중에 구청은 철거명령과 함께 공사를 진행하겠다는 통보를 거듭해왔다.

─────── **철야기도 하는 동안 개의 입을 막으시다**

새 예배당 후보지가 발견된 것은 100일의 철야기도가 끝나갈 무렵이었다. 무려 석 달 넘게 밤마다 큰소리로 기도했어도 아무 반응이 없던 옆집 개가 짖기 시작한 것도 그 무렵이었다. 우리는 옆집에 개가 있는 줄도 모르고서 살았다. 철야기도를 하는 동안 하나님께서 옆집 개의 입을 막고 계셨던 것 같다. 나는 그때 다니엘이 사자 굴에 빠질 때, 하나님께서 사자의 입을 막으신 기적이 생각났다. 새 교회 부지를 소개받은 날에야 비로소 옆집에 개가 있었다는 걸 알았으니, 그것도 기적 같았다.

사실 내가 성은교회에서 새 예배당을 놓고서 기도했을 때, 옆집 개의 입을 막아주신 일보다 더 놀라운 기적을 체험하곤 했다. 하루는 지금의 롯데백화점 청량리 지점의 뒷길을 따라 걸어가고 있는데, 교회를 열심히 섬기던 여집사 한 분이 아이를 업고서 헐레벌떡 뛰어가고 있었다. 무슨 일인가 싶어 불러 세우니 아이가 장티푸스에 걸린 것 같다고, 설사를 하고 열이 심해서 병원으로 데려가는 중이라고 했다. 나는 길에서 그 아이의 머리에 손을 얹고 기도했다. 그런 다음 그 집사가 아이를 병원에 데리고 갔는데, 언제 그랬냐는 듯이 열이 사라져 그냥 돌아왔다고 간증한 것이다. 그때는 이런 일이 흔하게 일어났다. 정말 그때는 내가 기도만 하면 성령님께서 도와주시는 것 같은 일을 많이 체험했다. 교인 중에 아픈 이가 있으면 심방 가서 기도해주고, 열이 오르면 기껏해야 솜에 알코올을 묻혀 발라준 것이 전부였다. 그래도 금세 다 나았다며 일어나는 일을 종종 보았다.

교회는 철거명령을 받은 흉흉한 분위기 속에서도 부흥하고 있었다. 하지만 자기 집을 가진 가정이 교인들 중에 단 하나뿐이었을 정도로 대부분 가난했기에, 새 예배당으로 옮겨야 한다는 사실은 알았지만 건축 헌금을 할 형편은 모두 아니었다. 그러니 새 예배당을 위한 재원 마련의 방법은 기존의 건물과 부지를 정부로부터 최대한 좋은 값으로 보상받는 것 외에 없어 보였다.

하여튼 교회가 철거에 동의하자, 구청의 철거작업 속도는 빨라졌다. 몇몇 집이 철거되기 시작했고, 두어 달 뒤면 교회도 사라질 것 같았다. 서둘러 새 예배당 부지 또는 건물을 알아보아야 했다. 하지만 여전히 여의치 않았다. 장소를 옮기더라도 교인들이 살고 있는 이 동네에서 가까워야 하고, 200여 명의 장년 교인과 100여 명의 주일학교 학생들까지 수용할 장소를 찾아야 했기 때문이다. 하지만 당시는 3저 현상에 힘입어 웬만한 건물은 가내수공업 공장과 사무실들이 차지하고 있을 때였다. 빈 건물이나 빈 상가를 찾기 어려웠다. 교인들 대부분은 여전히 내 아버지뻘인 장로님보다 젊은 목사 얼굴만 쳐다보고 있는 것 같아 마음이 힘들었다. 무너진 예배당에서 예배를 드릴 순 없으니 속은 타들어갔다. 나는 하나님께서 길을 열어주시기를 기도할 뿐이었다.

다행히 때를 맞춘 듯, 부동산 업자들이 교회의 자투리땅을 사겠다고 찾아왔다. 구청에서는 대지와 건평을 따로 계산해주었는데, 3층 종탑 자리까지 계산해주어 교회는 일단 목돈을 쥐게 되었다. 새 예배당을 쉽게 구할 만큼 넉넉하지는 않았지만, 어느 정도의 이전 비용은 마련한 것이다. 그러던 어느날 새 예배당 건물을 소개받게 되었고, 철야기도 시간에 교회 아랫집의 개가 짖기 시작하였던 것이다. 그 일은 마치 하나님께서 사자굴에서 사자의 입을 막아 다니엘을 보호하신 것처럼, 아랫집 개의 입을 지난 100일간의 철야기도 시간마다 막아주신 것이었다. 개가 짖기 시작하자 옆집에서 신고를 하였는지, 곧 경찰이 와서 담임목사인 나를 대신해 전도사님을 파출소에 데려가는 해프닝이 벌어지기도 했다.

─────── **"교회가 날강도 같다"**

소개받은 건물은 하도 오랫동안 방치돼 도깨비가 산다는 소문이 났을 정도의 폐가였다. 얼마나 심했던지 여름철에 방송되는 '남량특집'이라는 TV 프로그램에서 촬영해 방송까지 했던 곳이었다.

그 집은 전농동 로터리에서 답십리로 넘어가는 언덕의 오른편에 있었다. 기존의 예배당에서 그리 멀지 않다. 문제는 그것이 2층 건물이었다는 거다. 하지만 그 외에 다른 건물은 찾기 어렵다고 판단했다. 만일 그 건물에 지하가 있다면 3층인 것으로 치고 구입하기로 했다.

나는 그 건물을 보러 몇 분의 성도들과 같이 가보았다. 세상에, 폐허도 그런 폐허가 없었다. 무려 20년 전에 지으려던 건물인데, 골조는 세웠지만 자기 땅이 아닌 부분까지 공사한 것이 문제였다. 당시 법으론 건축허가가 나올 수 없게 되자 건물주가 완공을 포기하고 방치해버린 것이었다. 건물에 쌓인 쓰레기가 산더미 같았고, 악취가 너무 심해 숨을 쉴 수 없었다. 그런 곳에 노숙자들까지 살고 있었다. 그래도 그곳이 새 교회 장소라는 느낌이 들어 포기할 순 없었다. 지하실만 있으면 3층인 셈인데, 혹시 지하를 파두었을까 싶어 쓰레기를 치우니 지하로 들어가는 통로가 보였다. 우리는 이곳이 바라던 건물이라는 확신이 들었다.

보름 뒤, 주인을 만나 그 건물에 대한 사연을 구체적으로 들을 수 있었다. 건물주의 부친이 정부로부터 불하받은 대지에 지은 것인데, 철저한 측량 없이 131평 대지 전체에 건물을 올리려다 문제가 된 것이었다. 당연히 준공검사를 받지 못했는데, 1층을 점포로 사용하려고 입주했던 세입자들도 계약을 취소하여 결국 방치해버렸다고 하였다. 다행히 건물주가 20년간 성실하게 전기와 수도 요금을 납부해서 끊기지는 않은 상태였다. 건물도 골조를 잘 활용하면 새로 지을 필요가 없고, 예배당과 부속 시설로 개조할 수 있을 것 같았다. 당연히 기존의 예배당보다 훨씬 크고 넓었다.

남은 문제는 역시 돈이었다. 건물주가 말한 가격은 2억 5천만 원이었다. 시세를 따르면 4억 원까지 부를 수 있었지만, 워낙 오래 방치한 건물이라 나름 파격적으로 내린 것이었다. 하지만 당시 교회가 가진 돈은 구청의 보상금과 교인들의 건축헌금을 다 합해도 1억 원에 불과했다.

나는 건물주를 여러 번 만나 설득하였다. 하루는 그의 사무실에서 김수환 추기경과 찍은 사진을 보고서 종교에 대한 이야기를 나누었다. 그러면서 이 건물이 교회로 사용될 것이라고 거듭 강조하였다. 그러자 그의 마음을 하나님께서 만져주셨는지 무려 5천만 원을 깎아주었다.

나는 기쁜 마음에 일단 계약하자고 교회의 중직자들을 설득했다. 하지만 가난한 교인들로 구성된 교회로서는 여전히 부담이었다. 아직 100일간의 철야기도가 끝나기 전일 때라, 내 보고를 들은 권사님 중에 누군가가 "시세대로 주고 사는 거라면 우리가 기도는 매일 왜 합니까?"라고 말하며 반대하였다. "우리는 기도할 테니, 목사님은 절반에 깎아서 사시라"고 하였다. 사실 건물주가 요구한 2억 원도 싼 것이어서 나는 어이가 없었다. 하지만 헌금해야 하는 교인들의 마음이 이해는 되어 다시 기도할 수밖에 없었다. 건물주에게 교인들의 말을 전하자 "교회가 날강도 같다"고 욕하면서 "다시는 상대하지 않겠다"고 선언하였다.

내 아내는 그때 첫째 사랑이를 낳은 지 얼마 되지 않은 상태였다. 나는 낮에는 교인들의 마음을 붙잡기 위해 심방을 다녔고, 밤에는 아내와 어린 사랑이도 철야기도에 참석했다. 100일간의 철야기도회에 주중에는 20여 명이 동참했는데, 금요일 밤에는 70명에서 100명이나 왔다.

대부분의 교인이 참여한 것이다. 아내와 나는 기도할 때마다 더욱 간절해질 수밖에 없었다. 기도할 때, 나는 건물주와 교인들의 마음 사이에 놓인 외줄 위에서 줄을 타는 기분이었다. 차라리 곡예사라면 한번 떨어져도 다시 타면 그만이지만, 목사는 그럴 수도 없다. 목사는 곡예사가 아니다.

⊹ 2 ⊹
아내의 서원이
시작이었다

─────── 상의도 없이 한 서원 덕분에

철야기도를 이어가던 어느 날, 아내가 하나님께 일방적으로 서원했다는 기도제목을 내게 털어놓았다.

"여보, 만약에 하나님께서 우리 교회에 새 성전을 주신다면, 우리 부부가 선교사로 나가겠다는 서원을 나 혼자 하나님께 했어요."

나에겐 한마디 상의 없이 한 서원치고는 심히 놀라운 것이었다. 아내의 말이 처음엔 너무나 황당했지만, 그때는 모든 것이 간절할 때라 마냥 아내 탓만 할 수 없었다. 내가 어려서부터 목회자와 복음전도자가 되겠다고 서원했기에 선교는 새삼스러울 일도 아니었다. 나로선 한국에서 목회하든 선교사가 되든 크게 다를 것이 없다고 여겼기 때문이다.

성은교회는 결국 그 건물을 시세에 비해 거의 절반에 가까운 가격에 구입할 수 있었다. 가톨릭 교인이던 건물주의 마음을 하나님께서 결국 감동시키신 것 같다. 잔금을 들고서 계약서를 쓰러 가던 날, 계약을 위해 청량리에 위치한 사법서사 사무실까지 30분을 걸어가면서 감사하고 기쁜 마음에 얼마나 울었는지 모른다.

교회는 지하와 1층과 2층 각각 131평, 총 393평의 예배당을 갖게 되었다. 1층은 예배당으로 쓰도록 꾸미고 2층은 연립주택으로 개조하였다. 연립주택의 일부는 교역자들의 사택으로 쓰고, 일부는 전세를 놓아 건축비에 보탰다. 건축업자가 옥상에 담임목사의 사택을 추가로 지어 주기도 했다. 덕분에 나와 아내는 40평이 넘는 큰 사택에서 살게 되었다. 건축을 마무리하고 정산한 결과, 남은 빚은 100만 원에 불과했다. 나는 자랑스러웠고, 목회에 더 재미가 붙었다. 새 예배당을 주시면 선교사로 나가겠다고 한 아내의 서원은 새 예배당과 더불어 바빠진 목회 생활 가운데 잊혀져 갔다.

새 예배당이 생긴 성은교회는 더욱 부흥하기 시작하였다. 넓어진 예배당의 자리는 금세 채워졌다. 길가에 있는 건물이라 예배드릴 때 자동차 소리가 들리는 것이 귀에 조금 거슬릴 뿐이었다. 그러자 누군가 방음에 도움이 된다면서 예배당 벽면 전체를 두를 커튼을 헌물했다. 여름에 예배드릴 때 교인이 꽉 찬 예배당이 더워지자 난방기와 에어컨을 겸한 고가의 에어컨디셔너를 헌물한 이도 있었다. 심지어 어떤 초신자가 오르간을 헌물하였다. 철도공무원이던 그는 원래 우리 교회를 다니던 누님을 핍박하곤 했는데, 이 청년에게 어느 날 중풍이 찾아온 것이었다. 이 병원 저 병원을 전전하다 급기야 오산리기도원까지 가게 되었는데, 거기서 은혜로 치유받고 예수를 믿었다. 그가 기도원에서 예배드릴 때 들은 오르간 소리가 은혜스러웠는지, 어느 수요일 예배 때 "우리 교회에도 저런 오르간이 있으면 좋겠다"며 아껴둔 결혼 자금을 전자오르간 구입 헌금으로 드린 것이다. 분위기가 이쯤 되니 교회는 활기를 띠지 않을 수 없었다. 젊은 담임목사는 목회에 자신감이 더욱 솟았다. 교회 재정에 여유가 생기자 심방용 승합차를 사서 타고 다니기도 했다. 그 전부터 잘하던 노회 활동과 목회자들과의 만남도 더 많아졌다.

나는 목회자들이 쉬는 월요일에는 노회의 선배 목사님들을 만나 노회 일을 하곤 했다. 오후엔 또래 목사 친구들을 만나 교제하였다. 그때는 내가 30대 초반이었으니 웬만한 교회의 부목사 정도였지만, 그래도 담임이니 노회 어른들이 보시기에 유망한 일꾼이었을 것이다. 어릴 때 박병진 목사님께 배운 덕에 젊은 목사치고 교회법과 정치에 대해 아는 것이 많은 편이라 더욱 그래 보였을 것이다. 교회도 새로 짓고 부흥하기까지 하였으니, 누구 눈에도 별다른 고민은 없어 보였을 것이다.

하지만 목회자와 그 가정에 왜 고민이 없었겠는가? 교회가 겉으로는 안정되는 것 같아도 오해와 헛소문이 돌면서 속으로는 우리를 괴롭히는 일이 생기기 시작했다.

——— 헌신한 기도를 잊고 있어서?

내 아내는 기도와 교회 봉사를 즐거워해서 새벽기도에 빠지지 않고 나를 따라 심방도 같이 다니곤 했다. 아내는 주일 예배 후에 새 예배당의 주방에서 연세 드신 권사님들을 대신하여 설거지를 거들곤 했는데, 권사님들은 오히려 자기들의 봉사 영역을 침범당했다고 생각하였다. 나이 드신 권사님들이 자기 며느리 또래의 사모에 대해 "사모가 왜 주방에 들어오는가?" 하는 뒷담화를 하였고, 여전도사를 통해 이런 말을 들은 아내는 더욱 새벽기도와 철야기도에 힘쓰게 되었다. 게다가 당시 시모를 모시고 있었기에, 어떤 분은 새벽마다 우는 아내를 보면서 "시집살이를 고되게 한다"는 헛소문이 나기도 하였다. 아내는 이런 오해 가운데 더욱 기도의 자리에 들어가게 되었다. 이래저래, 예나 지금이나 목회자의 부인이 교회에서 처신을 잘하기란 매우 어렵다.

이런 상황 때문만은 아니었지만, 아내가 '새 예배당을 주시면 선교사가 되겠다'고 했던 서원이 얼굴을 다시 내밀기 시작했다. 아내는 '선교사로 헌신한 기도를 잊고 있어서 이런 시험이 온 것 같다'는 생각이 들었다고 했다. 우리는 선교사로 나가는 일에 대해 다시 의논하기 시작했다. 아내가 노회 일에 바쁜 나를 못마땅하게 여긴 것도 서둘러 선교사로 나가야 한다는 생각에 기름을 부은 것 같다.

"당신이 이 교회를 목회해야 하는데, 밤낮 노회 정치한다고 바쁘기만 한 것 같아요. 그러면 자칫 교회 정치를 하는 목사가 될 수도 있는데, 나는 당신이 그런 목사가 되는 건 원치 않아요. 더 늦기 전에 우리는 선교사로 갈 준비를 하도록 해요."

그 무렵에 나와 아내가 함께 탐독했던 책이 있었다. 〈여명 200년〉이라는 한국교회사 전집이었다. 교회의 사찰 집사가 생계를 위해 방문판매를 하던 것인데, 먼저 담임목사에게 그 책의 전질을 선물한 것이었다. 나는 그 책을 교인들에게 소개할 마음으로 읽기 시작했다. 아내 또한 그 책을 나보다 더 열심히 읽곤 하였는데, 아마도 그것이 아내로 하여금 선교사 서원을 하게 했던 것 같다. 나 또한 감동받고 유익하다고 생각하여, 나중엔 서로 경쟁하듯 전집을 읽어나갔다.

그 책에는 개신교회뿐 아니라 가톨릭의 생성기부터 한국에 복음이 전해진 기독교 역사 200년이 기록돼 있었다. 구교와 신교의 구분을 떠나, 우리나라의 개화 역사와 함께해온 선교사들의 이야기와 초기 한국 교회의 부흥 이야기는 흥미진진했고, 우리 부부에게 도전이 되었다.

내가 어릴 때 들은 선교사의 이야기 중에 리빙스턴에 대한 일화가 있다. 리빙스턴이 어릴 때 선교사가 되기로 헌신했는데, 예배 도중에 헌금 주머니에 돈을 넣은 것이 아니라 자기의 두 발을 넣었다는 이야기다. 이 일화는 자신을 주께 드린다는 의미에서 많은 선교사 후보생들에게 도전과 감동을 준 것이다. 아내의 선교사 서원과 더불어, 어려서부터 목사가 되어야 한다는 말을 듣고 자란 나는 이런 선교사들의 이야기가 슬슬 기억나기 시작했다.

내 신학교 동기 중에, SIM(Sudan Interior Mission) 소속 선교사로 아프리카 라이베리아에서 학생 선교를 하던 류종재 목사가 있다. 한국에서 가져간 된장과 고추장을 유리병에 보관했다가, 한국 생각이 날 때면 그 병에 숟가락을 담가서 약간만 묻힌 다음 찌개를 만들어 먹었다는 말을 들었다. 밥을 지을 때 필요한 가스는 한 달에 두 번 들르는 배에 부탁해 구한다고 하였다. 나는 그의 말을 듣고 너무나 마음이 아팠다. 그런 어려움 속에서도 묵묵히 복음을 전하며 살아가는 친구에게 존경심을 품었고, 아울러 선교에 대한 도전도 알게 모르게 받았던 것 같다.

한편, 당시에 유명했던 신앙월간지 〈빛과소금〉에 한국에 왔던 선교사의 자녀들이 지금은 어떻게 살아가고 있는지를 소개하는 글이 연재되고 있었다. 그들이 대를 이어 선교적으로 헌신하는 모습 또한 감동과 도전을 주었다. 그런 가운데 탐독하고 있던 〈여명 200년〉 책에는 순교를 마다하지 않고 한국을 위해 헌신했던 선교사들의 이야기가 많았던 것이다. 그때의 이런저런 환경과 경험이 우리 부부의 등을 슬그머니 밀었던 것 같다. 선교사의 길로 가도록 말이다.

——— 선교사 되게 한 계기

나는 새 예배당 건축이 나의 목회 인생에서 가장 중요한 첫 번째 고지를 넘는 일이라는 생각을 하고 있었다. 하지만 그 고지를 넘으니 내가 가야 할 다른 길이 보이기 시작했다. 성은교회의 목회와 새 예배당을 구하는 과정이 나로 하여금 선교사가 되게 하는 계기이자 전환점이었던 셈이다. 나는 선교에 대해 진지하게 생각하기 시작했다. 결국 아내와 함께 선교사가 되기로 결심하였다.

그러고 보니, 내가 아들로 태어나면 목사가 되게 하겠다는 어머니의 서원기도와, 새 성전을 주시면 선교사가 되겠다고 서원한 아내의 기도는 어딘가 닮아 있었다. 내가 목사가 되고 선교사까지 된 것은 결과적으로 두 여인들 때문이다. 목사가 된 건 어머니의 기도 때문이고, 선교사가 된 계기는 아내의 기도이다.

우리는 우선 파송해줄 선교단체부터 찾아야 했다. 어떤 선교사가 되어야 할지, 선교사가 된다면 어느 단체를 통해 어디로 가야 할지 기도하고 상담을 받기도 해야 하기 때문이다. 목회자 혼자서 무작정 외국의 아무 나라나 찾아갈 순 없었다.

나는 동남아시아를 염두에 두고 있었다. 그래서 그 지역에 선구적으로 발판을 세우고 있던 KIM(Korea International Mission) 선교회를 찾아갔다. 당시 KIM선교회의 사무총장이던 J 목사를 만나 상담하였다. 그는 내게 여러 가지로 도전하며 선교에 대해 기도하도록 했다. 그가 내게 한 다음의 질문들은 실제적이었다. 하지만 은연중에 거부당한다는 느낌이 들기도 했다. 첫째 질문은 이것이었다.

"강대홍 목사님은 이미 중견교회를 성공적으로 목회하고 있습니다. 그 모든 걸 내려놓고 선교사로 헌신할 수 있겠습니까?"

J 목사는 내가 젊은 나이에도 불구하고 노회에서 하는 일이 많다는 사실을 잘 알고 있었다. 당시 내 나이는 33세였고 아내는 29세였는데, 지금 생각해도 젊을 때여서 선교사가 되기엔 오히려 최적기였다고 생각한다. 하지만 나의 목회 경력 때문에 선교사가 되기엔 늦었다고 돌려 말하는 것 같았다.

그는 또 질문했다.

"대부분의 선교지는 환경이 우리나라와 다를 가능성이 높아요. 날씨가 다르고 문화도 다르고, 덥고 가난한 나라에 가면 땀에 찌들어도 목욕하지 못할 수 있습니다. 먹는 음식도 달라서 한국에서 좋아하던 음식을 못 먹을 수도 있고요. 그래도 괜찮겠어요?"

이 질문은 그가 나를 너무나 잘 알기에 한 것이었다.

사실 나는 목욕을 무척 좋아한다. 신대원 시절에 원우회장이던 나는 매주 월요일마다 동기들을 만나 교제했는데, 점심 이후의 스케줄 대부분은 함께 목욕탕에 가는 것이었다. 새 예배당이 생기기 전에는 하루에도 몇 번이나 연탄을 갈아야 하는 연탄보일러를 썼는데, 이제는 스위치만 누르면 뜨거운 물이 콸콸 나오는 '귀뚜라미' 보일러가 생겼기에 집에서도 매일 목욕하던 참이었다. 나는 또한 수박 같은 여름 과일을 매우 좋아한다. 한국 사람이라서 김치도 매일 먹어야 한다. 이런 문화적인 차이를 수용하고, 포기도 할 수 있느냐는 도전이었다.

J 목사의 질문을 들은 우리 부부는 일주일 더 기도하기로 했다. 그렇게 해서라도 하나님께서 기뻐하시는 길이라면 가야 한다고 마음을 다잡았다. 다음 주, 그를 다시 만나 우리의 결심을 재차 밝혔다. 그러자 그는 한술 더 뜨려는 듯, 이번에는 이런 질문을 하였다.

"만일 아이가 말라리아 같은 병에 걸려 열이 나서 39도에서 40도까지 치솟을 경우가 생길 수 있습니다. 하지만 아직 미개한 선교지에 가면 인근에 병원이 하나도 없을 수 있어요. 기도만 하면서 그 어려움을 감당할 수 있겠어요? 학교에 보내고 싶어도 못 보낼 수 있습니다."

선교사 부모 때문에 비자발적으로 선교사 자녀가 되어야 하는 아이들에 대한 질문이었다. 우리는 그때만 해도 선교에 대해 아는 것이 너무 없어서, 선교는 어른만 하는 일이 아니라는 걸 미처 생각하지 못했던 것 같다. 그래서 사무총장을 처음 만났을 때 받은 질문들보다 두 번째 만났을 때 들은 이 질문이 더 당혹스럽게 느껴졌다. 우리는 우리가 헌신하면 우리 자녀들, 즉 선교사의 자녀들은 하나님이 책임져주실 거라는 막연한 믿음만 있었다. 하지만 현실에는 교육과 건강 문제 등 넘기 힘든 장벽이 있을 수 있다. 우리는 일주일간 또 기도하기로 했다.

나와 아내는 마음을 모아 기도하면서, "주신 이도 하나님이시요 가져가실 이도 하나님"이시라는 욥기의 말씀을 되새겼다. 그러면서 자녀의 문제까지 하나님께 내려놓기로 결심하였다. 물론 속으로는 '그래도 하나님이 설마, 애들까지 희생시킬 그런 하나님은 아니시지' 하는 마음을 품었다.

우리는 이쯤 다짐했으면 '오케이' 사인을 들을 것이라고 기대하며 사무총장을 또 만나러 갔다. 우리의 다짐을 굳세게 고백했다. 하지만 결과는 또 마찬가지였다. "아직 아닌 것 같다"라는 답만 들었다.

"강 목사님, 당신 나이가 지금 서른세 살에 불과하지만, 남들보다 빨리 담임목사가 되어서 목회 경험이 없는 것도 아니지만, 오히려 그런 좋은 조건 때문에 선교사로 나가기엔, 미안하지만 내가 보기엔 적합하지 않은 것 같아."

우리는 그의 말이 옳다고 수긍하면서도, 선교단체에서 받아주지 못한다는 것 때문에 크게 낙심이 되었다.

——— 33살 생일에 한국을 떠나다

우리 부부는 당시 KIM선교회의 부이사장이던 김태환 목사를 찾아갔다. 그는 아내의 형부로 나의 맏동서이기도 하다. 그에게 우리의 고민을 토로했다. 사실은 하소연한 것이다.

우리 이야기를 들은 김 목사는 우리가 생각하지 못했던 '조금 다른 길'을 소개했다. 태국 수도 방콕에 있는 한인 교포들의 교회를 소개하면서, 태국 선교사가 되기 전에 우선 그 교회의 담임으로 부임하라는 제안이었다. 그 교회는 김순일 목사가 개척한 것으로 당시엔 신홍식 목사가 목회하고 있었는데, 신 목사님은 선교사로서 학기 중에는 신학교 교수 사역을 하고, 주말에는 뱅콕한인연합교회(Korean Union Chapel in Bangkok) 사역을 하였다. 미국에 자녀들이 있어서 방학 기간에는 2달 정도 미국을 방문하였다. 그 기간에는 KIM 소속 선교사들이 한인 교회의 설교를 대신하였다. 그러나 그 교회의 성도들은 태국 학교가 방학이라 해도 자기들을 돌봐 줄 전담 목사를 원했다. 그런데 신 목사님이 방학 기간에는 외국에 가셨기에, 결국 교회 안에서 그런 담임목사를 반대하는 성도 30여 명이 분리하여 다른 교회를 세웠다. 그 교회가 방콕한인연합교회(Korean Union Church in Bangkok)다.

남은 40여 명의 성도들은 '우리 교회만 목회할 수 있는 목사'를 더욱 강력히 원하였다. 그러자 신 목사님은 어쩔 수 없이 새로운 목사를 구할 수밖에 없었다. 당시 그 한인 교회는 KIM선교회의 영향 아래에 있었는데, 선교지에 있는 교회라서 KIM선교회 총재이신 조동진 목사님도 후임으로 좋은 목사가 왔으면 하는 마음이 있었다. 이런 상황에서 KIM

선교회 부이사장이신 김태환 목사가 나를 추천하신 것이다. 김태환 목사는 우리가 태국에서 먼저 한인 교회를 목회하고 있다가, 현지인을 대상으로 선교의 길을 감당할 수 있겠다고 생각될 때 직접 혹은 간접적으로 선교 사역을 시작해보면 되지 않겠느냐며 우리를 설득했다.

선교사가 되는 것이 무엇이라고, 이렇게 뜻대로 되지 않는 것인지 의아하여 우리 마음은 또 상했다. 하지만 기도하면서 우선 한인 교회 사역을 하겠다고 작정했다. KIM선교회 총재이신 조동진 목사의 허락과 신홍식 목사의 동의를 받고 그 교회에 부임하기로 하였다. 그리고 교회의 초청장을 기다렸다. 초청장이 와야 비자를 받고 태국에 들어갈 수 있었기 때문이다. 하지만 무슨 사정이 있었는지 초청장이 금세 오지는 않았다.

아내는 연탄을 사서 보일러실에 가득 채워놓고, 쌓아둔 연탄을 다 땔 때까지 초청장이 오지 않으면 가지 않겠다고 작정하는 기도를 시작하였다. 연탄을 다 사용하기 전에 초청장이 오기를 바랐기에, 일부러 연탄을 남겨두려고 기름보일러를 사용했던 적도 있었다. 새로 지은 예배당 사택의 난방 시스템이 연탄보일러와 기름보일러를 동시에 사용하는 일종의 '하이브리드' 방식이었기 때문이다. 당시엔 기름값이 비싸 유행하게 된 것이었다. 그 덕분에 아내는 연탄과 기름을 번갈아 쓰며, 즉 연탄을 아껴가면서 초청장을 기다릴 수 있었다. 결국 우리가 생각한 날에 초청장이 도착하였다. 그 초청장으로 태국 대사관에서 1년 비자를 받은 다음 태국에 갈 수 있었다.

김포를 떠난 날이 1987년 11월 25일인데, 하필 나의 생일이었다. 태국의 영혼들을 살리며 태국을 위해 살라는 뜻으로, 하나님께서 내 생일에 맞춰 출국하게 하신 것이라고 지금도 생각한다. 앞으로 남은 인생을 태국을 위해 살겠다고 결심하고, 일부러 제2의 탄생을 자축하는 마음으로 생일에 비행기를 탄 것이기도 했다.

흥미로운 사실은, 내가 한국을 떠난 날이 한국 나이로 34세 되던 생일이었으니, 만 33년을 한국에서 살다가 선교사로 떠난 것이다. 그런데 선교사로서 은퇴하고 태국을 떠나 한국에 돌아오기로 한 날이 공교롭게도 2020년 11월 25일이었다. 만 33년을 선교사가 되기 위한 준비를 하며 살다가, 만 33년을 사역한 다음에 돌아온 것이다.

✛ **3** ✛

잘 듣고 잘 생각하고
크게 말하고

——— 목회자의 마음을 품고

나는 성은교회를 담임할 때 KIM선교회의 이사이기도 했다. 그 선교회는 당시만 해도 인도네이사와 태국에 집중하고 있어서, 성은교회에선 주로 태국 선교사들을 초청해 선교에 대한 이야기를 듣곤 했다. 돌이켜보면 애초부터 태국에 갈 운명이었던 것 같다.

우리가 태국에 선교사로 가려고 준비할 때, KIM선교회가 파송한 태국의 선배 선교사들이 우리에게 태국에서 필요한 사역에 대해 도전한 '사역'이 있다. 내가 젊었지만 목회 경험이 있으니, 태국에 와서 목회자를 지도하는 사역을 하면 좋겠다는 것이었다.

하루는 태국에서 사역하던 김중식 선교사를 초청해 주일예배를 드렸는데, 예배를 마치고 대화하던 중에 김 선교사께서 내게 이런 말을 하였다.

"선교사들이 태국 사람에게 전도해서 신학교에 보내 목회자로 만드는 일까지는 할 수 있습니다. 하지만 우리는 강 목사님처럼 목회 경험이 없어서 그들이 목회하는 일에 대해서는 지도하기 어렵습니다. 그러니 목회 경험이 있는 강 목사님이 태국에 오셔서 그런 일을 하면 어떻겠습니까?"

김 선교사는 태국의 선교사들에게 필요한 일들을 설명하면서, 심지어 선교사들 역시 목회적 돌봄이 필요하다고 말하였다. 내게 태국의 한인 교포뿐 아니라 선교사들을 위한 목회까지 제안한 것이다. 그의 말은 이민자들을 목회하러 가는 내게 신선하게 들렸다.

당시 KIM 소속 선교사들이 보내준 기도편지를 보면 이런 내용이 많았다. 선교사들이 주로 지방에서 살기 때문에 방콕에 가면 잘 데가 없어 그 밤에 돌아와야 한다느니, 김치를 먹고 싶은데 한인 식당은 너무 비싸 들어갈 수 없다느니 하는 내용이었다. 그래서 만약 우리가 방콕에 가면 선교사들이 쉴 곳이 없을 때 방을 제공하고, 한국 음식이 생각날 때면 언제라도 김치를 대접하겠다는 마음으로, 목회와 선교를 함께 한다는 꿈을 키웠다. 우리는 서울에서 5년 6개월 정도 한 단독 목회 경험을 기반으로 삼아, 처음엔 선교를 직접 하기보다 선교사님들을 섬기겠다는 목회자의 마음을 품고 태국에 갔던 것이다.

총회의 선교국장은 이왕이면 교단 선교사가 되어 훈련받은 다음에 가기를 권했다. 하지만 나는 그 말을 신중하게 듣지 않았다. 이미 지구촌선교회(KGM: Korea Global Mission)의 6호 선교사로 파송받은 상태이기도 했고, 나를 기다리는 방콕의 한인 교회 성도들을 생각하면 서둘러 비행기를 타야 했다. 그때는 그 결정이 그저 잘한 것이라고 생각하던 '철없는 선교사 후보'였다. 그러나 내가 불과 1년 만에 다시 한국으로 돌아오게 될 줄은 꿈에도 예상하지 못했다. 선교지의 상황이 나를 그렇게 인도했던 것인데, 그 사연은 뒤에서 언급할 것이다.

——— 늘 웃는 낯이라고 남들은 말하나

뱅콕한인연합교회에서 끊어준 대한항공 티켓은 대만을 경유하는 것이었다. 서울에서 부친 짐 가운데 하나가 도착하지 않은 해프닝이 있었지만, 분실 신고를 한 다음 한참만에 방콕 공항을 나가니 30여 명의 한인들이 꽃다발을 들고서 기다리고 있었다.

우리는 신홍식 목사의 차를 타고 방콕 시내로 진입했다. 공항에서 시내까지 들어오는 길가에는 50미터 간격으로 꽃이 장식돼 있었다. 간혹 국왕의 사진도 꽃 사이에 걸려 있었다. 성탄 장식처럼 보여서 '태국에서도 크리스마스를 이렇게 준비하는가?' 하는 생각이 들어 경이로운 마음으로 바라보았다. 하지만 그건 12월 5일의 국왕 생일을 기념하는 것이었다. 태국에서 국왕은 국민이 신처럼 공경하는 대상이기 때문이다. 정작 성탄 전야인 12월 24일이 되기 1주일 전에 거리의 장식은 사라진다.

시내로 들어가는 차 안에는 이제는 목사가 된 가수 이종용의 노래가 흐르고 있었다.

늘 웃는 낮이라고 남들은 말하나
내 맘에 근심 있어 당신 앞에 왔어요.
늘 즐겁게 산다고 남들은 부러워하나
내 맘에 부족 있어 당신 앞에 왔어요.
당신 손길은 바다같이 그윽하오니
그 손 잡은 이 맘은 물결같이 뜁니다.
당신 무릎은 잔디같이 포근하오니
그 품에 안긴 몸은 갈대같이 갈대같이
춤을 춤을 춥니다.

이 곡은 가수 윤형주의 부친인 윤영춘 교수(윤동주 시인의 당숙)가 쓴 글에 윤형주가 곡을 붙여 '세시봉' 친구 이종용이 부른 복음성가 '늘 웃는 낮'이다. 가사가 마치 그 순간에 느낀 우리의 심정을 설명해주는 것 같았다. 아내는 지금도 이 노래를 생각하고 부르려 하면 마음이 저리고 눈물이 난다고 한다. 우리가 도착한 날이 수요일이라, 그렇게 어설프고 감성 가득한 상태에서 저녁예배를 드렸던 것이 기억난다. 태국에 도착한 후에 우리 부부의 마음은 얼마나 뜨거웠을까?

그러나 그 열정이 식는 건 오래 걸리지 않았다. 우리가 선배 선교사들에게 아무 도움이 되지 않는다는 걸 안 건 도착하고 한 달도 채 되지 않아서였다. 태국어가 자유롭지 않았던 우리가 그들에게 도움이 되기는커녕 짐이 되지 않는 것만으로 다행이었다. 그건 한인 교회에도 마찬가지였던 것 같다.

내가 처음 태국으로 파송받을 때는 뱅콕한인연합교회의 담임목사 청빙을 받은 것이었다. 새로운 담임목사로서 성도들에게 약간의 도움은 줄 수 있었겠지만, 그들은 태국에 대해 당연히 우리보다 잘 알았다.

당시 그 교회의 구성원들은 종합상사, 대사관, 유엔 등의 직원이었다. 일부만 이민자로서 개인 사업을 하고 있는 교민이었다. 특히 교회 나오는 교민의 대부분은 방콕에서 예수님을 알게 된 사람들이어서 한국의 성도들과 매우 달랐다. 교인 가운데 한국에서 교회를 다니다 온 이들도 자기들의 삶을 공개하고 나누기보다 외교적인 모습에 더 신경을 쓰고 있었다. 전농동에서 귀신 나오는 집을 예배당으로 바꾸는 과정을 통해 하나님의 은혜를 경험했던 우리 부부의 눈에는 그들의 신앙생활 모습이 생소할 수밖에 없었다. 그들은 목회자가 타지에 와서 느끼는 어려운 점을 성도들과 나누는 것을 이상하게 보고, 심지어 성도들과 친밀한 관계를 맺지 말라는 조언까지 하였다.

평생 한번도 남에게 돈을 빌려본 적이 없는 우리에게 한번은 이런 일이 있었다. 그때 뱅콕한인연합교회에는 두 명의 안수집사가 있었는데, 그 중 한 분이 지레 겁을 먹은 사람의 표정으로 "목사님, 이곳에서는 돈을 빌려달라고 하면 사람들이 간첩인 줄 아니 절대로 그런 일은 하지 마세요"라고 말한 것이다. 그의 말을 어떻게 받아들여야 할지 당시엔 알 수 없었다.

'이들이 우리에게 방콕 교민들의 문화와 정서를 오리엔테이션하는 것인가? 아니면 남에게 돈을 빌리지 말고 자기에게 오라는 말인가?'

우리는 당시엔 흔했던 월부 전집도 구입한 적이 없을 만큼 남에게 뭘 빌린다는 건 생각한 적도 없었다. 그래서 교인에게 그런 말을 듣는 것이 정말 이상했다. 그런 말을 듣는 것조차 우리의 신념을 깨는 일처럼 여겨졌다. 그러나 그들이 신앙이 없어서 그랬던 건 아니었다고 생각한다. 외국에서 살아가는 한인들이 신앙 여부와 상관없이 교회에 모일 수밖에 없는 타향생활의 특징이라 할 것이다.

한국의 과학기술 관련 부처에서 온 유엔 직원이 방콕에 와서 예수를 믿고 우리 교회를 다녔다. 이분이 1년 정도 출석한 다음 세례를 받았다. 그 일이 감사했는지, 그가 세례를 받은 주일 저녁에 몇몇 성도와 우리 부부를 식당에 초대하였다. 식사를 주문한 다음 의기양양한 표정으로 몰트 위스키와 잔을 꺼내기 시작했다. '대한예수교장로회 예장합동'을 떠나본 적이 없는 우리 부부는 당황했다. "우리는 안 마셔도 되니 여러분들만 마시라"고 말한 다음 콜라를 주문하였다. 그러자 초청한 그가 놀랐는지 눈을 크게 뜨고 말했다.

"이런 거 마시면 안 됩니까?"

그 상황에서 놀랄 사람은 우리 부부여야 했지만, 너무나 순진한 그들을 정죄하는 것 같아 미안하기까지 했다. 그런 분들이 교회에 계셨다. 그래도 그 분들을 비롯해 여러 가정이 새벽기도회와 목요성경공부와 금요기도회에 성실하게 참석하였다.

─── 황디디 풋디디 풋당당

우리는 한인 교회를 목회하러 태국에 갔지만 선교사로 부름받고 파송받은 것이기도 했으므로, 1988년 1월부터 방콕 시내의 기독병원 건물에 있는 선교사언어학교(Union Language School)에 등록하였다. 태국에 간 지 40일 만에 언어학교에 간 것인데, 그 40일이 얼마나 길었는지 모른다. 아무 말도 하지 못하고 외국에서 사는 일은 지금 생각해도 답답한 노릇이었다.

나는 언젠가 태국어로도 설교해야 하니 언어 공부가 당연했다 해도, 아내는 일단 언어에 상당히 관심이 많은 사람이다. 어느 선교지를 방문하든 그 나라의 언어를 배우려는 마음이 있다. 만약 우리 부부가 은퇴하고 난 다음에도 새로운 선교지가 정해진다면, 아마도 아내는 언어를 배우는 일에 또 도전할 것이다.

언어학교가 시작되던 날, 우리 부부의 마음은 마치 어릴 때 소풍 가는 날 같았다. 가방에 김밥과 사이다와 과자를 넣고 집을 나서던 그날 말이다. 하지만 그때 내 나이는 서른네 살이고 아내는 서른이었다. 언어를 배우기에는 좀 늦었다는 생각이 들었다. 그래도 더 힘을 내고 마음을 다해 언어 공부를 하려고 노력했다. 선생님들이 하는 말을 하나도 빠뜨리지 않고 적고 외우겠다는 다짐이 강했다.

그런데 학교에 간 첫날에 들은 교장 선생님(아짠 아이)의 말은 우리의 들뜬 기대와 조금 달라 처음엔 실망하기도 했다. 그에게 오리엔테이션과 더불어 딱 세 마디만 배웠기 때문이다.

"황디디, 황디디, 킷디디, 킷디디, 풋당당, 풋당당."

칠판에 한국어도 영어도 쓰지 않고, 무조건 따라 하라고 쓴 태국어이다. 그 뜻은 이것이다.

"잘 듣고, 잘 듣고, 잘 생각하고, 잘 생각하고, 크게 말하고, 크게 말하고."

태국어는 음률이 있다. 음률에 따라 당연히 의미도 다를 수 있다. 그래서 '황디디, 킷디디, 풋당당'은 태국어를 배우는 외국인에게 의미가 있는 말이다. 태국에서 30년 넘게 살아보니 이 말이 언어를 배우는 데만 필요한 게 아니라 삶 전체에서 필요하다는 것도 알게 되었다. 특히 시간이 지날수록, 선교사가 타문화권을 이해하기 위해서는 아주 필요한 태도라는 생각이 더욱 깊어진다.

언젠가 영어를 배울 때 원어민 선생님이 이런 말을 해주신 것이 기억난다. "한국 사람들은 듣는 것이 잘 안 된다"는 말이었다. 아짠 야이가 해준 말도 같은 뜻이었다. 그 전까지는 우리가 외국어를 자유롭게 말하지 못하는 것이 문제인 줄 알았는데, 그 말을 듣고 보니 듣지 못하는 것이 진짜 문제임이 분명하였다. 상대가 무슨 말을 하는지 조금이라도 알아들을 수 있다면, 말하는 상대의 표정만 참고하면 어느 정도는 이해하고 우리 의사를 표현할 수 있을 것이다. 하지만 상대가 무슨 말을 하는지 전혀 알아듣지 못하면, 몇 마디 말을 할 줄 안다고 해도 결국 그들이나 우리나 모두 알 수 없다는 표정을 지을 수밖에 없다.

지금 생각해보면 아짠 야이는 첫날의 오리엔테이션에서 태국어를 한마디도 못하고 뜻도 모르는 우리에게 태국어를 배울 때 가져야 할 가장 중요한 태도를 강조한 것이다. 그저 잘 듣고 잘 생각하고 크게 말하면 된다는 말이었다. 지금도 그의 말을 생각하면 선교사로서의 초년일 때가 생각난다.

아짠 야이는 미국에서 공부하고 갓 돌아온 분이어서 태국에서 사역하려는 선교사들을 도우려고 애를 많이 썼다. 선교사들을 위한 태국어 교재는 주로 그 선생님이 쓰신 것인데, 태국의 선배 선교사들은 물론이고 최근의 선교사들까지 그가 만든 교재로 태국어를 배웠다. 그는 나 같은 선교사 학생들을 엄격하게 대하셨다. 선교사 학생들이 대부분 성인이어도 조퇴하는 일조차 용납하지 않았다. 그래서 동서양에서 온 어느 선교사를 막론하고 아짠 야이를 무섭게 여겼다. 학생들의 언어 실력은 단계별로 '마쥴'(module)로 구분하는데, 각 모듈의 담당선생님들도 그의 말이라면 어려워했다(우리는 '모듈'을 '마쥴'이라고 발음했다).

당시 한국에서 간 초년 선교사들의 연령은 나와 비슷해서 많아야 30대 중후반이었다. 같이 언어 공부를 하던 한국 선교사들의 자녀들도 나이가 비슷해서, 주말에는 한글학교에서 함께 놀며 한국어를 익히곤 했다. 지금은 40세를 전후해서 선교지로 가는 경향이 많기에 언어 공부에 스트레스를 더 많이 받곤 하는데, 그래도 우리는 언어를 배운 때가 젊었던 편이라 스트레스가 적은 편이었다.

──── 칭찬받기에 합당한 행동

언어학교는 아침 7시 50분에 시작해서 중간에 20분의 휴식 시간을 가진 다음 정확하게 12시에 끝났다. 당시 한인 교회에는 태국인 운전기사가 있어서 우리는 비교적 편하게 학교를 다닐 수 있었다.

네 식구가 아침 일찍 집을 나서 우리 내외가 먼저 언어학교에 내리고, 운전기사는 모세와 사랑이를 유치원에 데려다주었다. 점심 때가 되면 아이들을 먼저 태운 다음 언어학교가 있는 기독병원 앞에 와서 우리를 태웠다. 그러면 우리 가족은 같이 집에 돌아와 점심을 먹곤 했다.

하도 오래전 일이라 그때 우리 가족이 어떻게 살았고 마음은 어땠는지 잘 기억나지 않는다. 우리 부부는 언어학교를 마친 다음엔 사역하느라 바빠 아이들을 잘 돌보지 못했다. 하지만 아이들은 그때 우리 가족이 잘 연합돼 있었다고 기억한다.

언어학교는 매월 20일 동안 주제에 맞춘 모듈을 하나씩 공부하여 6개월이면 기초과정을 마치게 했다. 그 과정을 공부하면 태국어를 읽고 쓰는 일과 간단한 회화가 가능해져 살아가는 데 지장이 없을 정도가 됐다. 교사들은 우리 부부가 3개월을 배운 다음 태국어로 간증하고 싶은 마음이 들 정도로 언어 실력이 늘게끔 배려해주었다. 물론 우리가 열심히 공부하기는 했다. 하지만 우리가 언어를 배우는 동안엔 태국교회에 갈 기회가 없었기에 태국어로 설교하거나 간증하는 일을 실습하기는 어려웠다. 아내는 가사를 돕는 태국인 자매와 대화하거나 시장에 가서 물건을 사며 상인들을 대상으로 실습하였다.

태국에서 물건을 살 때는 한국에서 하는 것처럼 "이거 어떻게 팔아요?" 하고 묻는다. 그러면 곡식이나 과일 가게의 주인이 "1킬로그램에 얼마요" 하는 식으로 답한다. 하지만 묻는 말까지는 쉬워도 시장의 언어는 학교에서 선생님이 가르쳐주는 점잖은 말투와 달라서 알아듣지 못할 때가 많았다.

4개월쯤 언어 공부를 했을 때의 일이다. 망고가 나오는 4월에서 5월 사이의 어느 날이었다. 우리가 어느 교인의 집에 심방을 갔는데, 예배를 드린 후에 망고를 대접받았다. 태어나서 처음으로 먹어본 것인데, 망고가 이렇게 달고 맛있는 과일일 줄 상상도 못했다. 한국 속담으로 '둘이 먹다 하나 죽어도 모른다'고 할 정도로 맛있었다. 요즘에야 한국에도 망고가 바나나만큼 흔해졌지만, 1980년대 말만 해도 들어본 적이 없던 과일이다.

다음날 우리 부부는 망고를 사러 집에서 가까운 끄렁떠이 시장에 갔다. 방콕 시내에서 과일로 유명한 재래시장이다. 언어도 연습할 겸, 망고 가게로 가서 망고를 달라고 말했다. 일단 "이거 어떻게 해요?"라고 가격을 물었다. 당시 태국 화폐 가운데 가장 큰 단위가 500밧이었는데, 우리는 그 지폐가 한국 돈으로 5만 원 정도라고 생각하며 가지고 다니곤 했다. 그날도 가격을 묻는 우리에게 상인이 얼마라고 하는 말까진 들은 것 같은데, 그걸 알아듣지는 못했다.

우리는 망고가 아주 비싼 과일인 줄 알았다. 바나나도 한국에 처음 들어왔을 땐 부자나 먹을 수 있을 정도로 비쌌기에 망고도 그런 줄 알았던 것이다. 잔돈을 내려다 망신당할까 싶어 500밧짜리 지폐를 냈다. 그러자 주인의 눈이 왕방울처럼 커졌다. 우리에게 뭐라고 같은 말을 반복했는데, 알아듣지 못한 우리는 그저 웃기만 할 뿐이었다. 그러자 주인은 할 수 없다는 표정으로 옆 가게의 주인에게 뭔가를 물었다. 옆 가게에서도 해결하지 못했는지 여기저기를 돌아다닌 다음, 한참 뒤에야 돌아와 잔돈이라며 한 움큼의 지폐와 동전을 쥐어주었다.

세상에, 알고 봤더니 망고 가게 주인이 말한 망고의 가격은 1킬로그램에 고작 7밧이었다. 우리가 2킬로그램을 사겠다고 했으니 14밧이면 충분했던 셈이다. 그때 아내의 지갑에는 20밧짜리가 수두룩했고 50밧짜리도 있었는데, 무려 500밧을 냈으니 주인이 얼마나 당황했을까? 주인이 가게들을 돌아다닌 이유는, 그에게는 물론이고 상인들에게 그만한 잔돈이 없었기 때문이었다. 그가 잔돈을 바꾸러 다니는 동안 우리의 실수를 깨닫고서 얼마나 후회했는지 모른다. "태국어를 잘 못 한다"는 말 정도는 할 수 있었는데, 그 말을 하지 않아 결국 모두에게 힘든 상황을 만들었기 때문이다. 다음부터는 이해하지 못했을 때 한번 더 말해달라고 부탁해서 확실히 알아들으려 했다. 언어로 인한 이런 실수는 계속되었다.

세상의 모든 사람이 대개 그렇지만, 특히 태국 사람들은 외국 사람이 자기들의 언어를 조금만 말해도 얼마나 칭찬해주는지 모른다. 그래서 태국에서는 태국어를 잘하지 못하더라도 못한다고 솔직하게 말하는 게 오히려 '칭찬받기에 합당한' 행동이 된다. 그럼에도 처음엔 "태국어를 잘 못한다"고 말하는 것조차 그들 앞에서 미안할 때가 있었다. 어쩔 수 없는 한국인의 특징이다.

─── **돌봄인가? 참견인가?**

언어학교에서 20분간의 휴식시간이 되면 아침을 못 먹고 온 학생들이 식사하거나 차를 마시며 담소를 나누곤 했다. 먹는 일에 별난 한국 사람들은 여러 종류의 간식을 가져왔는데, 우리도 그 바쁜 아침에 김밥을 싸 와서 나눠 먹었다. 그때 함께 공부하던 외국인 선교사들 가운데 OMF(Overseas Missionary Fellowship) 소속 선교사들이 있었다. 그들은 휴식시간에 늘 '코끼리 바나나'를 한 개씩 먹곤 했다. 크기가 커서 그렇게 불렀는데, 우리는 그런 걸 먹는 그들이 불쌍해 보였다. 지금 생각하면 하나도 이상하지 않고 불쌍한 일도 아닌데, 그때는 그들이 왜 그렇게 불쌍해 보였는지 모르겠다. 그래서 음식을 잘 만들고 나눠주기를 특히 잘하는 아내는 물론이고, 언어학교에 다니는 한국 사람들이 그들에게 김밥 같은 한국 음식을 주는 일이 잦았다.

OMF 선교사들은 한국 음식을 좋아했다. 하루는 수업을 마친 후에 함께 식사하자고 우리집으로 초청했다. 하지만 그들은 초청에 응할 수 없다고 사양했다. 한국 음식을 좋아해서 초청했는데, 올 수 없다는 그들이 이해되지 않았다. 물어서 알게 된 이유는 한국에서 간 우리 생각에 황당한 것이었다. OMF 선교사는 언어 학교를 다니는 동안엔 다른 선교사 집을 방문하는 것을 금하였고, 필요하다면 미리 수퍼바이저(지역 책임자)의 허락을 받아야 했던 것이다.

우리는 '다 큰 사람이 그깟 일로 허락은 무슨 허락? 그냥 가면 되지'라고 생각했다. 너무 이상해서 그들이 불쌍하다는 생각이 더 들었다. 그런데 시간이 갈수록 그들이 불쌍한 것이 아니라 우리 한국 선교사들이 불쌍하다는 사실을 깨닫게 됐다. 오히려 그들이 부러워졌다.

대개의 한국 선교사들은 자기가 결정하면 무엇이든 할 수 있다고 생각한다. 그리고 하나님과 도이뜨롱('직접'이라는 뜻의 태국어) 교통한다고 생각한다. 그래서 OMF 선교사들이 리더가 허락해야 움직일 수 있다는 것이 처음엔 지나친 간섭이라고 생각했는데, 사실은 우리가 돌봄을 받지 못하는 고아 같다는 생각이 든 것이다.

'우리는 왜 우리만 외롭게 살아가는 삶에 부담이 없을까? 우리도 우리를 돌봐줄 선배가 있다면 얼마나 좋을까?'

생각이 점점 바뀌기 시작하였다.

슈퍼바이저의 돌봄 덕분인지, 서양 선교사들의 언어 실력은 처음에는 더디게 자라는 것 같았지만 모듈의 단계가 올라갈수록 앞서가곤 했다. 한 모듈이 끝나면 그들이 공부를 잘했는지 선교부에서 자체적으로 테스트했고, 부족한 점이 보이면 슈퍼바이저가 개인적으로 도와주었던 것이다.

또한 알게 된 사실은 OMF의 슈퍼바이저가 신임 선교사들이 다른 단체의 선교사들과 어울리는 일을 삼가도록 했다는 것이다. 자기 단체의 정체성이 그들에게 분명히 심어지기 전에 다른 단체의 사역자들을 만나는 것이 유익하지 않다고 보기 때문이다. 나는 그들의 관계를 처음엔 의아하게 여겼으나, 곧 이해하게 되었다. 그들이 우리의 초대를 거절한 이유가 단지 거리만은 아니었던 것이다. 그들을 보면서, 우리 한국 선교사도 팀으로 일할 필요가 있고, 선배가 후배를 돌보는 문화가 필요하다는 생각을 하게 되었다.

한국의 선교단체에 속한 한국인 선교사들은 소속감은 강한 반면 현장에서는 '각자도생'의 분위기가 있는 편이다. 이제는 현지마다 선배 선교사가 있는 경우가 대부분이긴 하지만, 사소한 개인 활동과 생활에는 깊이 관여하지 않는다. 좋게 말해 간섭하지 않는 것이다. 그것이 일반적으로는 초년의 선교사를 자유롭게 하지만, 경우에 따라 아쉽게 느낄 수도 있다. 외국 선교사들이 모습을 보니 우리가 아쉬워한 일들의 이유를 더 깊이 느끼고 깨닫게 되었다. 간섭으로 여겼던 것이 사실은 돌봄(care)일 수 있다는 걸 이해했기 때문이다.

우리는 언어학교에서 만난 OMF의 신임 선교사들이 선배의 간섭 때문에 불평하는 모습을 보지 못했다. 슈퍼바이저가 안 된다고 하면 그만이었다. 우리는 어느 순간부터 그들이 간섭받는 것, 다시 말해 돌봄받는 것이 부러워졌다. 맨땅에 헤딩하며 살아가는 것 같은 우리 현실이 오히려 가여웠다. 그때의 경험이 우리로 하여금 '팀사역'을 해야 한다는 마음을 더 확실히 품게 한 계기가 되었다.

우리는 훗날 팀사역을 본격적으로 하게 되면서, 선배가 되면 후배 선교사들을 성심껏 돌보는 일에 관심을 가져야 한다고 생각했다. 특히 참견이나 간섭이 아닌 돌봄으로 느낄 수 있도록 해야 한다고 다짐했다. 뒤에서 팀사역에 대해 언급할 때 구체적으로 말하겠지만, 이것은 팀사역에서 기본 중의 기본이며, 특히 선임이 가져야 할 태도이다.

✢ 4 ✢
산은 고프고
사람은 그립고

─────── 목사님의 언어 공부가 불편해요

　　한인 교회를 시무하며 언어학교를 다니는 것이 쉬운 일은 아니었다. 하지만 지금 생각해도 그때 언어공부만큼은 열심히 한 것 같다. 적어도 그때는 언어공부에 최선을 다하는 것이 선교사로서 가장 중요한 사역이라고 생각했다. 아마 부모님이 돌아가셨다는 소식을 들었다 해도 언어공부는 멈추지 않았을 것이다. 우리는 성경에서 "내 뜻대로 행하는 자가 내 부모요 형제다"라는 주님의 말씀을 의지했다. 이런 열정으로 네 번째 단계의 모듈을 마칠 즈음, 즉 높은 단계의 모듈 두 개를 남겼을 무렵, 내가 목회하던 한인 교회 성도 한 사람이 이런 불만을 말한 걸 간접적으로 들었다.

"우리 목사님은 목회하러 오셨는지, 아니면 언어 공부를 하러 오셨는지 모르겠어."

주변의 선교사를 통해 이런 말을 들었을 때, 나는 정말 좌절하였다. 내 열정을 이해해주지 않는 교인들에게 실망도 하였다. 우리는 언어를 배우면서 태국의 잃은 영혼들에 대한 거룩한 부담이 산처럼 일어났고, 한인 교회 성도들도 이런 마음을 가져야 한다고 생각했기 때문이다.

한인 성도들은 태국에서 비즈니스를 하며 살고 있으므로 그들에게 어느 정도는 삶의 빚을 지고 사는 셈이다. 그들이 선교사는 아니지만, 교인이라면 어디서나 복음을 전해야 한다는 점에서 그들도 선교적인 마음을 가져야 하는 것이 아닌가? 한인 교회도 태국인의 영혼에 부담을 가져야 한다고 생각했다.

이것은 나의 인간적인 고백인데, 당시 한인 교회 성도들이 우리의 생활비 전액과 자녀교육비까지 후원하였다면 우리에게 태국인에 대한 선교적 부담감이 적었을 수도 있었다. 하지만 당시 그 교회가 우리를 청빙할 때 내건 조건은 사택 제공과 월 600달러의 사례금뿐이었다. 언어 수업비와 선교 사역을 위한 비용과 자녀교육비는 우리가 모금해서 감당해야 했다. 아직 본격적으로 사역을 시작하지 않았기에 선교 사역비는 급하지 않았다 해도, 기타 비용을 위해서도 매달 700달러 정도를 모금해야 했다. 그때 우리에게 필요한 돈이 매달 최소 1300달러 정도였던 것이다.

그런데 막상 한인연합교회에 부임해서 살펴보니, 그 교회가 넉넉하지는 않았지만 그 정도는 충분히 감당할 수 있었다. 그들은 단지 목사에 대해 전적인 책임을 지고 싶지 않았던 것 같다. 그럼에도 불구하고 목사의 언어 공부에 대해 불만을 품으니 마음이 불편했다.

선교와 선교비의 개념에 대해 충분히 알지 못했던 우리는 태국에 갈 때 그 교회가 원하는 대로, 선교비 명목으로 월 600달러의 후원금을 모금해갔다. 하지만 지나고 보니 그건 우리가 몰라서 교회의 요청을 따른 일이지, 선교적 목회 차원에서는 원칙적이지 못한 일이다.

아무리 한인 교회를 목회한다고 하지만, 담임목사가 태국의 문화를 이해하고 언어가 자유로워야 곤란한 상황에 있는 성도들을 도울 수도 있다. 더구나 한인 교회가 속한 노회는 태국기독교총회의 6노회에 해당하는 방콕노회이다. 한국인 교단이 아니라 현지인 교단인 것이다. 따라서 한국인 목사가 태국어가 가능해야 그들과 소통이 자유로울 것이고, 또한 그래야 교인들을 목회적 차원에서 제대로 지원하고 교회도 바르게 목회할 수 있다. 그런데도 목사가 태국어를 배우는 일을 목회의 일부로 생각하지 않는 한국 교인들이 아쉬웠다.

나는 이 고민을 해결하려고 한인 교회의 상황을 잘 이해하는 선배 선교사에게 상담을 요청했다.

"우리가 언어 공부를 하는 것이 어느 성도님에게 불편한 마음을 준 것 같은데, 어떻게 하면 좋겠습니까?"

그 선배 선교사님은 이렇게 조언해주었다.

"그 집사님이 잘못 생각하는 것이긴 하지만, 그 분과 목회를 위해 강 목사께서 학교를 한 달만 쉬면 어떻겠습니까? 심방도 다니면서 말이

지요."

그래서 나는 선배의 조언을 존중하고 심방도 할 겸 한 달을 쉬기로 했다. 대신 아내는 학교를 계속 다니기로 하였다.

사실 나는 언어공부가 목회에 방해가 되었다고 생각하지 않았다. 바쁘고 분주한 상황에서도 주중의 새벽기도, 성경공부, 수요예배, 금요예배 인도와 설교 준비에 충실했다. 무엇보다 심방하는 일에 게으르지 않았다고 자부한다. 오전에는 학교에 가야 했기에 오후에 좀 바쁘긴 했지만, 사실 그 정도의 일정은 내게 체질화된 한국의 바쁜 목회 문화에 비하면 시간으로나 정신적으로 그다지 어려운 일이 아니었다.

좌우간 우리 부부는 태국 언어시험에 반드시 한 번에 합격해야 했다. 목회든 선교든 모든 조건에서 두 번 이상 시험을 치를 여유가 없었기 때문이다. 결국 1년 안에 국가고시에 합격하였다. 그러나 그것은 언어시험에 합격한 것이지 태국어를 유창하게 할 수 있게 됐다는 건 아니었다. 선교사로서 진짜 태국어를 배우는 일은 그때부터 시작이었다.

─── **브레이크를 밟지 말고 가지세요**

한국에 있을 때는 영어를 사용할 일이 아예 없었다. 태국의 선교사 언어학교에서도 영어로 말할 일은 거의 없었다. 태국어로 태국어를 가르치기 때문이다. 영어가 유창했다면 조금 도움은 되었겠지만, 태국에서 영어가 되지 않아서 당한 어려움은 별로 기억나지 않는다. 하지만 아내는 어떤 경우에 들은 영어 단어를 직역하려다 웃을 일이 생기곤 했다.

하루는 집안일을 도와주던 자매 쌍완이 아내를 부를 때 예쁜 목소리로 '마담'이라고 불렀다. 그건 당시 한국에서 다방이나 술집의 여주인을 부르는 말이었다. 아내는 '내가 다방에서 왔어? 왜 나를 마담이라고 부르지?'라고 오해하여 기분이 상했다. 마음속으로는 '쌍완이 나 같은 선교사 부인을 마담이라고 부르는 걸 선임 사모님들이 왜 고쳐주지 않았을까?' 하는 원망도 잠시 하였다. 쌍완은 한국인 선교사 가정에서만 5년 이상 가사 일을 도왔기 때문이다. 하지만 프랑스어 '마담'이 서양에서는 결혼하고 직급이 있는 여성을 높여 부르는 존칭이라는 걸 알고 난 후, 아내는 선임 선교사에게 불평하지 않은 걸 다행으로 여기게 됐다.

학교의 휴식 시간을 뜻하는 브레익(break)도 영어를 문법적으로만 공부했던 한국인에게 오해를 산 단어 중 하나였다. 수업과 수업 사이 10분에서 20분간 쉬는 시간이 브레익인데, 우리는 그게 자동차의 제동장치, 브레이크를 밟으라는 말로 오해하였다. 더구나 브레익은 한 달에 20일을 공부한 다음 적게는 사흘에서 일주일, 길게는 그 이상 수업을 쉬는 방학 기간에도 쓰는 말이었다. '무슨 브레이크를 일주일이나 밟고 있으라는 말인가' 하는 오해도 처음엔 했다.

언어학교 선생님들은 우리가 며칠간의 브레익을 보내고 학교에 다시 오는 첫날, 브레익 기간에 뭘 하고 왔는지 발표하게 했다. 경험한 걸 태국어로 말하게 하여 서로의 삶을 알게 해주는 교제의 의미가 있고, 한편으로는 언어 실력이 얼마나 늘었는지 점검하는 일이기도 했다.

처음 석 달 동안의 언어학교 수업은 말하기(speaking)를 중심으로 진행되었다. 그래서 우리는 브레익을 가질 때마다 말할 거리를 만들어야 했다. 나는 할 말이 별로 없었다. 하는 일이 늘 하는 목회라 새로운 사건이 거의 없었기 때문이다. 하지만 아내는 브레익 기간에 김치 담고 밑반찬 만들고, 다음 모듈이 시작되기 전에 필요한 일을 잔뜩 준비해야 했다. 학교를 다닐 동안엔 시장에 갈 여유가 없으므로, 최소 한두 주 혹은 한 달 동안 필요한 식재료와 물건들을 사고, 못 챙겼던 아이들 숙제도 봐줘야 했다. 결국 아내는 브레익 기간이 학교 가는 날보다 더 바빴다. 그래서 모듈이 시작될 때는 나보다 더 설레는 마음으로 학교에 갔고, 브레익 기간에 한 일들을 설명할 수 있었다.

이때 놀랐던 건 당시 서양의 선교단체에서 온 선교사들의 생활 방식이었다. 우리가 보기에 그들이 평소에 먹는 음식은 부실했지만, 브레익 활용은 엄청 잘 한 것으로 기억한다. 우리는 브레익 기간에 주로 집에 있었는데, 그들은 마치 휴가를 즐기듯 시골의 여러 지방을 다녀오는 것이 보통이었다. 그래서 잘 되지도 않는 발음이지만 들려줄 수 있는 소재가 많았다. 그들이 주로 젊은이여서 여행 다니기를 좋아했기 때문 같다. 그것이 일종의 선교지 정탐 활동이기도 했을 텐데, 하여튼 그들과 우리는 생활 방식과 생각에서 차이가 많다는 걸 느꼈다.

서양 출신으로서 자녀가 있는 부부 선교사들도 아이들이 학교를 쉬고 여러 지역을 여행하는 일에 부담이 없어 보였다. 그러나 우리는 아이들이 학교를 빠지면 큰일이라도 나는 줄 알고 브레익 기간에도 유치원과 유아원에 아이들을 개근시켰다. 우스운 건, 태국 학교는 개근상도 없는데 말이다. 그런데도 아이들이 아직 이해하지 못하는 언어로 가르치는 유치원을 다니게 했으니, 지금 생각하면 미안할 뿐이다. 뒤늦게 그걸 깨달은 우리가 해준 것이라곤 모듈 브레익 때 아이들을 시내에 데리고 나가, 당시 한국에는 없던 맥도날드에서 '메리고라운드'라는 놀이기구를 한 시간 태워주는 것이 전부였다. 사실은 우리도 답답했는데, 아이들은 얼마나 답답했을까?

─────── **산이 고팠어요**

　　　　방콕에서 지내기 시작한 지 6개월 정도 지났을 때 나도 슬슬 답답한 마음이 들었지만, 특히 아내는 마음이 갑갑한 병에 걸렸던 것 같다. 그건 예배를 드려도 풀리지 않고, 부끄러운 고백이지만 기도도 소용없었다. 달디단 망고를 아무리 먹어도 해결되지 않았다. 그저 이유 없이 불안하고 답답한 기분이었다. '좌불안석'이란 표현이 딱 맞을 것 같았다. 그런데 이 답답한 기분이 저절로 순식간에 해결되는 일이 있었다. 태국에서 '산'을 본 것이다! 무슨 말인가 싶을 것이다.

　태국은 정말 산이 드물다. 방콕은 온통 평지다. 그래서 방콕을 떠나 지방으로 가는 길에 산을 보았을 때, 아내는 순식간에 체증이 내려가는 기분이 들었다고 했다. 그건 목회하느라 지쳐 있던 나 또한 마찬가지였나 보다. 아내의 답답한 마음이 풀릴 때, 나 또한 가슴이 시원해졌다.

　우리 부부는 서울에서만 30년 이상 살았다. 서울에는 인왕산, 삼각산, 도봉산, 관악산 등등 사방에 산이 있다. 사면이 산으로 둘러싸인 서울에서 당연한 듯 매일 산을 보고 살았다. 어디서나 볼 수 있고 오를 수도 있다. 하지만 방콕은 전라북도의 김제 평야 같다. 여기를 봐도 평지, 저기를 봐도 평지다. 방콕에서 남쪽이나 북쪽으로 몇백 킬로미터는 가야 우리가 생각하던 산이 보이고, 최소 한두 시간은 차를 타고 가야 동산 같은 산이나마 만날 수 있다.

우리가 태국에서 처음 산을 본 때는 다섯 번째 모듈을 마치고 일종의 방학인 텀 브레익(term break)을 가질 때였다. 궁핍한 화젯거리도 채울 겸, 우리 식구는 방콕에서 140킬로미터쯤 떨어진 해변 도시 파타야로 갔다. 파타야는 세계적으로 유명한 해변 관광지이다. 베트남 전쟁 때 미군이 휴양지로 쓰던 곳이어서 호텔과 식당과 위락시설이 많다. 이제는 한국 사람 중에도 가본 이가 많은 줄 안다. 미국의 남침례교회가 이 파타야 옆의 해변 마을인 좀티엔의 바닷가에 수양관을 만들어 놓았다. 지은 지는 오래 됐지만 선교사들이 저렴한 가격으로 휴식을 취하기에는 적당하여 예약했다. 우리가 이 파타야에 도착하기 전, '시라챠'라는 지역을 지날 때 산을 본 것이다. 산을 보자마자 마음에 달려 있던 답답한 추 같은 것이 떨어져 나가는 기분이 들었다. 그 순간 아내는 이걸 깨달았다고 한다.

'아! 내가 산이 고팠구나. 산이 그리웠구나. 산이 보고 싶었구나.'

밥을 안 먹으면 배가 고프듯, 아내는 산이 고팠던 것이다. 산이 아내의 마음을 위로했는지, 아내 볼에 눈물이 흘렀다. 그걸 본 나는 깜짝 놀랐다. '내가 무슨 잘못이나 섭섭하게 한 일이 있었는가?' 싶어 잠시나마 고민해야 했다. 아내는 그때 이런 생각도 했다고 한다.

'아, 우리에게 필요한 것은 참 여러 가지로구나. 우리가 살아온 경험과 습관과 방법이 때로는 다른 곳, 특히 선교지에서도 필요하구나. 그걸 채우지 못하면 몸과 마음이 힘들어지는 것이다.'

이것은 사람에 대해 이해한 것이기도 했다. 우리는 후배 선교사들에게 이런 충족감을 미리 느끼도록 해주어야겠다고 다짐했다. 사람에 대한 이해와 배려는 훗날 팀사역을 할 때 큰 도움이 되었다.

우리는 산과 해변을 구경한 브레익을 마치고 돌아온 다음, 다음 모듈을 시작할 때 할 이야깃거리가 많아졌다고 생각해 신이 났다. 하지만 밥을 못 먹어 배가 고픈 것이 아니고, 산을 보지 못해 산이 고팠다는 말을 태국인 선생님은 이해하지 못하는 눈치였다. 어리둥절한 표정으로 우리를 쳐다보기는 외국인 선교사들도 마찬가지였다.

──── 그리움을 달래는 예배

그리운 건 산뿐이 아니었다. 정말 그리운 건 사람이다. 특히 부모님을 비롯한 가족과 친구들이다.

선교지에서 초기에는 한국의 그리운 식구들과 연락하는 방법이 편지나 전화 외에 없었다. 그때는 태국에서 미국이나 한국으로 편지가 가려면 항공편으로도 일주일에서 열흘 정도나 걸렸다. 어떤 선교사는 그비용도 절약한다고 몇 달이 걸릴지 모를 배로 부치는 분도 있었다. 하지만 우리는 돈이 더 들더라도 우체국에서 항공우편(Air mail) 도장을 찍어 후원자들에게 매달 기도편지를 보내고 양가의 부모님들께도 서신을 보내드렸다. 외국에서 보낸 편지를 찾기 위해서는 우체국 사서함

(GPO Box)에 갔는데, 이것도 아주 큰 일 가운데 하나였다.

긴급한 연락은 어쩔 수 없이 값비싼 국제전화를 이용했다. 한국으로 3분간 통화하려면 요금이 8불가량이나 들었다. 3분이 지나면 정확하게 끊겼다. 그때 쌀 5킬로그램이 2불이고 오렌지 10킬로그램이 2불이 채 되지 않았다. 그래서 전화할 때 마음이 얼마나 분주했는지 모른다. 3분 만에 끝난 통화는 아직 하지 못한 이야기 때문에 우리 마음을 더욱 우울하게 만들었다. 그러고 나면 한국을 더 그리워하곤 하였다.

어릴 때 한국을 떠난 사랑이는 특히 그리움이 많았는데, 교회 친구들은 물론 자기가 갖고 놀던 장난감까지 그리워했다. 바쁘게 지내는 엄마 아빠가 놀아주지 못할 때면 한국에서 늘 함께 있어 주던 할머니가 더욱 그리웠다. "우리는 왜 한국에 갈 수 없어요? 누가 우리를 못 가게 해요?" 하고 묻기도 했다. 우리는 대답이 너무나 궁한 나머지 "태국 사람들이 하나님을 모두 알게 되면 갈 거야"라고 말했다. 그날 이후, 사랑이는 매일 저녁 이렇게 기도했다.

"하나님, 태국 사람들이 다 하나님을 알게 되면 할머니가 계시고 내 장난감이 있는 한국으로 갑니다. 태국 사람들이 하나님을 빨리 알게 해주세요."

하루는 가정예배 시간에 "사람이 떡으로만 살 것이 아니요 하나님의 입으로부터 나오는 모든 말씀으로 살 것이라"(마 4:4)는 말씀을 본 다음, 우리 가족이 하나님의 말씀을 전하며 살아가는 것이 얼마나 아름답고 귀한 삶인지 말해주었다. 그러자 모세가 화답이라도 하듯 이런 기도를 했다.

"하나님, 태국 사람들도 떡만 먹는 것이 아니라 하나님의 말씀을 먹는 사람들이 되게 해주세요."

사랑이도 따라서 기도했다.

"하나님, 태국 사람들이 떡만 먹지 말고 다른 것도 먹게 해주세요."

우리는 참을 수 없는 웃음이 터져 한참 웃었다. 그리고 나니 그리움으로 울적했던 마음에 환한 빛이 비친 것 같았다.

✢ **5** ✢
겨울 없는 나라의
풍성한 과일

────── **수박을 포기하는 기도**

태국은 겨울이 없는 나라다. 태국에서 계절을 구분한다는 것이 이상하지만, 태국인은 나름대로 우기와 건기와 더운 여름으로 구분한다. 여름에 기온이 30도가 넘어가는 건 일상이다. 이런 태국의 날씨가 사계절이 뚜렷한 나라에서 살아온 우리에게는 별 재미가 없었지만, 맛있는 과일만큼은 풍성하게 제공하였다. 날이 더울수록 과일은 더 맛있고 더 달다.

내가 가장 좋아하는 과일은 수박이다. 한국에서 목회할 때도 여름이면 '물 대신 수박'이란 말을 만들어 낼 만큼 수박을 좋아했다. 목사 가정에서 수박 사는 일로 지출이 너무 많다는 생각이 들 정도였다. 지금도 큰 수박은 가격이 비싼 편이지만 80년대엔 수박 값 부담이 상대적으로 더 컸다. 당시엔 대형마트도 별로 없었고 배달이 일반적이지 않았기에, 아내는 2,3일에 한 번씩 큰 수박을 사서 집에 들고 오는 일이 힘에 부쳤다. 그래서 기도했다.

"하나님, 목사 가정에서 수박 값으로 너무 많은 지출을 합니다. 목사 가정에서 수박을 들고 다니는 것이 교인들 보기에도 미안합니다. 그러니 수박 값을 하나님께 미리 드리겠습니다. 우리 집 수박은 하나님이 좀 해결해 주십시오".

아내는 매주 수박 한 통 가격과 맞먹는 감사헌금을 드렸다. 놀라운 일은 그날 이후 우리가 다 먹을 수 없을 만큼의 수박이 우리집에 생기기 시작한 것이다. 말도 하지 않았는데, 성도들은 자기 집에서 수박 한 통을 살 때 목사 가정을 위해서도 한 통을 더 사서 몰래 교회에 붙어 있는 우리집 부엌에 갖다 놓았다. 아내의 기도 응답이기도 했겠지만, 아마도 목사가 수박을 좋아한다는 소문이 났을 것이다. 하여튼 아내는 무거운 수박을 들고 다닐 일이 없어졌다. 이럴 정도였으니, 내가 태국으로 가기로 결심할 때 걱정한 것이 엉뚱하게도 수박이었다. 태국에 가면 수박을 먹지 못할 줄 알았던 거다. 나는 선교를 위해 기도할 때마다 "하나님! 태국의 영혼들을 위해 갑니다. 태국 가는 일을 위해 수박도 포기합니다" 하고 울먹이기까지 했다. 그때만 해도 우리는 외국에 대해 아는 게 많지 않았다. 불과 40여 년 전인데도 말이다.

─────── 수박도 포기 못한 선교사

방콕에 도착한 다음 날, 울 수도 웃을 수도 없는 일이 일어났다. 선배 선교사 댁을 방문했는데, 식사 후에 수박을 주신 것이다. 태국에도 수박이 있다는 걸 알고서 얼마나 반가웠는지 모른다.

내가 허겁지겁 수박을 먹는 걸 본 선배가 이러셨다.

"여기엔 수박이 1년 내내 있으니 천천히, 마음껏 드세요."

한국에서는 겨울이 되어갈 때 태국에 간 것인데, 태국에서는 그때도 수박을 먹을 수 있었다. 게다가 가격은 한국의 10분의 1에 불과했다.

'어떻게 이럴 수 있는가!'

감격하였다.

태국엔 수박의 종류도 다양해서 속이 노란 수박도 있었다. 그래서 내가 태국에 있으면서 가장 많이 먹은 과일이 수박이다. 한국에서는 양을 늘리려고 수박을 잘게 잘라 사이다를 들이부어 화채를 만들기도 했는데, 태국에서는 껍질에 붙은 부분은 버릴 정도로 마음껏 썰어서 시원하게 먹었다. 수박 하나만 생각해도, 내가 태국에 간 건 정말 잘한 일이다.

수박은 사시사철 기온이 높은 태국에서 더위와 갈증을 해소하기에 좋다. 그런데 사실 태국에서 수박은 과일 축에 들지도 못한다. 망고와 바나나는 흔하고, 우리가 듣도 보도 못했던 두리안과 망쿳(망고스킨) 같은 과일도 태국에 가서 처음 알았다. 태국은 과일의 천국 같다.

태국에 과일이 많다고 해서 모든 과일이 무조건 다 맛있는 건 아니다. 우리나라 사과에 당도와 품질의 차이가 있는 것처럼, 태국 과일도 그렇다. 역시 무엇이나 비쌀수록 맛이 좋다.

우리는 처음엔 어떤 과일이 맛이 있는지 몰라 접대용 과일을 살 때는 무조건 가장 비싸고 보기 좋은 과일을 사곤 했다. 그러면 손님들의 반응은 언제나 맛있다는 것이었다. 간혹 아내에게 어떻게 과일을 잘 고르느냐고 묻는 분이 있었는데, 그냥 "잘 몰라서 비싼 걸 샀다"고 답하면 "지혜롭다"는 말을 칭찬처럼 듣곤 하였다. 어디서든 뭘 잘 모를 때는 물어보거나 대가를 넉넉하게 치러야 한다. 하지만 우리는 대가를 치르기보다 의심부터 하거나, 묻지도 않고서 우리 생각만 고집할 때가 있다. 그러면 돈은 돈대로 쓰고도 맛있는 과일을 먹지 못할 수 있다.

아내는 과일가게에서 과일 고르는 법을 묻고 배우면서 태국의 재래시장에 익숙해져 갔다. 현지인 아주머니처럼 과일을 잘 고르는 법을 알게 되었고, 적은 돈으로도 품질 좋은 과일을 먹을 수 있게 되었다. 태국의 더운 날씨 탓에 지치고 힘들 때가 많았지만, 그래도 하나님이 맛있는 과일을 주시기에 위로로 여기고 감사한 마음으로 살았다.

——— 그까짓거 바나나야, 바나나

한국에서 목회할 때, 교인 중에 과일가게를 하는 권사님 가정이 있었다. 이분이 수박을 자주 주셨는데, 명절엔 비싼 과일도 주셨다. 파인애플이나 바나나 같은 열대과일이었다. 덕분에 우리 아이들은 그런 고급 과일을 종종 맛볼 수 있었다. 추수감사절이나 성탄절에 바나나 한 묶음을 선물로 받으면 목회할 맛까지 났다. 손님이 오실 때 바나나를 내놓으면 어깨가 으쓱해졌다.

우리가 한국을 떠날 때 여섯 살과 세 살이던 모세와 사랑이에게 우리 가족이 태국에 선교사로 간다는 것의 의미를 설명할 방법이 없었다. 그때 떠오른 지혜가 "태국에 가면 귀한 바나나를 매일 먹을 수 있다"고 말해주는 것이었다.

"바나나를 실컷 먹을 수 있으니 태국이 얼마나 좋은 나라야? 우리는 그런 나라로 가는 거야!"

우리 가족은 태국에 가서 거의 매일 과일을 먹었다. 나는 수박을 물처럼 먹었고, 아이들은 밥 대신 바나나만 먹는 날도 있었다. 그런데 6개월이 채 지나지 않은 어느 날, 아이들은 바나나가 싫다며 먹지 않았다.

사실 바나나는 영양가가 높고 섬유질이 많아 아기의 이유식에도 적합하다. 특히 아기가 배탈이 날 때 먹이면 좋다. 그런 바나나가 태국에서는 흔하고 품질도 좋아서, 세계적으로 유명한 이유식 브랜드 '거버' (Gerber)는 주재료인 바나나를 전량 태국에서 수입해 쓴다고 한다.

바나나는 버릴 게 없는 식물이기도 하다. 열매는 당연히 먹고, 넓은 잎은 식당에서 음식을 싸는 포장지처럼 사용한다. 줄기는 조리해 먹고, 꽃은 장식하는 데 쓴다. 바나나가 이렇게 좋은 식물이다.

여담으로, 태국에는 바나나와 관련해 재미있는 속담이 있다. 한국 속담으로 아주 쉬운 일을 '누워서 떡 먹기'라고 하는데, 태국에서는 '콩 끌루와이, 끌루와이'라고 한다. '(그까짓거) 바나나야, 바나나'라는 뜻이다. 아마도 이곳에서 가장 흔한 과일이 바나나여서 생긴 속담 같다.

태국의 바나나는 종류도 다양하다. 먹는 법도 그만큼 다양하다. 한국 사람은 바나나를 과일로 여기지만, 태국 사람들은 익은 것은 물론 그냥 먹지만, 덜 익은 바나나를 튀겨 먹고 쪄서 먹고 구워 먹기도 한다.

태국의 바나나 종류는 지역에 따라 다르다. 남쪽에서만 나오는 바나나 가운데 '끌루와이 낭랩'은 우리말로 '처녀 손가락 바나나'를 뜻한다. 여성의 손가락처럼 가늘고 모양이 예뻐서 생긴 이름 같다. 태국 사람들이 추는 전통 무용 가운데 여성이 손톱을 길게 붙이고 손가락을 많이 쓰며 손끝을 위로 올리는 춤이 있는데, 그 춤을 출 때의 손가락 모양처럼 생겼다고 이해하면 좋을 것이다. 이 바나나는 방콕에서 구하기 어렵다. 간혹 남쪽을 방문할 때 사 오거나 선물로 받아야 먹을 수 있었다.

─────── 귀신 바나나 나무를 자르다

태국은 귀신이 많은 나라라 그런지 '귀신 바나나'라는 것도 있다. 그 바나나 나무가 바로 우리 집 앞에 있었다. 열매가 거의 나지 않으며, 있어도 먹지 못한다. 그래서 귀신 바나나로 불리는 것 같다. 안 그래도 바나나 나무의 번식력은 일반적으로 어떤 나무보다 뛰어난데, 귀신 바나나도 우기에는 매일 한 뼘씩 자라는 것 같다. 그래서 우리는 그 나무를 잘라 버리기로 하였다. 문제는 이 나무를 잘라줄 사람이 없는 것이었다. 말 그대로 태국 사람은 바나나에 귀신이 붙어 있다고 믿기 때문이다. 할 수 없이 내가 자르기로 했다. 그러자 태국인 가정부가 파랗게 질린 얼굴로 "자르면 안 된다"고 한사코 말렸다. 누구든 그 나무를 자르면 귀신이 자른 사람을 해코지할 것이고, 그 나무를 자른 사람이 실제로 죽는 걸 보았다는 말까지 했다.

1부 │ 선교사를 만드는 기도

한국 선교사들이 가지고 있는 특징과 신념은 이런 일에서 절대 물러서지 않는 것이다. 태국인이 보기에는 정말 미련했겠지만, 나는 언어학교를 다녀온 어느 날 오후에 겁도 없이 그 나무를 잘라버렸다. 놀랍게도 잘린 나무에서 빨간 피 같은 액체가 흘러나왔다. 지켜보던 우리 가족과 가정부 모두 놀랐다. 가정부도 말만 들었지, 바나나 나무에서 피 같은 것이 나오는 걸 처음 보았다고 했다. 나는 '이 나무의 수액이 빨간색인가 보다'라고 생각하며 시멘트로 덮어버렸다. 진짜 문제는 다음날에 일어났다. 우리 가족 모두 몸살이 난 것이다. 후에 안 일이지만, 가정부는 우리 가족이 다 죽는 줄 알고 걱정이 태산 같았다고 한다.

다행히 우리 가족은 며칠 앓은 다음 다 일어났다. 아마도 귀신 바나나 나무 수액에 좋지 않은 바이러스 같은 것이 있어서, 나무를 벨 때 나온 세균 같은 것이 그 부근에 있는 사람을 아프게 하는 것 같다. 그래서 저항력이 없는 병약한 사람은 죽기도 했던 모양이고, 가까이서 지켜보던 우리 가족도 아팠던 것 같다. 그런데 무섭다고 멀리 떨어져 있던 가정부는 멀쩡했다. 어쨌든 죽지는 않은 우리 가족은 귀신 바나나 나무에 귀신이 없다는 증거가 됐다.

──── **그리움은 망고와 함께**

외국에 가서 반년쯤 살면, 선교사든 이주민이든 해외주재원이든, 모든 사람이 갖게 되는 공통의 현상이 있다. 고국이 너무 그리워지는 것이다. 모든 것이 그립다.

우리의 본능은 본국에서 먹었던 음식이 먹고 싶었고, 그 음식을 같이 먹던 식구와 친구들을 그리워했다. 살아왔던 모든 방식이 그리워진 것이다. 우리는 특히나 별게 다 그리웠던 것 같다. 알던 사람은 물론이고, 흔히 쓰던 물건과 종종 먹던 음식들이 다 그리웠다.

하루는 선교사들이 모일 때 한국에서 먹었던 음식들과 각자 살았던 곳을 서로 말하고, 그 지역의 맛과 멋 자랑을 늘어놓기도 하였다. 춘천 막국수와 닭갈비가 맛있다는 것도 우리는 그때 처음 알았다. 그럴 때 태국에서 우리에게 위로가 되는 것이 있었으니, 바로 과일이었다. 그 중에서도 특히 값이 싸고 맛있는 망고는 우리 가족이 방콕에서 살아갈 수 있는 에너지였다. 더구나 그때는 우리를 돌보는 선임 선교사가 없어서 '맨땅에 헤딩'하며 살고 있을 때였는지라, 망고는 우리의 태국 생활을 지켜주는 한 부분이 되었다.

망고는 태국에서 날씨가 더워지면 더 많이 먹게 되는 과일이다. 망고의 단맛은 바나나가 감히 비할 것이 아니다. 우리 가족이 망고를 얼마나 많이 먹었는지 모른다.

망고도 바나나처럼 종류가 다양한데, 태국의 망고는 10여 종에 달한다. 단맛이 강한 망고, 박하 향이 나는 망고, 고구마처럼 고소한 망고, 신맛이 너무 강해 설탕을 찍어 먹는 망고 등이다.

망고의 종류를 떠나 공통적인 특징은 뼈처럼 생긴 씨가 속에 든 것이다. 복숭아 속의 씨는 동그랗고 두껍지만, 망고 속의 씨는 얇고 길다. 망고는 원래 이 씨가 커서 상대적으로 과육이 적었는데, 태국 정부가 품종을 개량하여 망고의 씨는 얇아지고 과육은 많아졌다. 개량 과정에서 종류도 다양해진 것 같다.

망고 중에 과육이 가장 많은 품종은 '남덕마이'이다. 잘 익은 남덕마이는 단맛이 하늘을 찌른다. 다만 향이 약하고 깊은 맛은 적은 편이다. 설탕만 많이 타고 향은 약한 음료수를 상상하면 된다.

깊은 맛을 좋아한다면 태국 사람들이 가장 좋아하는 '키아우써워이'를 선택하면 된다. 그들은 '키아우써워이'가 익지 않은 상태에서도 소금과 설탕과 고춧가루를 섞은 소스에 찍어 먹는다. 우리가 고추장에 오이를 찍어 먹는 것과 비슷하다. 이걸 고구마처럼 쪄먹으면 망고의 깊은 맛을 가장 많이 느낄 수 있다.

망고 중에 우리 가족이 가장 많이 즐긴 품종은 박하 향이 나는 '옥크렁'이다. 잘 익은 옥크렁은 한입 베어 먹으면 목구멍 깊은 곳에서 풍성한 박하 맛이 느껴진다. 달기도 하지만, 박하 냄새가 진동하는 깊은 맛은 우리를 매료시켰다. 우리는 옥크렁을 삼시세끼 후식으로 먹을 정도로 좋아했다. 아이들은 잠들기 전에도 먹고, 가정예배를 드릴 때도 먹었다. 그래서 옥크렁을 한 번에 10킬로그램이나 사놓기도 했다. 우리 가족을 그럴 정도로 망고를 좋아했다.

한국의 어버이날 무렵이 된 5월의 어느 날 저녁, 가정예배를 드린 후에 부모님께 우리 가족의 소식을 전하기 위해 카세트테이프 녹음기에 인사말을 녹음하였다. 기도제목을 보낼 때도 녹음하고 아예 예배드리는 시간 전체를 녹음할 때도 있었는데, 그때 사랑이가 외할머니에게 느닷없이 이런 말을 녹음하였다.

"할머니, 여기는 망고가 맛이 있어서 우리가 매일 먹고 있어요. 너무 맛있어서 할머니께 드리고 싶어요. 할머니, 망고 드시러 이곳에 꼭 오세요."

아내와 나는 사랑이가 한 말에 놀랐는데, 더 놀라운 건 망고 맛이 궁금해졌다며 장모님과 장인께서 정말 다음 달에 우리를 보러 태국에 오신 것이다.

이제는 한국에도 망고가 흔해져 어디서나 구할 수 있는 줄 안다. 망고를 포장한 보따리가 우리의 젊은 시절의 이야기보따리처럼 보인다.

─────── **생각만 해도 사랑스러운**

태국은 언제나 과일이 풍성한 나라이지만, 계절마다 나오는 과일은 한국처럼 다르다. 태국에서는 과일 중에도 여름의 절정기인 5월과 6월에 나오는 두리안을 으뜸으로 쳐서 '과일의 왕'으로 불린다. 그들이 이걸 최고로 치는 게 이상했다. 모양이 거칠고 냄새도 역하기 때문이다.

우리가 태국에 처음 왔을 때 태국 교인들에게 받은 질문이 있다.

"두리안을 먹어본 적이 있습니까? 드실 수는 있겠어요?"

두리안은 화장실 냄새가 좀 심하게 난다. 이걸 먹는 외국인은 용감하고 국제적 미각을 가진 사람으로 여겨진다. 그래서 그들이 내게 그런 질문을 한 것이다.

사실 두리안은 상당히 맛이 있고 단백질과 섬유질이 풍부하다. 다만 특유의 냄새 때문에 처음엔 웬만해선 입에 넣지 못한다. 나는 '냄새가 무슨 문제인가?'라고 생각하며 "먹을 수 있을 것 같다"고 대답했다. 그리고 먹었다, 괴로웠다, 하지만 맛있었다! 다만, 이 과일을 맛보지 못한 사람에게 그 맛을 글로 설명하기는 어렵다.

두리안의 껍질엔 도깨비방망이의 뿔처럼 작은 송곳 같은 것이 잔뜩 붙어 있다. 껍질을 까야 보이는 노란색 과육은 마치 건강한 사람이 화장실에 내려놓은 그것과 모양이 비슷하고 냄새마저 비슷하다. 오죽하면 태국에서도 고급 호텔에는 반입금지 식품이다. 그런데 그 맛만큼은 은근한 매력이 있다. 두리안이 나오는 계절이면 가게 앞을 지나가던 신사도 선 채로 사서 먹기도 한다. 한번 맛을 보면 계속 먹는다.

두리안의 껍질은 단단하다. 처음 먹는 사람은 까기 어려워, 과일가게 주인이 껍질을 벗겨서(까서) 속 알맹이(과육)만 준다. 그런데 한국 사람들은 두리안을 '까먹는다'고 말하지 않고 '잡는다'고 말하였다. 크기 때문에, 껍질을 깔 때 잘 잡는 것이 중요해서 생긴 말 같다.

두리안은 몸에 문제를 일으키기도 한다. 두리안의 성분에 인삼 같은 것이 있는지 어떤 사람에겐 열이 나게 하는 것이다. 내가 두리안을 먹으면 그랬다.

아내는 토요일이면 주일을 준비하기 위해 시장에서 찬거리와 과일을 사놓곤 했다. 두리안도 사서 주일 저녁에 먹었는데, 이상하게 내가 두리안을 먹기 시작한 날부터 열이 나곤 했다. 몸살 정도는 아니어서 찬물로 목욕하면 식힐 수 있었는데, 처음엔 이유를 알 수 없었다. 그런데 두리안 철이 지나 두리안을 먹지 않자 주일 저녁마다 오르던 열이 감쪽같이 사라졌다.

내 이야기를 들은 선배 선교사들이 두리안의 효능에 대해 말해주어 알게 된 사실은, 두리안이 인삼처럼 몸을 따뜻하게 만든다는 것이다. 그러니 두리안만 먹지 말고 망쿳도 같이 먹으라고 했다. 두리안의 과육이 노란색 찐빵 같다면 망쿳은 마늘쪽처럼 생겼는데, 망쿳은 두리안과 반대로 열을 내린다고 한다. 그래서 두리안을 과일의 왕, 망쿳을 과일의 여왕이라고 부르는 것 같다. 과일에도 궁합이 있다는 걸 그때 알았다. 이제는 자주 먹지 못하지만, 생각만 해도 사랑스러운 과일들이다.

태국 사람들이 이렇게 다양한 과일들만 봐도 하나님의 솜씨를 느낄 만한데, 과일이 너무나도 풍성한 것이 오히려 주님의 은혜를 깨닫기 힘들게 하는 것 같다.

✢ **6** ✢
태국에서 33년간
배운 것들

─────── **사람이 사는 모습을 보여주는 곳**

우리 부부는 어느 나라를 가든지 먼저 큰 시장을 찾는다. 한국 사람들이 그곳에서 살 수 있을지, 한국 사람들이 해 먹을 만한 음식 재료가 있는지 살펴보는 것이 시장을 방문하는 이유다.

선교사가 현지에서 살아갈 수 있는 환경인지를 확인하는 가장 빠르고 좋은 방법은 시장, 특히 재래시장에 가보는 것이다. 시장은 사람에게 필요한 온갖 물건들을 파는 곳이지만, 그 지역 사람들이 살아가는 방법을 짐작하게 해주기도 하는 탓이다. 결과적으로 그 선교지에서 살아갈 수 있는 방법을 알게 해준다.

우리가 세계의 여러 나라를 가본 경험으로 느낀 것은, 세상 어디를 가도 시장 사람들이 살아가는 모습은 정겹다는 것이다. 아프리카든 인도차이나든, 일찌감치 문명화된 서구에 가도 그 느낌은 다르지 않다. 시장이 크면 클수록 더 크게 느낄 수 있다.

시장 규모에 따라 다르기는 하지만, 재래시장은 대개 만물상 같다. 태국에도 그런 시장이 여러 곳에 있는데, 아내가 주로 다녔던 시장은 크렁떠이에 있는 것이다. 방콕이라는 도시는 서울에 한강이 있듯이 짜우프라야 강을 끼고 형성되었는데, 이 강이 크고 깊어서 큰 배가 들어오는 부두가 크렁떠이 지역에 있다. 그래서 시장 근처에 항구와 세관이 있다. 우리가 태국에서 사역하는 동안 로고스 선교선도 두 번이나 여기까지 들어왔다.

바다와 가깝고 배까지 들어와 짐을 하역하는 곳이라 그런지 크렁떠이 시장은 당연히 물건의 양과 종류가 많다. 먹을 건 물론이고 생활에 필요한 건 웬만하면 구할 수 있다. 없는 것만 빼고 있을 건 다 있다는 말이 딱 어울린다. 물가가 싸서 우리의 적은 생활비로도 풍성함을 느낄 수 있었다.

아내가 워낙 요리를 좋아해서이기도 하지만, 크렁떠이 시장에 다녀오는 날은 식탁이 한결 풍성해졌다. 아이들은 새우를 좋아했고 나는 오징어와 생선을 즐겼는데, 해물이 워낙 저렴해서 선교사인 우리에게 큰 부담이 되지 않았다. 야채도 말로 표현할 수 없을 만큼 싸다. 나중에는 주차장까지 배달해주는 사람이 생겨 아내는 배달원을 데리고서 쇼핑하기도 했다. 배달원이 따라다니다 아내가 물건을 고르면 자동차에 실어주었다. 그러면 작게나마 수고비를 주면 되었다.

　한밤중만 아니면 새벽과 늦은 밤에도 문을 여는 가게가 많다는 것도 이 시장의 특징이다. 특히 과일은 언제 가도 살 수 있었다. 그래서 아내는 밤에 장을 보러 가기도 했다. 크렁떠이의 낮은 뜨겁고 분주하지만 밤은 차분하고 시원했기 때문이다. 강가라서, 아무리 더운 날도 저녁이면 시원한 바람이 불었다. 경비원이 있어서 안전해서 그런지, 상인들은 밤늦도록 장사하다가 그 자리에서 그냥 자기도 했다. 다르게 보면 깨끗하지 않다는 단점이 있다. 각종 생선과 젓갈, 팔지 못해 상한 채소와 과일의 썩는 냄새가 진동한다. 하지만 우리는 크렁떠이에서 사람 사는 냄새를 더 많이 느꼈다. 사람 좋아하는 아내는 사람 냄새를 맡으려고 더 즐겨 찾았다. 우리 가족이 크렁떠이를 애용하다 보니 스스로 '크렁떠이 가족'이라고 부르기도 했다. 집에서도 가까워 손님이 온다고 내가 연락만 하면 아내가 얼른 장을 봐서 식사를 준비할 수 있었다.

　이 시장은 우리가 팀사역과 선교사 자녀 기숙사를 운영하는 등 다양한 사역을 할 때 큰 도움이 됐다. 따져보면 나보다 아내에게 더 많은 도움이 된 것이지만.

─────── **비 때문에 잃어버린 사진**

　　　태국은 비가 많이 오는 나라다. 기후가 변한 탓인지 요즘은 좀 덜하지만, 내가 태국에 간 초기만 해도 우기에는 천둥과 벼락이 잦았다. 그 소리가 얼마나 큰지 금세라도 예수님이 오실 것 같았다. 그런 다음에 내리는 비의 양은 한국에서 경험할 수 없는 것이었다. 짧게는 10분 정도 쏟아붓다 그치기도 했지만, 어떤 날은 그런 비가 밤새 내렸다. 이제 한국에서 살아보니 한국의 요즘 여름 날씨가 태국에서 경험한 것과 차츰 비슷해지는 것 같다.

나는 태국에서 33년간 한 집에서 살았다. 그런 점에선 나는 참 보수적인 사람 같다. 내 아내는 팀사역을 하는 선교사들에게 음식을 대접하며 섬겼고, 치앙마이의 '푸른초장'에서는 나와 함께 선교사 자녀 기숙사 사감을 하며 다양한 음식을 만들기도 해서 음식 솜씨가 좋은 편이다. 그런 아내가 한달 내내 밥에 김치 하나만 내놓아도 별 신경 쓰지 않는 게 내 성격이다. 옷도 입어서 편하면 아무리 오래 입어도 싫증내지 않는다. 간혹 그 옷이 낡으면 새 옷을 사기보다 아내에게 수선을 부탁해서 계속 입는다. 그런 성격이다 보니 남이 나에 대해 어떻게 보든, 무슨 말을 하든 중요하게 생각하지 않는다.

하지만 이런 성격이 반드시 좋은 것만은 아닌 것 같다. 오래 보관해야 할 물건을 쌓아두기만 하고, 만일을 대비해 적당하고 안전한 곳에 정리해두는 부지런함은 부족할 수 있다. 이런 내 성격이 화근이 되어 낭패를 본 일이 있다. 내가 사무실로 사용하는 방바닥에 사진과 환등기 필름 등을 두었는데, 어느 날 밤새 내린 집중호우로 사무실 안에까지 물이 들이닥쳐 몽땅 젖어버리고 만 것이다.

사람이 지나치게 당황하면 일반적인 상식이 없어지고 챙겨야 할 것도 잊어버리는 것 같다. 다음날, 아내에게 물에 잠긴 것은 모두 버리자고 하였다. 그때 결혼사진을 비롯해 태국 사역 초기에 찍어두었던 수천

장의 사진이 사라지고 말았다.

우리 부부는 그 집에서 2층을 침실로 사용하고 있어서 밤새 비가 내려도 그 정도로 물난리가 난 줄 알지 못했다. 시간이 좀 지나자, 선배 선교사나 태국에서 살던 교포들이 해준 말이 이해됐다. 그들은 밤에 잘 때는 항상 한쪽 손을 침대 아래로 늘어뜨린다고 했다. 잠든 사이에 비가 많이 내려 물이 들이찰 경우, 손에 닿는 물을 느끼고서 깨기 위해서였다. 하지만 2층에 살던 우리는 그걸 전혀 알 수 없었다.

——— 짐은 나눠서 지고 일은 돌아가면서 한다

태국교회에서 예배드릴 때 느낀 문화 차이도 있었다. 예배 때 '섰다 앉았다'를 너무 많이 한다는 것이다. 한국교회에서 예배 시간에 일어났다가 앉는 건 두세 번에 불과하지만, 태국교회는 대략 6-7번은 일어난다. 특히 찬송은 부를 때마다 일어서서 경건하게 부른다. 한국에서는 경험하지 못한 일이다. 찬송할 때뿐 아니라 성경을 봉독할 때도 일어선다. 하나님의 말씀을 받는 것이기 때문이다. 정말 은혜롭고 본받을 만한 모습이다. 나는 30여 년간 그렇게 예배를 드려서인지, 이제는 앉아서 찬송을 부르는 것이 도리어 어색하다.

이런 문화는 상징적이라도 왕이 있는 국가 체제와 관련이 있다. 태국 사람은 국왕 앞에서 반드시 엎드려야 한다. 반대로 국가 행사에서 '왕의 찬가'를 부를 때는 반드시 일어선다. 그런 나라에서 사는 이들이 '세상 임금보다 높은 하나님께 드리는 찬양을 어떻게 앉아서 부를 수 있느

냐'고 생각하는 것이다. '일어났다 앉았다' 하는 것이 졸음을 쫓는 효과
도 있어 그런지 이 방식이 좋다는 한국인도 있었다.

헌금하는 방법도 독특하다. 한국에서 헌금은 가능한 분에 넘치도록
하는 것이라고 배웠는데, 우리 가족이 출석하는 태국교회에는 헌금의
종류 중에 매달 10밧 정도의 소액을 회비처럼 내는 것이 있었다. 당시
환율로 한국 돈 300원에 불과한 금액인데, 미자립교회 지원이 목적이
었다. 나는 속으로 '이런 헌금이 유익할까' 싶었다. '이왕 낼 거면 한 번
에 내고 말지' 하는 생각이었다. 그러나 그런 푼돈이 모여 많은 일을 해
내는 걸 태국에서 자주 경험했다. 부담이 거의 없는 소액이어서 내지
않는 사람이 거의 없었고, 그 결과 티끌 모아 태산 같은 헌금이 되었다.

태국교회의 주일예배 설교는 그 교회의 담임목사만 하는 것이 아니
다. 담임목사는 성찬식을 하는 매월 첫 주일에 설교하고, 다른 주일엔
다른 교회의 목사들이 번갈아 와서 설교하기도 한다. 심지어 평신도가
설교할 때도 있다. 의사나 교수나 사업가 등 사회적 신분과 지식이 있
다고 생각되는 경우다.

태국교회에서 특별한 또 다른 점은 반주자 또한 설교자처럼 매주 달
라지는 것이다. 우리가 섬긴 제4교회(습삼판타왕교회)도 반주자 4명이
돌아가며 반주했다. 덕분에 피아노를 연주할 수 있는 아내도 몇 년간
매월 둘째 주일의 예배 반주자로 섬길 수 있었다.

반주자는 어느 교회나 다 있고 필요로 한다. 그래서 우리가 한국에서
지원받은 키보드를 가지고 찬송 반주법을 가르치는 반주자학교를 열
었는데, 내 친구이자 나를 후원해주던 성천교회 김정옥 목사가 키보드

(휴대용 전자피아노) 10대를 사준 덕분이었다. 아내와 함께 찬송가 반주가 가능한 단기 사역자를 매달 초청하였고, 후에는 문혜정 자매(현재는 인터서브 이사)가 1년간 단기 선교사로 사역하기도 하였다.

그런데 이상하지 않은가? 왜 태국교회는 한 사람이 계속 설교하지 않고 반주도 여러 사람이 돌아가며 하는 것일까? 우리도 그들의 생각을 다 이해할 순 없었는데, 무엇이든 치우치지 않으려는 성향 때문인 것 같다. 그래서 설교와 예배 반주처럼 중요한 일이라 해도 능력있는 한 사람이 독점하기보다 여럿이 번갈아서 하는 것이다.

태국교회는 찬양대가 없는 것도 특징이다. 한국교회는 큰 교회나 작은 교회나 다 찬양대가 있고, 예배 시간에 찬양이 빠지면 자연스럽지 않다고 생각한다. 우리 세대는 어렸을 때 교회가 아무리 작아도 5명에서 10명만 설 수 있으면 찬양대는 반드시 있어야 하는 건 줄 알았다. 그런데 태국교회는 제법 규모가 커도 찬양대가 없는 교회가 많다. 찬양대가 있는 교회도 더러 있지만, 그런 경우도 매주 서진 않는다. 가끔 서는 대신 연습하는 시간이 길고 진지해서 찬양을 들을 때 은혜가 넘친다.

태국교회에서 예배드릴 때, 가끔 사회를 맡은 목사 가운데 찬송을 부르지 않는 경우가 있었다. 부르더라도 먼저 부르지는 않는다. 내가 속한 노회의 폰쁘라섯교회 쌈릿 윙쌍 담임목사는 교단의 부총회장을 지낼 만큼 영향력이 있고 설교도 잘하여 많은 모임을 인도하곤 했는데, 찬양 시간만 되면 누군가 대신 찬송을 시작해주기를 바라는 마음을 흔들리는 눈으로 표현하곤 했다. 찬송 시간에 모두 일어서는 문화에 비하면 매우 이상한 모습이었다. 쌈릿 윙쌍은 아마도 노래에는 자신이 없었던 모양이다.

태국 목사들 가운데엔 쌈릿 웡쌍처럼 찬송 부르기를 어려워하는 이들이 종종 있었다. 그들이 음치여서가 아니었다. 노래는 좋아하지만 이상하게도 찬송가를 부르는 것만 어려워했다. 특히 승려 출신 목사가 그랬다. 태국 불교는 노래가 기쁨을 나타내는 것이라고 생각한다. 그런 문화에서 승려로서 자란 사람이기에, 기독교인이 되고 목사까지 되었음에도 찬송 인도를 힘들어하는 것이다.

이랬던 태국교회의 예배 문화가 최근 들어 많이 달라지고 있기는 하다. 젊은이들은 음악을 활용하는 이른바 열린 예배를 선호하여 직접 시도하기도 하고, 외국에서 음악을 공부하고 돌아와 교회에서 찬양 사역을 하는 이들도 많아지고 있다. 하지만 우리 부부가 선교하던 초기에는 찬양이 서투른 태국 목사와 교인들 사이에서 어색했던 적이 한두 번이 아니다.

──────── **국제 수준의 식사 예절**

태국인들의 식사 예절은 국제적인 수준이다. 그래서 우리가 태국인들과 식사할 때 부끄러운 경우가 많았다.

내가 태국에 들어간 초기에 본 그들의 단체 식사 방식은 한국에서는 생소했던 뷔페였다. 교회에서 주일예배를 드린 다음에 먹는 점심도 뷔페가 보통이다. 그런데 음식이 종류에 상관없이 모자라는 일은 거의 없었다. 음식을 많이 준비하기도 하지만, 특정 메뉴를 독점하는 사람이 없기 때문이다.

남을 배려하는 태국인의 습관은 뷔페에서 특히 빛을 발했다. 예컨대 20명이 먹을 때 닭다리가 30개 준비돼 있어도 미리 두 개를 가져가는 사람은 없다. 하나를 먹은 다음 다시 가서 남은 걸 가져오는 수고를 하더라도 처음엔 한 개씩만 가져온다. 이런 모습이 어려서부터 받은 훈련의 결과인지, 아니면 먹을거리가 풍성한 환경에서 만들어진 것인지는 정확히 모르겠다. 좌우간 한국인의 공동 식사 습관에 비하면 분명히 식사 예절이 더 좋아 보였다.

뷔페 식당 같은 데서 단체로 식사할 때 자기 것부터 많이 챙기는 한국 사람이 간혹 있어서, 한국에서 단기팀이 와서 태국교회에서 식사할 때는 미리 식사 예절을 주지시키곤 했다. 하지만 아무리 주의시켜도 한국 사람은 쉽게 잊어버린다. 맛있는 음식은 먼저, 많이 가져가곤 했다. 결국 태국 사람이 먹을 것이 없는 경우마저 생겨 매우 창피했다. 물론 태국교회가 기쁜 마음으로 한국 손님을 대접하지만, 선교사는 태국 문화를 이해하고 있기에 낯이 뜨거웠던 것이다.

한국 사람의 이기적 식사 습관은 사실 내게도 있었다. 우리 내외가 태국기독교총회의 총회장인 아룬 텅던므앙 목사와 사모님과 같이 식사하는 날에 생긴 일이다. 큰 새우구이를 시켰는데, 그들은 새우를 먹을 때 우리처럼 손으로 껍질을 뜯지 않는다. 포크와 수저를 사용하여 잘도 벗긴다. 총회장이 포크와 수저로 새우 껍질을 벗기는 걸 본 나는 그를 흉내내기 시작했다.

문제는 다음이었다. 그가 껍질을 다 벗긴 새우를 부인의 접시에 올려

주는 바로 그 순간, 내가 껍질을 벗긴 새우는 내 입으로 쏙 들어가고 있었다. 그걸 순간적으로 눈치챈 나는 입에 들어간 새우를 다시 뱉지도 삼키지도 못한 채 한동안 우걱우걱하기만 했다. 그걸 본 아내가 나중에 "그 순간에 얼마나 창피하고 아찔했는지…, 한편으로는 고소해서 통쾌하기까지 했다"며 웃었다. 부인을 배려하지 않고 자기부터 먹는 걸 당연하게 여기는 한국 남자에 비하면, 태국 남자는 배려심이 매우 크다.

나는 서둘러 다른 새우 껍질을 까서 아내의 접시에 내려놓았다. 그러는 내 모습을 본 그들이 상황을 이해했는지 묘한 미소를 지었다. 우리는 머쓱해서 그만 웃음을 터뜨렸다. 총회장은 남성 중심의 한국 문화를 알고 있다며 괜찮다고 말해주었다.

오히려 전화위복이랄까, 내가 실수를 가리려 했다면 그저 그런 사이로 끝날 수 있었다. 하지만 내가 실수를 인정하고 행동을 바꾸려 했기 때문인지, 이후 그들과 마음을 나누며 지낼 수 있었다. 나는 총회장과 더 많이 교제할 수 있었고, 특히 아내는 총회장의 부인과 매우 가까운 사이가 됐다.

나는 그 후로 새우를 먹을 때면 열심히 까서 아내에게 먼저 주곤 한다. 한국에 돌아와서도 그렇게 하고 있다. 그러자 이번엔 한국 목사님들이 문화충격을 당했다는 표정을 짓곤 하신다. 선교사는 선교지에서나 본국에 돌아와서나, 이래저래 충격 속에서 살아간다.

──── 중심을 잡고 가운데로 걸어라

태국인의 성품은 서로 다른 것을 틀리게만 보지 않는 것이다. 여러 가지 의견 중에서도 중심을 잡도록 하는 '던싸이 끌랑'이라는 말을 중요하게 여긴다. "중심을 잡고 가운데로 걸으라"는 뜻인데, 이것은 중국 철학의 중용(中庸)에서 영향을 받은 것 같다. 그래서 태국인은 한쪽으로 치우치는 것을 매우 힘들어한다. 네 편과 내 편을 나누는 것과 흑백논리를 본질적으로 싫어한다.

태국인이 또한 어려워하는 것이 '심각해지는(tension) 분위기'이다. 이건 특히 회의를 진행할 때 나타나는 특징인데, 매우 어려운 주제를 토론할 때도 지나치다 싶을 정도로 분위기가 가볍다. 그래서 그들이 회의를 진행하는 걸 보면 처음에는 답답하게 느껴지기도 한다. 하지만 깊이 들여다보면 그들처럼 회의를 잘하는 사람은 세계 어디에도 없을 것이다. 유엔총회의 회의가 이보다 더 잘 진행될 수 있을까 싶을 정도다.

또한 태국인은 타인에 대한 배려가 몸에 밴 사람들이다. 다른 사람에 대한 배려가 선천적으로 생활화되어 있어서, 외국인으로서는 태국에서 살기가 매우 편하다. 반면에 한국 선교사들, 특별히 내 또래의 전후 세대는 배려를 배우지 못하고 의식하지도 않았던 것 같다. 남을 배려하다간 내가 먼저 굶어 죽기 딱 알맞을 시절을 살았기에, 우리에게는 양보보다 침노하는 일이 익숙했던 것 같다.

나 또한 경제적으로 어려웠던 어린 시절을 보내며 신앙생활을 하다 은혜를 받고 목사가 되었다. 죽음에서 살리신 주님의 은혜가 고마워 선교지까지 왔다. 그래서 태국인들을 섬긴답시고 사역은 해왔지만, 아무리 돌아보아도 내 삶에서 그들보다 나은 모습은 별로 없어 보인다. 배려하고 양보하는 면에서는 더욱 그렇다.

우리가 태국인보다 낫다고 자랑할 만한 것은 초기 한국교회의 선배로부터 배운 보수 신앙의 전통이나 개혁신학 같은 것뿐인 것 같다. 그런데 태국은 물론이고 세계 어디로 가든 한국의 초년 선교사들이 쉽게 저지르는 실수는 '현지인들은 선교사의 말을 들어야 하고, 무엇이든 선교사에게서 배워야 한다'고 생각하는 것이다.

하지만 우리가 무엇이 잘났는가? 선교사가 현지인보다 그들의 언어를 잘하는가? 그들의 문화를 현지인보다 더 아는가? 지리를 더 아는가? 전통을 더 잘 아는가? 선교사는 조금 더 많이 배운 것과 선교비를 받는다는 것 외에 현지인보다 잘난 것이 없다. 그런 선교사가 돈(선교비)이 현지인보다 많다는 이유로, 성경을 더 많이 안다는 이유로 현지인을 무시해도 되는가?

선교사로서 선교지에 갔다는 것은 감사한 일이지만, 그들보다 나은 뭔가가 되었다는 생각은 하지 말자. 나는 지금은 선교지 태국을 떠나 국내에서 기관(KWMA) 사역을 하고 있지만, 지금도 교만하지 않으려고 매일 매 순간 기도한다.

2부

현지인을 세우는 선교

✦ 7 ✦
방콕과 뱅콕에서
생긴 일

─────── **방콕에서 왔어요? 뱅콕에서 왔어요?**

내가 방콕에서 한인 교회를 목회하기 시작할 때, 먼저 해결해야 할 일이 있다는 걸 곧 알게 되었다.

당시 방콕(Bangkok, 미국식 발음으로 '뱅콕')에는 두 개의 한인 교회가 있었다. 김순일 선교사님이 방콕에 처음 한인 교회를 세울 당시에는 한인이 많지 않았기에, 교회를 처치(church)로 쓰지 않고 미국식으로 채플(chapel)이라고 표기하였다. 영어로는 'Korean Union Chapel in Bangkok'으로 쓰기로 하고, 그것을 한국어로 말할 때는 '뱅콕한인연합교회'라고 하였다. '방콕'이 아니라 '뱅콕'이라고 쓴 이유는 김 선교사님이 미국식 영어를 했기 때문 같다. 예배 장소는 싸톤 도로에 있는 뱅콕기독중고등학교(Bangkok Christian College)의 강당을 사용했다.

김순일 선교사는 KIM선교회 소속이었기에, 그가 안식년일 때나 장기간 한국을 방문할 때는 같은 단체의 선교사들이 대신 목회하였다. 그래서 김 선교사가 미국으로 떠난 후엔 신홍식 목사가 목회하였다. 그가 미국으로 안식년을 간 후에는 그 공백기간에 같은 선교회 후배이신 김정웅 목사 등이 대신 목회하였고, 후에 신홍식 목사가 안식년을 마치고 돌아와 목회를 계속하다, 1985년에 교회가 둘로 나뉘게 되었다.

어느 교회나 마찬가지겠지만, 교인들은 담임목사로부터 목회적 돌봄을 원한다. 하지만 담임목사가 선교단체 본부의 훈령을 따라야 하는 선교사이므로, 간혹 본부의 지시나 선교 일정에 따라 주일에도 참석하지 못하는 경우가 있었다. 결국 교인들은 선교사가 아닌, 성도들을 전담할 수 있는 목사를 담임으로 모시기 원했다. 그러나 교인들의 요구를 본부가 받아주지 않자 불만을 품게 된 교인들이 따로 교회를 세웠는데, 그 이름을 '방콕한인연합교회'라고 하였다. 그래서 교회가 둘로 나뉜 것이다. 교인들이 따로 세운 교회의 이름은 영어로는 'Korean Union Church in Bangkok'으로 정했다. 채플(chapel)을 교회(church)로 쓴 것만 달라서, 태국의 한인 사회를 아는 사람들은 오히려 헷갈리게 되었다. 그래서 당시 동남아 지역의 한인 사회에서 유행했던 말 가운데 이런 질문이 있었다.

"방콕에서 왔나요? 뱅콕에서 왔나요?"

태국 교민이 잠시 동남아의 다른 나라를 방문하러 갔다가 주일에 그 지역의 교회에 가면 안내하는 분들에게 듣곤 하던 질문이었다. 그러면 방콕에서 간 성도들은 당황하였다. 그런 상황에 대해 몇몇 성도들은 부끄럽게 생각했고, 어떻게 하든 그 문제를 해결하고 싶어했다. 하지만 분리된 교회들마다 각각 담임목사가 있게 되었으므로, 다시 합치려면 둘 중 한 사람이 양보해야 하는 문제가 생겼다.

사실 그 두 교회들은 완전히 분리하지 못한 상태였다. 두 교회가 함께 해결해야 할 어려운 문제가 있었기 때문이다. 그 문제는 교회가 나뉘기 전에 교인들이 여러 해에 걸쳐 헌금한 '건축헌금'이 은행에 묶여 있던 것이다.

두 교회가 하나였을 때, 교인들은 예배당을 세우고픈 간절한 마음으로 건축헌금을 했다. 바자회도 자주 열었다. 심지어 태국을 떠나 다른 나라로 가거나 한국으로 돌아가는 교인들이 자동차를 처분한 돈을 통째로 헌금하거나 정리한 재산에서 상당 부분을 헌금하기도 했다.

그들이 모은 건축헌금은 태국 돈으로 약 400만 밧, 미화로 16만 불 정도나 되었다. 당시로선 거금이었고, 디아스포라 성도들이 자기 예배당을 가져보려는 간절한 마음이 담긴 헌금이었다.

나는 그 두 교회 중에서 원조격인 '뱅콕'에 부임한 것이었다. 내가 태국에 갔을 때는 헌금했던 이들 가운데 상당수가 교회를 떠났거나 한국으로 돌아간 다음이었다. 하지만 교회가 하나일 때 헌금한 교인들의 뜻을 생각하면, 교회가 다시 하나가 되어 자체 예배당을 갖는 일이 필요하다고 생각했다.

——— 일을 벌리고 수습하는 은사

　　문제의 핵심은 은행에 입금돼 있던 그 헌금을 두 교회 어디서도 마음대로 꺼낼 수 없다는 것이었다. 그 첫째 이유는 갈라져 나간 교회의 달라진 영문 이름이 은행 계좌의 명칭과 맞지 않게 된 것이고, 더 큰 둘째 이유는 기존의 재정 담당 집사 두 명이 '방콕교회'와 '뱅콕교회'로 한 사람씩 가 있게 됨에 따라, 통장 보관과 결제(사인) 권한이 한 교회에 있지 못하게 된 것이다. 두 교회가 합의하여 동시에 은행을 방문하지 않는다면 은행에서 지급하지 않을 것이다. 만일 그 두 명의 재정 담당자가 한 교회에 모두 출석했다면, 그 헌금을 일방적으로 정리하여 더 큰 분쟁이 생겼을지 모른다. 오히려 그 상황 덕분에 건축헌금은 오랫동안 분쟁 없이 방치되고 있었다. 게다가 건축헌금을 한 교인들은 대부분 떠난 상태라, 내가 부임했을 때 있던 교인들은 건축에 그다지 관심이 없는 편이었다.

　방콕한인연합교회는 내가 가기 몇 달 전에 성결교단의 K 목사를 담임으로 모신 상태였다. K 목사는 한인 교회 목회를 목표로 태국에 들어왔기에 청빙 조건이 나와 달랐다. 나는 선교적 마음을 가지고 갔기에 사례비가 적은 대신 약간의 후원 모금을 해야 했지만, 방콕교회는 그를 목회자로서 청빙한 것이라 교회가 전적으로 사례비를 책정하였다.

　하지만 두 교회의 목사들은 나이가 같고 아이들 나이도 비슷해서, 두 가정이 모이는 일이 자주 있었다. 분리된 교인들은 다른 교회로 여겨 교류하지 않았지만, 목사들끼리는 정작 편하게 만나곤 했다. 이런 관계가 은행에 묶여 있는 헌금 문제를 풀 수 있는 열쇠가 됐다.

내가 부임한 그해 12월의 어느 날, 두 목사는 교회 대표 자격으로 은행에 같이 가서 사인하고 헌금을 절반씩 나누자고 의기투합했다. 교회가 다시 합치기는 불가능해진 상태로 보고, 각자 교회가 결의하여 그렇게 하기로 한 일이었다.

뱅콕교회의 운영위원 중 하나인 어느 집사는 내가 은행에 가기 전에 이런 말을 하였다.

"목사님, 은행에 있는 헌금만 찾아오셔요. 우리가 새 승용차 사드릴게요."

하지만 한국에서 목회를 경험하고 온 나는 이 헌금이 그런 식으로 사용되면 안 된다고 생각했다. 우리야 자동차가 생긴다면 솔직히 좋겠지만, 헌금한 교인들의 마음을 먼저 생각했기 때문이다. 무엇보다 건축헌금은 목적헌금이므로, 헌금한 사람들의 마음에도 걸리지 않게 반드시 목적대로 사용되어야 한다. 나는 방콕교회의 목사도 생각이 다르지 않을 것이라고 보았다. 그래서 두 목사는 이렇게 의논하였다.

"이렇게 건축헌금을 나누기보다, 이번 기회에 두 교회가 하나로 다시 합치고, 이 돈으로 건축을 시작하자고 교인들을 설득합시다. 그렇게 하는 것이 하나님께 더 영광이 될 것입니다."

내 아내는 이날 내린 결론에 대해, 어디를 가든지 복잡한 일을 수습하는 나의 은사가 이때도 사용된 것 같다고 말한다.

──── 1년만에 한국에 돌아온 사연

        이제 남은 문제는 교회를 합치는 구체적인 조건이었다. 두 목사는 이 세 가지를 합의하였다.

첫째, 담임목사 문제인데, 교인들이 누구를 원하든 그들이 원하는 목사가 담임을 맡기로 했다. 만일 둘 다 떠나라고 하면 둘 다 떠나고, 동사목회를 원하면 같이 있기로 했다.

둘째, 교회 명칭은 교인들의 결정에 맡기기로 했다. 나중에 교인들은 한국 이름을 '방콕한인연합교회'로, 영어로는 'Korean Union Chapel in Bangkok'을 절충하여 쓰기로 했다. 교단은 원래대로 태국기독교총회에 속하는 것으로 했다.

셋째, 새 예배당을 건축하기 전까지는 뱅콕한인연합교회가 예배 장소로 사용하던 와타나교회에서 주일예배를 드리기로 했다. 방콕한인연합교회가 교회당은 가지고 있었으나 크기가 작았기 때문이다.

이상의 조건에 합의한 두 목사는 각자 교인들의 마음을 준비시키고, 공동의회를 거쳐 그해가 가기 전에 합치기로 하였다.

이런 결정은 사실 쉽게 할 수 있는 건 아니다. 특히 목사로선 매우 부담스럽다. 하지만 나는 비교적 담담했던 것 같다. 선교의 부담을 가지고 태국에 왔기에 언제든 교회를 떠날 준비가 되어 있었기 때문이다. 하지만 K 목사는 목회를 하러 온 사람이기에 이런 결정이 나보다 큰 부담으로 작용했던 것 같다. 나는 어쨌든 두 목사가 결정하는 자리에선 모두 마음을 비웠다고 생각했다.

우리는 각각 교회에 돌아가 합의한 내용을 운영위원들에게 전달하였다. 그런데 K 목사는 말은 그렇게 했지만 담임목회는 본인이 할 것으로 생각했던 것 같다. 선교사로서 온 사람이 아니기에 갈 곳도 없었기 때문이다. 결국 결과도 그렇게 되었다.

하지만 누가 만들었는지 금세 이상한 소문이 돌기 시작했다. 내가 선교하러 왔기에, 목회하기가 싫어 교회를 합쳤다는 말이 돈 것이다. 나는 견디기 어려운 말이었다. 목회를 언제든 내려놓을 수 있다는 마음이었지, 하기 싫어서 그런 것이 아니었기 때문이다. 게다가 합치기 전의 두 교회를 비교해도 내가 목회한 뱅콕교회는 당시 출석 교인이 80명 정도였다. 하지만 방콕교회는 40명 미만이었다. 객관적으로 뱅콕교회 성도들이 더 많았다. 투표를 해도 내가 담임으로 뽑힐 상황이었다.

하여간 우여곡절 끝에 두 교회는 하나가 되기로 했다. 그러나 두 교회가 하나가 되기로 한 그 주간에, 방콕교회의 교인들 중에 20-30명 정도가 나가서 방콕감리교회를 세웠다. 무려 절반에 해당하는 숫자로, 합치기를 반대한 이들이었을 것이다. 아마도 K 목사가 방콕교회 교인들의 절반이 반대한다는 사실을 분명히 알았을 텐데 내게는 말하지 않았고, 소수의 남은 교인들을 데리고서 합친 다음 담임목사가 된 것이다. 그래서 다시 하나가 된 교회는 뱅콕교회 80여 명과 방콕교회 20여 명의 교인들이 합친 것이었다.

나는 지금도 교회를 합치려 했을 당시의 K 목사는 순수했다고 믿는다. 그러나 1년이 지나지 않았을 무렵부터 내가 목회하던 뱅콕교회 출신 교인들은 그의 관심 밖이 되었다. 교인들이 어려움을 당해도 심방하지 않았다. 결국 교회는 1년이 지나 다시 갈라지게 되었다.

K 목사는 나를 찾아와 "강 목사님께서 맡겨주신 교인들을 잘 목회하지 못해 미안하다"고 말하면서도, "떠나고자 하는 교인들이 나간다고 하면 말릴 마음이 없다"고 덧붙였다.

당시 나는 피타코트에 살고 있었는데, 같은 아파트에 뱅콕교회의 평신도 지도자인 민○○ 집사가 살고 있었다. K 목사가 나를 찾아왔을 때, "여기까지 온 김에 민 집사님을 심방하라"고 권하였다. 게다가 민 집사의 부인인 김○○ 권사는 K 목사가 와서 심방해주면 교회가 나뉘지 않을 것이라고 했다. 진심으로 교회를 사랑한 것이다. 그러나 K 목사는 끝내 심방을 거부하였고, 결국 그 주일에 다른 교회가 세워지게 되었다. K 목사가 그때 그 가정을 한번만이라도 심방했으면 교회는 나누어지지 않았을 것이다.

교회가 나뉘어 새로운 한인 교회가 세워지자, 목회하기를 원하는 선배 선교사 몇 분이 새 교회에 관심을 보였다. 교인들도 자기들의 필요에 맞는 목사를 모시기 원했다. 그런데 선교사들 중에 특히 신○○ 목사가 그 교회를 목회하고 싶어했다. 그는 내게 자신이 그 교회를 목회할 수 있도록 협조를 구했다. 나는 그 교회가 갈린 내력을 잘 알고 있기에 조심스럽게 만류했지만, 그는 "남의 말 석 달 가지 않는다"며 새 교회의 교인들과 예배를 드리기 시작했다. 그 교회는 태국한인장로교회가 되었다.

──── 너의 소속이 어디냐?

　　나는 1988년 12월에 선교사 파송과 관련하여 처음부터 잘못 끼웠던 단추를 다시 끼우기 위해 한국에 왔다. 총회선교사훈련원에서 선교사 훈련을 받고, 정문호 목사님이 시무하시는 신용산교회의 파송을 받아 1989년 2월에 태국 땅을 다시 밟았다.

　내가 교단(예장합동) 선교부(GMS)에서 훈련받고 교단 선교사로서 복귀한 것은 선교사로서의 정체성을 확실히 하기 원해서였다.

　1987년에 처음 태국에 갈 때는 당시 설립된 지구촌선교회(KGM)의 선교사로 파송받았다. 지구촌선교회는 KIM선교회 소속이었던 태국 선교사들이 그 선교회를 나간 다음에 모여서 만든 선교단체였다. 그래서 내가 처음에 받은 선교 훈련의 바탕에는 은연중에 KIM의 영향이 있었다.

　내가 성은교회를 목회할 때 KIM선교회의 설립자인 고 조동진 목사님이 매년 1월에 오셔서 선교부흥회를 인도하셨다. 우리 교회는 아내의 대학 동창이던 김중식, 박선진, 양병화 등의 KIM 소속 태국 선교사들을 후원했다. 나는 그들에게서 선교의 도전을 받고, 선교를 이해하기 위해 KIM선교회의 하기선교대학원(SIWM: Summer Institute World Mission)에서 두 번이나 교육을 받았다. 나는 심지어 30대 초반에 담임목회를 할 때부터 KIM선교회의 이사로 섬겼기에 KIM선교회와 선교사들 사이에서 일어난 일을 잘 알고 있었다. 그래서 KIM선교회의 선교사들과 리더인 조동진 목사님의 관계에서, 그리고 후원하는 교회의 목사로서 선교사들에게 마음이 더 갔던 것이 사실이다. 무엇보다 KIM선교회의 부이사장이었다가 지구촌선교회의 초대 이사장이 된 고 김태환 목사님과의 개인적인 관계가 더 깊었던 탓에 지구촌선교회의 1호 선교사가 된 것이었다.

그런데, 우리가 태국에 처음 도착하자마자 나를 당황하게 만든 일이 있었다. 간 지 일주일도 안 되었을 때, 지구촌선교회를 조직한 선임 선교사들이 나에게 "너의 소속이 어디냐?"라는 질문을 한 것이다. 당황스러웠다. 질문의 뜻은 "지구촌선교회 소속 선교사로서, 또한 앞으로 현장에서 한인 교회 담임목사 신분으로, 어떤 입장으로 사역할 것인가?"라는 것이었다.

앞에서 언급한 것과 같이, 분리되기 전의 뱅콕한인연합교회의 당시 정서는 담임목사가 교회를 자주 비우는 선교사이기보다 교인들이 원할 때 함께하는 목회자 신분이기를 원했다. 선교단체에 속한 선교사로서의 목회자보다, 자기들이 원할 때 심방하고 예배드려줄 수 있는 전임(專任)을 원한 것이다. 내가 언어학교를 다닐 때 브레익 기간이나 아이들의 방학 기간에도 교회를 비우지 않기를 원했던 것이 그 때문이었다. 심지어 교인들이 내가 언어학교에 다니는 걸 불편하게 여긴 이유이기도 했다.

선교사들은 방학 때가 되면 자녀들과 한국에 가기도 했고, 자녀가 미국 같은 타국에 가 있는 선교사는 자녀를 만나거나 비자 연장을 이유로 출국했다. 교인들은 이런 점을 불편하게 여겼다. KIM선교회와 교회와의 관계에서도 불편했다는 기억 때문에, 선교단체에 속한 선교사로서의 목사보다 목양만 전념하는 자기들만의 목사를 원했던 것이다. 교회는 그러면서도, 담임목사의 생활비는 책임지지만 그 외의 비용들(자녀교육비, 언어교육비)은 담임목사 스스로 해결하는 '선교사급'의 목회자를 원했다. 한마디로 나는 매우 복잡하고 어려운 상황과 조건 가운데 부임한 것이었다.

나는 그런 교인들의 정서를 전임(前任) 목사와 선교사들에게 이미 들었고, 입국한 다음 일주일만에 어렴풋하게나마 교인들에게 직접 느끼기도 하였다. 그래서 나는 당시 지구촌선교회 선임 선교사들의 질문이 무슨 뜻인지 충분히 이해하지 못하고서, 일단 한인 교회 초청으로 태국에 왔기에 교회에 대한 의무와 책임을 먼저 다할 것이라고 목회적인 대답을 하였다.

"나는 한국에서 했던 대로 목회에 충실할 것이고, 언어 공부에 충실할 것이며, 지방에 계신 선교사님들을 잘 섬길 것입니다."

국내에서 목회를 하고 온 나로서는 뱅콕한인연합교회 성도들이 원하는 담임목사상을 답으로서 말한 것이다. 하지만 이 말이 선임 선교사들이 원하는 답은 아니었던 것 같다.

나의 대답이 선배들에게 너무나 당돌한 것이었다는 걸 그 순간엔 몰랐다. 그들은 내게, 한인 교회의 담임목사 역할은 기본이지만, 같은 선교부의 선배들의 말을 잘 들어줄 후배 선교사가 되기를 기대했던 것이다. 그러니 아마도 '갓 들어온 초년 선교사가 선임 선교사들을 돕는다고?' 하며 언짢게 생각했을 것이다.

내 대답이 '분위기' 파악을 잘 못 하고서 한 것이기는 했겠지만, 그렇다고 해도 온 지 한 달도 안 된 초보 선교사에게 "오늘날 너희 섬길 자를 택하라"는 식의 답을 요구한 선배들의 생각은 지금도 이해가 잘 되지 않는다. 오히려 이렇게 솔직하게 말해주었으면 어땠을까 싶다.

"강 목사! 너는 한인 교회 목사로 왔지만, 우리의 동료 선교사로서 지구촌선교회의 파송을 받고 왔으니 우리들에게 이렇게 저렇게 해주기를 바란다."

그렇게 구체적으로 바라는 바를 말해주어 초년(初年)의 선교사를 지도하면 좋았을 텐데, 오히려 떠보듯 의견을 물은 건 나로선 매우 유감스러운 일이었다.

당시 KIM선교회에서 선교사들이 집단으로 나와 만들어진 지구촌선교회는 좋은 선교사들로 구성된 단체였으나, 당시의 선교 상황으로 인해 선교적으로 건강하지 못한 질문을 신임 선교사에게 간 보듯이 한 것이다. 그러나 그때 내가 목사이자 선교사로서 가졌던 목회적인 마음은 지금 생각해도 잘못된 것이 아니었다.

한인 교회는 현장 선교사들에게 어머니 같은 역할을 해주어야 한다. 선교사들을 위로하고 격려하며, 그들의 사역을 재정적으로 도울 수도 있어야 한다. 선교사들은 그런 관점에서 한인 교회의 목회자에게 목회적 돌봄을 받는 것이 필요하다. 내 대답은, 내가 바로 그런 일을 하겠다는 것이었다.

아무튼 선임 선교사들이 돌아간 다음, 내가 답을 잘못했다는 걸 곧 알았다. 그들이 내게 내려준 결론은 "네가 지구촌선교회 소속으로 왔다 할지라도, 이곳의 선교회와는 아무 상관이 없다"라는 것이었다. 그 후로는 서로 만나는 일이 별로 없었다. 내가 그들의 그룹에 낄 수 없다는 걸 느낀 건 순식간이었다.

개인적으로 섭섭하고 아쉬운 점은, 그들이 내가 한국에서 목회할 때 후원했던 분들이라는 사실이다. 내게 선교의 역동이 일어나게 했고, 태국까지 오게 한 장본인들이다. 나 같은 사람이 태국에 와서 선교사들을 돕는 목회적 사역을 하도록 도전하기도 했다. 하지만 한국에서는 그런 말이 전혀 없다가, 태국에 온 지 한 달도 되지 않았을 때 그들이 원하는 답을 요구했으니, 내겐 참으로 어려운 시험이었다.

선배와 동료 선교사가 아무도 없는 가운데에서 어려운 한인 교회를 목회하며 선교적 소임까지 다 해야 했던 초년 선교사는 외로움 가운데에서 견디기 힘든 현실을 날마다 만나야 했다. 그런 상황이 거꾸로 하나님을 더욱 의지하게 하였지만, 사람을 의지하고 싶어도 '아군인지 적군인지'를 알아볼 분별력이 부족했기에 나의 행동은 늘 소극적일 수밖에 없었다. 아내는 당시만큼 내가 불쌍하다는 생각을 해본 적이 없었다고 한다.

───── **첫 단추가 중요하다**

태국 선교의 초기에 입은 상처가 아물기까지 제법 오랜 시간이 걸렸다. 나는 그 일을 통해 선교 초기에 단추를 끼는 일은 정확하고 자세히 해야 한다는 걸 깊이 느꼈다. 그래서 나와 비슷한 문제로 고민하는 선교사 후보생을 만나면 선교지에 조금 늦게 가더라도 소속 문제는 잘 정리하고 나갈 것을 권면하곤 한다.

그런데 한국 목사와 선교사들은 자존감이 높다. 자기는 뭐든지 할 수 있겠다는 자신감이 강하다. 선임 선교사들이 말해주어도 본인이 경험하기 전에는 순수하게 듣지 못하는 경우가 있다. 마치 광주로 가야 할 사람이 생각 없이 경부선에 올라탔다가, 대전을 지나 대구를 향해 가고 있다는 걸 알게 되어도 내리지 못하고 엉거주춤 고민만 하는 모습이다. 전라도로 갈 사람이 왜 경상도로 계속 가고 있는가? 물론 요즘에는 어디로 잘못 가든 바로 돌아갈 수 있는 길이 많기는 하지만, 인생의 길은 그런 물리적인 길과 다르다. 한번 잘못 들어서면 바로잡기 어렵다.

　이런 나의 예를 보아도 현지에서 신임(초년) 선교사를 지도할 수 있는 선배 선교사의 존재와 역할은 매우 중요하다. 이건 선교사 선발과 훈련 과정에서 예습할 수 있는 문제가 아니다. 현장에 가봐야 보이는 것이기 때문이다.

　초년의 선교사는 현장에 동료나 선배가 있어서 서로 협력하며, 방향을 지도받기도 해야 올바른 길로 갈 수 있다. 둘 이상이 모여 사역을 같이하는 팀사역이 필요한 이유이기도 하다.

⚜ **8** ⚜

총회 파송은 100호,
KGAM은 1호

———— 총회 파송 100호 선교사가 되다

　　한국에 돌아온 나는 1989년 1월부터 대한예수교장로회 총회 선교부(GMS)의 선교사 훈련 기관인 MTI(Missionary Training Institute)에서 처음부터 훈련을 다시 받았다. 교단선교부 소속이 되기 위한 단기과정이었는데, 이 훈련을 받으면서 선교사가 되는 일의 어려움을 새삼 이해하였다. 그저 사명감 하나면 충분하다는 생각이 얼마나 무모했는지도 깨달았다.

　　당시 총회의 선교사 훈련은 총회 건물인 대치동 총회회관의 지하실 (현재의 주차장)에서 했다. 훈련생들의 상황은 정말 어려웠다. 지하에 방이 있었는데, 내가 있던 방은 3개의 2층 벙커 침대가 있어서 6명이 함께 사용하였다. 경기도 화성시 월문리에 있는 현재의 훈련원 시설과 비교할 수 없이 열악했지만, 훈련생 누구 하나 불평하지 않고 기쁘게 훈련받았다. 나는 어설프나마 목회를 경험한 사람이어서, 간혹 KFC 치킨을 사서 훈련생들을 대접했다. 그때 함께 훈련받았던 선교사들을 만나면 매우 반갑다.

이런 과정을 거치고 태국으로 돌아갈 때 특히 감사한 일은, 신용산교회가 나를 파송 선교사로 삼아주신 것이다. 이전에는 아무 관련이 없었지만, 당시 담임이셨던 정문호 목사님이 방콕의 우리 가정을 한번 방문하신 다음, 우리 사정을 아시고서 전격적으로 파송 결정을 해주신 것이다. 당시 신용산교회는 건축중이라 철도고등학교의 강당에서 예배를 드리고 있었는데, 선교사를 파송하는 것이 처음이어서 교회의 관심이 많았다. 나는 1989년 2월 23일, 신용산교회의 주 후원 선교사이자 대한예수교장로회 총회가 파송하는 100호 선교사가 되었다.

사실 우리 부부는 총회선교부 파송 101호 선교사가 될 뻔했다. 우리 바로 앞에서 파송된 선교사가 모슬렘 국가로 간 것이기에, 자기에 대한 모든 기록을 남기지 않으려고 했기 때문이다. 그는 진실로 모든 것을 내려놓고 간 것이었다. 그래서 100호의 영광이 우리에게 왔다. 지금은 그런 선교지에 가는 사람이 모든 것을 숨긴다는 명분으로 이름까지 바꾸고, 속으로는 눈 가리고 아웅 하는 일이 태반인 데 반해, 당시에는 얼마나 거룩하고 조심스러운 마음으로 선교에 임했는지를 보여준 사례다. 그때의 선교사들은 그토록 깊은 헌신을 하며 선교지로 나갔다. 원리원칙에 충실했으며, 제한적 접근지역에 대한 마음이 잘 준비되어 있었다. 100호 선교사가 되었어야 할 '이름을 알 수 없는 그 선교사'의 선교적 행동이 진실로 '이름 없이 빛도 없이 감사하며 섬기리라'는 고백의 실천이 아닌가 생각한다. 그 선교사가 누구인지 비밀에 붙였기에 나도 아직까지 알지 못하는데, 언젠가 찾게 되면 감사를 표현하고 싶다.

——— 이제는 간섭받고 싶습니다

1989년 3월, 나는 첫발을 내딛는 마음으로 태국에 다시 들어갔다. 이미 태국어를 일 년간 배웠어도 몇 달을 쉬었기에 태국어 공부는 다시 시작해야 했다. 일 년 동안 태국어만 생각하고 말해도 익숙하지 않았을 텐데, 3개월 동안 한국에 다녀오고 나니 단어들이 입에서 뱅뱅 맴도는 것 같았다. 그래서 다시 언어학교에 갔다. 다행히 기본 과정은 또 할 필요가 없고, 특별 과정을 집중적으로 공부하라고 하였다. 교육부 주관의 검정고시는 이미 합격한 상태이기에, 편안한 마음으로 성경을 비롯해 태국을 이해할 수 있는 여러 주제들을 다루는 조금 높은 수준의 태국어를 배웠다. 우리 부부는 이때부터 본격적으로 태국어 성경을 읽기 시작했는데, 힘들었지만 즐거움도 넘쳤다.

일반적으로 선교사는 선교지에 도착하면 언어가 되든 안 되든 일단 파송 교회의 눈치가 보이고 사역에 대한 부담감이 생기기 시작한다. 그런데 나의 경우 그런 부담을 많이 갖지 않아도 되는 배려를 받았다. 총회선교부의 파송을 받고 두 번째로 태국에 온 나는 이제 현지의 한인

2014년, 강 선교사의 60세 회갑연을 축하해준 분랏 목사와 타위삭 장로와 함께.

교회와 관계가 없기에 처음 갔을 때처럼 반쪽의 선교사도 아니었다. 태국인 사역에만 집중할 수 있고, 또 그래야 하는 선교사가 되었다. 좋은 파송 교회를 만났고, 나의 사역을 돕는 후원회도 조직되었다. 게다가 당시 태국기독교총회의 총무였던 분랏 목사(현재 CCT 총회장)가 나를 도와주어, 태국기독교총회 산하로 '한국총회선교회'(KGAM : Korea General Assembly Mission)도 조직하였다. 또한 CCT는 KGAM이 태국 기독교 총회와 파트너십을 가지고 사역할 수 있도록 파트너 단체로 인정하고 MOU를 맺어주었다. 드디어 나는 선교사 비자를 받았고, 다른 선교사를 초청할 수도 있게 되었으며, 그들도 나와 같이 선교사 비자를 갖도록 현지 교단(노회)에 추천할 수 있는 자격도 갖게 되었다.

KGAM(한국총회선교회)이 만들어진 배경을 설명하려면 다음의 조금 긴 내용이 필요하다.

당시 나를 파송한 교단선교부는 아무런 제제나 참견도 하지 않았다. 그러나 우리는 우리를 후원하는 분들에게는 자문을 받고 싶었고, 우리를 지도해줄 단체가 구체적으로 필요했다. 처음 태국에 가서 언어 공부를 하는 동안 하나님 외에는 아무도 간섭할 사람이 없다는 것을 느끼면서, 우리 자신을 어디에든 소속시켜 간섭받고 점검도 받기를 원했기 때문이다. 물론 처음 태국에 갔을 때도 선교단체의 파송을 받은 것이었지만 충분한 돌봄을 받은 것 같진 않았고, 그때는 목회를 겸하기도 했기 때문이다.

두 번째로 한국을 떠나오기 전, 우리를 파송한 신용산교회의 정문호 목사님과 조금이라도 우리를 후원하는 교회의 목사님들을 모두 모시고 서울역 그릴에서 모임을 가졌다. 감사의 인사와 앞일에 대한 기도를 부탁드리며 덕담도 나누는 자리였는데, 그곳에서 자연스럽게 나를 후원하는 기도 모임을 정기적으로 가지기로 결의하였다. 정 목사님은 나에게 "편안하게 가려면 그냥 가고, 제재를 받고 싶으면 후원 조직을 만들어놓고 가라"고 하셨다. 그래서 나는 제재를 받고 싶다고 말했고, 단체의 이름을 일단 '강대흥 선교사 후원회'라고 정하였다. 이사장은 신용산교회 정문호 목사님이 맡기로 하고, 후원회장은 고 김태환 목사님이, 서기는 광현교회 김창근 목사님이 맡아 주셨다. 왕성교회 길자연 목사님까지 참석하셔서 후원을 약속하셨다. 이 후원 모임이 현재 태국에서 한인 선교사들의 팀으로서는 가장 스마트하게 사역하는 단체인 한국총회선교회(KGAM)의 전신이 됐다.

　나를 후원하는 단체가 태국에서 KGAM 선교회로 바뀌게 된 과정은 놀랍게도 태국 교단 총무 분랏의 아이디어와 도움 덕분이었다. 내가 태국에 두 번째로 올 때는 체류할 수 있는 비자에 문제가 생겼는데, KGAM 선교회 설립은 그 문제를 해결하는 과정에서 나온 일종의 대안이기도 했다. 우리가 본격적으로 선교하려고 작정했더니, 정말 놀라운 경험을 하게 된 것이다.

─── 내가 쓰던 비자를 못 쓰게 되다

　　　　내가 1987년에 태국에 처음 갈 때는 태국기독교총회 제6노회 소속의 한인 교회 담임목사로 사역하는 선교사 비자를 받고 입국하였다. 그래서 나는 태국어로 조금이나마 의사소통이 가능한 다음부터 두 달에 한 번 모이는 노회에 참석했다. 한국에서는 익숙했던 일이라 태국에서도 말만 다 못 알아들을 뿐 어색하지는 않았다. 총회에도 참석해 임원선거를 지켜볼 수 있었다. 한국에 있었다면 아직 총회에 참석할 '군번'이 아닌데, 벌써 총회에 참석한다고 즐거워하기도 했다. 그런데 태국에 두 번째로 갈 때는 반대로 일반적인 선교사 자격으로 간 것이었다. 이번에는 현지 어디에도 소속이 없고 비자도 받지 못했다. 종교인 자격을 인정받는 비자가 없으면 여행자에 불과해 3개월마다 외국에 다녀와야 했다.

　사실 한국에 다녀오기 전에 내 비자에 대해 약속된 것이 있었다. '방콕'과 '뱅콕' 두 교회를 합치면서 목사끼리 서로 비자를 바꾸자고 약속했는데, 그 약속이 지켜지지 않은 것이다. 두 교회 목사들의 소속은 각각 달랐는데, 교회를 합친 다음 내가 갖고 있던 태국기독교총회(CCT : Church of Christ in Thailand)의 선교사 비자를 가질 권리는 K목사에게 주고, 그가 쓰고 있던 태국복음주의연맹(EFT : Evangelical Fellowship in Thailand)의 선교사 비자는 내가 쓰기로 했던 것이다.

태국 교단은 일정 숫자의 외국인 선교사를 받아들일 수 있도록 정부로부터 '외국인의 종교 활동'을 인정받는 비자를 확보하고 있다. CCT는 당시엔 60명분의 비자 쿼터를 갖고 있었는데, 예를 들어 59명의 선교사가 와 있다면 한 명의 선교사만 비자를 받을 기회가 남은 것이다. CCT와 EFT는 각각 태국을 대표하는 교단들인데, CCT가 상대적으로 커서 비자의 효력도 상징적으로 비례하였다. 어쨌든 K 목사는 내가 사용하던 CCT 비자를, 나는 K 목사가 사용하던 EFT 비자를 사용하기로 의논하였는데, 무슨 이유에서인지 교환받기로 한 EFT의 비자를 내가 사용할 수 없는 상황이었다. K 목사는 내가 사용하던 CCT의 비자를 계속 사용하는 일에 막힘이 없었으나, 이 핑계 저 핑계를 대면서 내가 EFT의 비자를 사용하는 걸 동의해주지 않았기 때문이다. 들려오는 말은 더욱 고약하였다. 내가 CCT에 속해 있기 때문에 EFT 선교사 비자를 가질 수 없다고 말하거나, 교회를 합칠 때 한 약속 가운데 지켜진 것이 별로 없다는 황당한 말까지 했다고 한다.

하루는 방콕의 노회장이며 내가 태국에서 사역하는 동안 나를 많이 지원해준 아누선 장로님이 나를 보자고 하여 만났다. 그가 전한 이야기는 이랬다. K 목사가 아누선 장로에게 만나자고 해서 만났더니 "강 목사가 태국에 왜 와 있느냐?"고 따지더라는 것이다. 이제는 강 목사가 한인 교회 사역을 하지 않으니 태국을 떠나게 해달라고 아누선 장로에게 부탁했다는 것이다. 게다가, 어느 선교사가 내가 쓰던 비자를 가지고 있는 EFT에 알아보니, K 목사가 사용하던 비자는 공석으로 남아 있었다. 그 이유는 K가 그 비자를 다른 사람에게 주지 말라고 했기 때문이었다. K는 내가 쓰던 비자를 쓰고 있어서 그 비자는 소용 없어진 것인데, 내가 사용할 수 없도록 방해한 것이다. K 목사와 교인들은 두 교회를 합치기 전에 나를 선교사로 대우하자고 결정하였지만, 이것도 후에 K 목사가 말하지 않으니 교인들도 나를 후원하지 못하고 있다는 말도 들었다. 참으로 어처구니없었고, 사람에 대한 실망감이 너무나 컸다.

─────── 후원회가 선교단체가 되어

결국 우리 가족은 정식 체류 비자를 받지 못해 3개월마다 여행자 수준의 비자 연장을 위해 싱가폴과 홍콩을 돌아다녀야 했다. 그건 선교사로선 비자 때문에 추방된 것처럼 보일 일이었다. 우리가 어느 단체에 속하여 비자를 받을 수 있다면 문제가 없었겠지만, 그렇지 않으니 원망과 시비가 앞설 수 있는 상황이었다. 나의 비자 문제를 해결하려면 완전히 다른 해결책이 필요하게 되었다. 이때, 나의 후원회가 그 문제의 열쇠가 될 줄은 미처 몰랐다. 내가 후원해주시는 목사님들을 모시고 '강대흥 선교사 후원회'를 만들어 선교사로서 책무를 지겠다고 스스로 다짐한 것은 참으로 건강한 결단이었다고 믿는다. 그 결정이 복잡해진 내 비자 문제를 해결하는 일에서도 큰 역할을 하였다.

태국으로 다시 올 때 필요한 선교사 비자 문제가 해결되는 데는 아내의 역할도 있었다. 내가 교단선교부의 훈련을 받기 위해 혼자 한국에 가 있는 동안 아내가 비자 문제를 해결해야 했기 때문이다. 그럴 때 선배인 J 선교사가 아내에게 이런 조언을 하였다. 태국기독교총회(CCT)는 찾아온 선교사를 돌아가게 하는 법이 없으니, 무조건 CCT로 가서 "우리는 당신들이 불러서 왔는데, 떠날 마음이 없으니 비자를 달라"고 요구하라는 것이었다.

아내는 용감하게도 선배가 시키는 대로 했다. CCT 사무실로 가서 무조건 당시 총회 총무였던 분랏 목사님을 만나게 해달라고 한 것이다. 짧은 태국어로 '급한 일'(르앙 두언)이라고 사정했고, 회의중이던 분랏 목사님은 의사 표현도 서투른 부인 선교사가 만나자 하더니 "우리는 갈 곳이 없다. CCT로 왔으니 우리가 일할 수 있도록 해달라"는 하소연을 들어야 했다. 그들에게 어떤 감동이 있었는지, 아니면 우리가 속했던 방콕노회의 노회장이 우리를 필요로 했는지 여부는 알 수 없지만, 분랏 목사는 우리가 CCT에서 계속 사역할 수 있는 방법을 알려주었다. 그것은 "강 선교사를 위한 단체를 만들라"는 것이었다.

분랏 목사가 후에 우리 내외를 불러 구체적으로 설명하고 질문한 말은 이것이었다.

"CCT는 교단이기에 선교사 개인과 상대하지 않고 선교단체 혹은 교단만 상대합니다. 그러니 강 선교사는 단체가 필요합니다. 그런데 강 선교사를 후원하는 교회가 몇이나 됩니까?"

그래서 "20여 교회가 된다"고 답하였더니, "그러면 그 교회들이 모인 후원회를 선교단체로 만들어 CCT와 협약을 맺으면 됩니다"라고 일러준 것이다. 그래서 후원회장이자 아내의 형부인 김태환 목사님과 의논하여 우선 강대흥 선교사 후원회를 선교단체로 바꾸기로 했다. 김태환 목사님은 아무것도 결정되지 않은 상태에서 태국 총회와 협정을 맺기 위해 서둘러 태국으로 오셨다.

분랏 목사는 김 목사님을 비롯한 우리 일행에게 "단체 이름을 뭐라고 할 것입니까?" 하고 물었다. 우리가 우물쭈물하자 그는 "한국 사람은 총회를 좋아하니 '한국총회선교회'라고 하십시오"라고 제안했다. 그래서 KGAM이 탄생한 것이다.

KGAM은 CCT와 선교 협정(MOA)을 맺고 CCT의 선교 동역 단체가 되었다. 그때부터 KGAM의 이름으로 선교사를 초청할 수 있게 되었다. KGAM이 CCT에 추천하는 선교사들은 선교사 비자와 함께 선교사로서 복음을 전해도 된다는 노동허가서(work permit)를 받고 사역할 수 있게 된 것이다. 태국의 노회들과 협력하는 사역의 기초를 세울 수도 있었다. 이로써 나의 비자 문제부터 해결되었다. 내 비자는 KGAM 소속 1호 선교사 자격으로 받은 것이다.

✢ **9** ✢
태국 교단과 함께 한
목회자훈련원

───── **태국교회의 신학적 감각**

태국 정부가 기독교 단체(교단)로 인정하는 양대(兩大) 단
체는 CCT(태국기독교총회)와 EFT(태국복음주의연맹)이다. CCT는 미
국 선교사들이 170여 년 전에 와서 복음을 전하며 열심히 사역하다가,
1936년에 선교사들과 현지인들이 연합하여 조직한 것이다. 이 총회 산
하의 대표적 노회들인 1노회에서 9노회까지는 주로 북장로교 출신이
던 미국 선교사들의 영향을 받은 장로교회들이 모인 것이다. CCT는 방
콕노회를 시작으로 전국에 19개의 노회를 세워갔는데, 장로교가 아닌
특별한 배경을 가진 노회들도 가입되었다.

CCT의 7노회는 중국계 중심의 장로교회이고 10노회는 카렌족이 중심이 된 침례교회다. 11노회는 사도(apostle) 교단이 세운 교회들이 모인 것이고, 12노회는 무지역 노회로서 중국계의 침례교회다. 13노회는 태국의 동북부 지역의 교회들이 모인 것으로, 미국의 복음주의 교단(Christian & Mission Alliance) 출신 교회들이 CCT에 단체로 들어와 노회를 이룬 것이다. 14노회는 한센씨병에 걸린 분들의 교회들이고, 15노회는 파야호 지역에서 독일의 마버거선교회가 세운 교회들이다. 16노회는 치앙라이(Chiang Rai) 카렌 부족의 교회들이다. 17노회는 남부 태국의 뜨랑 지역에서 중국계 장로교회가 시작한 것인데, 이 노회에 태국인 교회도 가입하였다. 18노회는 라후 부족의 교회들이고, 19노회는 깐짜나 부리 주의 카렌 부족 교회들이다.

EFT는 CCT를 떠난 태국 목사들과, 태국 종교성에 직접 등록되어 있진 않으나 사실상 태국에서 사역하는 선교단체들로 구성되었다.

CCT는 정부로부터 60개의 선교사 비자 쿼터를 받았기에 외국인 선교사를 60명 이내에서 초청할 수 있다. 하지만 선교사 선발 기준이 엄격해서 CCT와 협약을 맺은 교단이나 선교단체가 아니면 처음부터 관계를 허락하지 않고 있다. 보수성이 강해서 자기들이 알지 못하는 교단이나 단체의 신학적 배경에 대해 매우 조심하기도 한다. 이단은 말할 것도 없다.

CCT는 다양한 교회가 포함되긴 했지만 교단의 조직과 신학으로 보면 전형적인 장로교단으로, 신학적 성향은 우리나라의 예장통합과 비슷하다. 하지만 예장합동 소속인 KIM선교회의 조동진 목사님이 일찍

이 협약을 맺었고, 그에 따라 합동에 속한 목사들이 태국 선교사로 활동할 수 있었다. 초창기에 사역한 김순일, 최찬영, 신홍식, 김정웅, 윤수길 목사 등이 그들이었다. 현재는 우리 KGAM에 속한 예장합동 출신의 선교사 열일곱 가정들이 CCT 소속으로 비자를 받아 사역하고 있다. 이들이 주로 하는 사역은 총신에서 배운 신학을 현지 목회자들에게 가르치고 교회를 든든히 세우는 일이다.

태국교회는 신학적 감각이 예민하다. 한국에서 온 합동측 목사에게 강의나 설교를 들으면 자기들의 신학적 사상이 바뀔 수도 있다고 생각한다. 그래도 그들은 예장합동 목사들을 계속 초청하여 설교를 듣고 영적 지도를 받고 있다. 그들이 선교사를 초청하는 경우는 선교사가 태국교회와 태국 목사들이 할 수 없는 일을 할 수 있을 때가 대부분이다.

──── 선교사를 의지하진 않는다

근대 태국의 기독교 역사에는 일종의 '흑역사'가 있다. 김순일 선교사님의 책 〈밀림의 십자가〉에 의하면 일본군이 대동아전쟁을 일으킨 후 태국에 들어와 외국인 선교사들에게 전부 떠나라고 명령한 일이 있었다. 그렇게 해서 선교사들이 추방된 후, 선교사들과 같이 사역했던 태국 목사들은 믿음을 잠시 뒤로하고 절에 숨었는가 하면, 아예 주님을 포기하고 교회를 떠난 목사도 있었다. 그런데 전쟁이 끝나고 태국 정부의 요청으로 선교사들이 다시 들어왔을 때, 항구에서 돌아오는 선교사들을 맞이한 사람들은 영어를 할 줄 알며, 전쟁이 나기 전에는 목사였지만 전쟁중엔 기독교를 떠나 승려가 되어 숨어 지냈거나 다른 일을 했던 사람들이었다고 한다. 선교사들은 그런 목사들의 이율배반 적 행동에 대해 아쉬움은 있었으나, 그래도 선교사에게 순종하고 영어 로 소통이 가능한 이들과 함께 사역을 재개했던 것이다. 그러나 이 일 은 태국의 근대 기독교 역사에서 선한 결과를 얻진 못했던 것 같다. 이 때 태국에 온 선교사들의 실수는 전쟁중에도 신실하게 믿음을 지키며 힘들게 살아온 이들과 손을 잡지 않은 것이다.

CCT는 이때의 일을 교훈으로 삼아 선교사에게 권한을 주지 않으려 한다. 태국교회와 태국인 목사들이 외국인 선교사를 의지하지 못하게 하려는 것이고, 선교사는 언젠가 태국을 떠날 사람이라고 여기는 탓이 다. 이런 점을 보면, 태국의 교회는 비록 규모는 작을지라도 자치(自治) 라는 측면에서는 한국의 여느 교단 못지않게 성숙하고 성장한 모습을 갖추고 있다.

태국교회를 해롤드 풀러 박사(Dr. Harold Fuller)가 말한 선교지의 교 회 발전과 선교사의 역할을 단계로 구분하는 '4P'로 보면, 대표적 교단 인 CCT만 보더라도 선교사가 그 중에서 3단계인 P3(partner)나 4단계 인 P4(participant)로 접근해야 할 수준이다. 태국교회는 그럴 정도로 성숙하다. 뒤(15장)에서 구체적으로 언급할 것이긴 한데, 4P는 개척자 (Pioneer), 양육자(Parent), 동역자(Partner), 동참자(Participant) 등으 로 구분하는 것이며, 선교사와 현지 교회와의 관계에서 선교사의 역할 에 대한 단계를 의미한다.

태국교회는 선교사가 직접 교회를 개척하고 관리하는 것을 동의하지 않는다. 특히 CCT는 태국 어디에서든 교회 개척을 할 때는 모(母)교회가 필요하다고 생각한다. 그래서 상황에 따라 선교사가 직접 교회를 개척했다 하더라도 반드시 현지 교회가 모교회가 되어 관리하고 도와야 한다는 규정을 두었다.

나는 태국에 가 있는 동안 태국교회가 모교회가 되어 개척되는 교회들이 쉽게 자립하는 경우를 많이 보았다. 쏨쌈판타윙교회가 개척한 후 아나교회가 자립했고, 티안쌍교회가 개척한 교회도 자립했다. 쌈얀교회가 개척한 교회가 자립했고, 마이뜨리짓교회가 개척한 두 교회도 모두 자립했다. 쏨마이 목사가 개척한 프렌드십교회는 개척하자마자 자립하였고, 내 제자인 완차이 목사가 개척한 교회도 개척 초기부터 자립하였다.

선교학에서는 선교사가 개척하여 지도하고 관계를 맺으며 지원하는 교회를 'Missionary Church'라고 말한다. 선교사가 관계하지 않는 교회는 'Indigenous Church'라고 말한다. 선교사가 결국 목표로 삼아야 할 교회는 현지인 교회(Indigenous Church)이다. 직접 개척했어도 자립하도록 해야 하는 것이다. 그런데 선교사가 관계하는 교회들은 계속해서 선교사의 지원을 받기 원한다. 만약 지원이 중단되면, 현지인 목사는 계속 지원을 받기 위해 자기 교회의 소속을 다른 선교사가 지원해 주는 단체로 옮기기도 한다. 이 부분도 선교사는 주의해야 한다.

─────── 태국교회가 도운 목회자훈련원

　태국교회의 당면과제 중 하나는 미자립교회(non-self supporting chruch)가 자립교회(self supporting chruch)가 되는 일이다. 담임 목회자가 없는 교회마다 목회자가 있게 되는 것도 과제다. 교회가 재정적으로 자립하려면 성도들의 영적 성장이 필요하고, 그러려면 반드시 건강한 목회자가 있어야 하기 때문이다. 이 두 과제는 함수 관계에 있어서, 하나만 잘 된다고 되는 것이 아니다.

　태국기독교총회에 소속된 교회 대부분에는 담임 목회자가 있다. 태국에서 4년제 신학대학을 졸업한 사람이 받는 학위는 'B.Th'로 세상에서는 인정하지 않는 학위이다. 그래서 신학교 학사 학위로는 세상 직업을 갖는 데 한계가 있어서 대부분은 교회에서 일하게 된다. 그 배경에는 태국 정부가 기독교의 신학교를 불교에서 승려를 양성하는 학교처럼 여기는 인식이 있다. 신학교는 세상 직업을 갖기 위한 학생을 양성하는 곳이 아니라고 이해하는 것이다.

　승려든 목사든 태국 정부는 모두 '종교 선생'으로 치부한다. 이 때문에 태국 문교부는 불교든 기독교든 신학교 출신에게 학위 수여를 허락하지 않는다. 따라서 신학교를 졸업했지만, 목사는 되지 않고 다른 직업을 가지려면 필요한 학위를 따로 받아야 한다. 그래서 태국의 신학교는 졸업생 가운데 대학원에 진학하려는 사람을 위해 아시아신학교연합회(ATA : Asia Theological Association) 혹은 ATESEA(Association for Theological Education in South East Asia)에 요청하여 학위를 수여하고 있다. 그럼에도 불구하고 목회자가 많지 않아 태국의 많은 교회가 애를 먹고 있다. 그러니 영향력 있는 목회자도 많지 않다.

선교지의 교회가 성장하려면 건강한 신학 교육과 목회 훈련을 받은 현지인 목회자가 반드시 있어야 한다. 선교지라고 해서 교인들만 모여 예배드리고, 선교사가 가끔 방문하는 것만으로 만족해서는 안 된다. 특히 내가 태국에 갔을 때, 태국은 목회자들을 훈련하여 양성하는 일이 절대적으로 필요해 보였다.

한국에서는 신학교를 다닐 때 신학 공부도 하지만, 교회에서 전도사로 사역하면서 목회 실습을 하고 공부한 것을 적용해보며 담임목사의 목회를 자연스럽게 배우기도 한다. 전도사와 부목사 과정을 거치면서 목회자로서 다듬어지는 것이다.

기도를 많이 하는 담임목사 밑에서 부교역자로 일하면 자연히 기도 훈련을 받게 된다. 강해설교로 목양하는 담임목사 아래에서는 설교에 관심을 가지게 된다. 그래서 부목사 시절에 누구에게 배웠느냐가 중요하다. 그런데 태국교회에는 그럴 기회가 적다. 큰 교회가 있기는 하지만 부교역자가 필요할 만큼 많지는 않기 때문이다. 신학생 시절에도 목회를 실습할 수 있는 교육전도사 개념이 아예 없고, 목사가 된 다음에도 목회를 배울 기회가 적다.

그래서 나처럼 목회 경험이 조금이라도 있는 선교사가 할 일은 그런 태국의 목회자들에게 목회 훈련을 시키는 것이라고 판단하였다. 나는 한국에서 목회한 경험을 토대로, 목회를 위한 소프트웨어가 부족한 태국의 목회자들을 돕는 사역을 하기로 계획하였다. 그것이 바로 '목회자 훈련원'이다.

목회자훈련원에서 강의하던 때의 필자.

나는 태국기독교총회의 제6노회(방콕노회)에 '교회성장을 위한 목회자훈련원'을 시작하자고 제안했다. 내가 선교사로 갔을 당시 한국교회는 교회 성장에 관심이 많았다. 그때는 나 또한 그 영향을 받을 수밖에 없었기에 태국교회 목회자들에게도 교회성장에 대한 이론과 내용을 먼저 소개하고 싶어서였다. 물론 한국에서 약 6년간 했던 단독 목회 경험이 태국교회의 목회자들을 섬길 수 있는 가장 크고 중요한 밑거름이었다.

목회자훈련원이라는 아이디어는 나의 선교사로서 열정과 현지 교회의 필요가 만나자 금세 구체화됐다. 특히 내가 속한 6노회의 목회자들과 노회장의 관심이 증폭된 것이 주효하였다. 태국에 가서 언어를 배우는 1년 동안 잘 알아듣지도 못하면서, 노회가 열릴 때마다 참가해 태국 목회자들과 교제한 것이 이 사역을 시작할 수 있는 관계의 바탕을 만들어준 것이다. 우리 부부는 태국어를 다 이해하지 못해도 노회에 매번 참석했고, 나중에는 태국인들과 대화할 때 녹음하여 다시 들으며 이해하려 애썼다.

나는 목회자훈련원을 위해 많은 것을 준비했고, 드디어 1990년 5월에 이 사역을 시작할 수 있었다. 그때 내 나이는 36세에 불과했다. 목회자훈련원은 태국에 온 시간을 다 합쳐야 3년밖에 되지 않았던 내가 시작하기에는 벅찬 일이었지만, 나는 무식하게 도전했다.

목회자훈련원에 도전한 것은 나와 아내만이 아니었다. 우리가 속한 6노회(방콕노회)도 이 일에 헌신하였다. 태국기독교총회에서 가장 큰 노회 중 하나인 방콕노회 소속의 교회 대부분이 자립하는 교회였다. 나는 그들에게 태국기독교총회의 다른 교회와 목회자들을 도와야 한다고 설득했다. 이전 같으면 보통 이런 규모의 사역은 선교사들이 돈을 내서 하는 일이고, 태국교회는 그저 지켜보는 것만으로 만족하려는 마음을 갖고 있었다. 그런 태국교회를 대표하는 방콕노회가 지방의 미자립교회들을 도와 자립교회가 되게 하는 일에 쓰임받는다는 일은 새롭고도 긍정적인 도전이었다.

──── 현지인의 헌금으로 선교사가 사역하다

한국도 그렇지만, 태국에서도 어떤 목적을 가지고 사역할 때 가장 중요한 것은 그 일을 주도하는 이사회를 조직하는 것이다. 당시 노회장이던 아누선 장로가 목회자훈련원의 이사장을 맡기로 하고,

노회에서 자립한 교회들의 담임목사들과 장로 몇 분이 이사들이 되었다. 이들은 태국교회의 목회와 자립에 관심이 많았기에 적극적이었다. 나는 이분들과 매달 모여 이사회를 열고 의논하였다. 문제는 역시 훈련원을 운영할 재정이었다. 내 입장에서는 태국기독교총회에서 큰 편에 속하는 방콕노회의 교회들이 이 일에 얼마나 관심을 가지는지가 사실 관심이었다. 그래야 재정 지원도 가능할 수 있기 때문이었다. 무엇보다 지방에서 오고가는 목회자들을 도와야 했다.

나는 두 번째 이사회에서 목회자훈련원을 위해 기도해줄 것은 물론 재정도 지원해주기를 요청했다. 그들이 전부 반대할 것으로 예상했는데, 뜻밖에 이사들 가운데 두 사람 정도만 반대 의견을 냈다. 자기들이 선교사들을 돕는 것도 벅찬데, 지방 목회자들의 참가비까지 후원하는 건 어렵다고 하였다. 현실적이고 일리있는 주장이었다. 나는 이사들이 전부 반대하지 않는 것만으로 만족해야 했고, 결론은 다음 이사회에서 내리기로 했다.

세 번째 이사회가 모이는 날, 가장 앞장서서 반대하던 분이 몸이 아프다고 참석하지 못했다. 그런 상황에서 노회장 아누선 장로가 찬성 의견을 말하고, 다른 분들의 동의와 제청으로 6노회 소속 교회들이 훈련원 재정의 일부를 후원하기로 결정하였다. 이들이 목회자훈련원에 대해 노회에 청원하였고, 목회자훈련원은 태국기독교총회 산하 6노회의 정식 사역이 되었다.

실제로 목회자훈련원 운영에 대한 예산을 잡아보니, 태국에서 목회자들이 받는 사례비 수준으로는 방콕까지 오고가는 차비를 감당하기 어려웠다. 그런데 더 살펴보니, 태국교회는 행사를 주관하는 단체가 참석자들의 차비를 지원하는 전례가 있었다. 노회는 그런 전례를 따를 수 있었고, 덕분에 목회자훈련원 참가자들이 방콕까지 왔다가 돌아가는 교통비를 지원할 수 있었다. 6노회는 그때부터 목회자훈련원이 문을 닫을 때까지 10년 이상 매달 2천 불 정도를 후원하였다. 그 후원금은 전액 참가자들의 교통비로 지급됐으며, 숙소는 훈련받는 교회의 교육관에서, 식사 비용은 선교사인 내가 준비해야 했다.

훗날 이 일에 대해 태국의 선배 선교사들에게 말한 적이 있다. 그러자 선배들은 내가 너무나 당돌했다고 말했다. 오히려 태국을 잘 몰랐을 때여서 그랬다는 말도 하였다. 태국 사람들이 선교사가 하는 일을 후원하는 일은 상상할 수 없었기 때문이다.

하지만 태국교회가 재정을 지원해줄 것을 제안한 일은 당돌해서라기보다 나의 믿음이었다고 생각한다. 여담이지만, 선교사가 현지인에게 돈으로만 선교한다는 것은 어떤 면에선 쉬운 일일 수 있다. 돈은 어떤 사람이든 움직이게 할 수 있다. 돈으로 하는 선교는 파송한 본국 교회에 선교사가 뭔가 하고 있다는 모습을 보여주기도 쉽다. 하지만 진정한 선교는 돈으로 하는 것이 아니다.

결론적으로 사람을 세우는 것이 선교라면, 선교적인 일을 위해 현지인이 스스로 돈을 쓰도록 하는 것은 왜 되지 않을 일인가? 선교의 목적이 선교 대상자로 하여금 자립하여 교회를 세우고 유지하게 하는 것이라면, 가능한 상황과 수준에서 그들이 직접 돈을 내고 동참할 수도 있어야 한다.

목회자훈련원 이사회에서 기도하는 모습.

　모든 일에 돈이 필요하듯, 선교에도 당연히 돈이 필요하다. 내가 태국에서 한 대부분의 사역도 당연히 한국교회의 후원 덕분에 감당할 수 있었다. 하지만 알게 모르게 현지인의 후원은 현지의 사역을 더 힘있게 펼칠 수 있도록 도움이 되었고, 선교사에게는 큰 격려가 되었다.

　돈에 관해 다른 예를 하나 들자면, 태국교회도 이사회가 모일 때는 이사들에게 거마비(車馬費)를 주는 전통이 있다. 그들은 목회자훈련원이 한국 선교사가 주관하는 사역이라 해도, 이사회로 모이는 것이니 당연히 거마비를 줄 거라고 생각했을 수 있다. 하지만 태국을 잘 알지 못했던 나는 거마비 생각은 하지 못했다. 그런데 나중에 알고 보니 선교사가 주관하는 목회자훈련원인데도 노회에서는 따로 거마비를 준비해서 주고 있었다. 자기들 돈으로 주는 것이라면 선교사인 내가 무슨 말을 하겠는가?

——— 인간적으로, 예의를 갖추고

나는 목회자훈련원 사역이 결국 태국교회를 위한 태국 사람들의 사역이며, 지금은 자기들의 힘으로 운영할 수 없으므로 선교사인 나를 고용(hire)해서 하는 일이라고 생각했다. 하지만 저들이 할 수 없는 일이라고 해서 내 주장만 내세운 것은 아니다.

우리 부부는 태국 지도자들에게 행정적으로만 접촉하기보다 나름대로 인간적으로도 다가가려 노력하고 예의를 갖추었다. 이사회는 늘 우리 집에서 모였고, 한국 음식을 정성껏 준비해서 대접하였다. 아내는 어떻게 하면 그들을 잘 섬길 수 있을지 고민했다. 우리는 태국 사람들을 섬길 때 어려운 문제가 생기면 이사들에게 조언을 구했고, 그들이 조언해주면 그대로 하였다. 그렇게 해서 태국 목회자들의 마음을 얻기를 원했다.

이사들을 우리집에 초대한 것은 특별한 효과를 보았다. 태국 사람들이 외부인을 자기 집으로 초대하는 일은 거의 없기 때문이다. 초대한다 해도 어지간하면 가정부가 있기에, 주부가 직접 앞치마를 두르고 손님을 맞이하는 경우는 흔치 않다고 한다. 그러나 한국 사람인 아내는 앞치마를 두르고 직접 만든 음식을 설명하며 섬기는 일이 어렵지 않았다. 손이 큰 아내는 그들이 맛있게 먹고 관심을 가지는 반찬은 더 만들어서 유리병에 담아, 예쁘게 리본이라도 묶어 선물처럼 드리곤 했다.

젊은 선교사 부부가 이사들을 초대하여 정성껏 대접한 것이 그들에게 좋은 인상을 남긴 것 같다. 우리는 그 이사들뿐 아니라 알게 된 태국인들을 집에 초청하는 일을 자주 하였다. 이렇게 우리집에서 모여 태동한 사역들이 목회자훈련원, 교회개척학교, 평신도를 위한 선교학교, 예배자학교, 셀교회 운동(태국에서는 강 선교사가 셀교회 운동을 최초로 시작했다), 태국에 파송받은 한인 선교사들을 케어하고 격려하는 락 싸이얌(Love Thailand : 강 선교사가 후배인 중견 선교사들인 김용섭, 장인식, 양덕훈 등과 같이 시작한 것이다) 등이다. 그리고 오아시스힐링센터 또한 우리집에서 선교사들과 식사를 하면서 만들어졌다.

우리가 2013년 다시 태국으로 돌아간 후에는 한인 선교사들을 집에 자주 초청하였다. 보통은 한두 가정 정도를 초청하였지만, 태국의 휴일에는 20-30명까지 초청하였고, 간혹 한국에서 음식이 공수되거나 권사님들이 방문하시면 40-50명 이상을 초청하여 교제하고 그들을 격려하였다. 우리는 이런 사역이 후배들에게 좋은 본을 보이는 것이라고 믿었고, 후배들도 이런 좋은 전통을 배워 '태국선교사회' 안에서 서로를 격려하는 분위기가 계속되기를 원했다.

✛ 10 ✛

교회를 섬기지 않은 게
죄가 되나요?

─────── **똑끌롱 하면 무조건 Go Go**

태국에는 재미있고 실용적인 단어들이 많다. 그 중 하나가 '똑끌롱'이다. 두 사람이 의논하거나 흥정하는 일, 또는 상품의 요건과 가격이 맞아서 결정하고 동감하는 상태, 쉽게 말해 영어로 'OK'라는 동의와 약속의 의미이다.

내 경험상 태국인은 어떤 일이든지 '똑끌롱'을 한 다음 그 약속을 어기는 법이 거의 없었다. 태국인이 회의에서 내린 결정을 매우 중요하게 여기는 것도 그런 문화와 관련이 있다. 무슨 일이든 회의에서 의논되고 결정되면 손해가 된다 할지라도 지키는 그들이 존경스럽다. 목회자훈

2부 | 현지인을 세우는 선교

련원 이사회에서 훈련받으러 지방에서 오는 목회자들의 차비를 지원하기로 결정한 다음, 그 경비가 많든 적든 6노회가 10년 이상 지출해준 것도 그런 '똑끌롱'의 신실함 때문이었다. 간혹 특별한 이유로 어쩔 수 없이 비행기를 타고 오는 목사들도 있었다. 그런데 6노회는 모든 교통비를 후원하기로 결정했기에 비행기 요금까지 지원하였다. 우리 같으면 그런 건 별도 조항에 두어 예외로 칠 수 있을 텐데, 결정한 약속을 참으로 지키려는 태국교회의 모습이 아름답다.

심지어 우리가 부끄럽고 저들이 자랑스럽게 여겨진 일도 있었다. 한번은 목회자훈련원이 가족수련회를 계획하여 사모님들이 목사님들과 같이 오게 하였다. 장소는 파타야에 있는 작은 호텔로 정했다. 버스를 임대하여 4교회(습쌈판타윙교회)에 모인 태국 목사 부부들을 모시고 갔다. 노회는 이 경비까지 지출해주었다.

결국 목회자훈련원을 위해 책정된 재정이 부족해졌다. 그러자 방콕에 있는 교회들이 1990년 부활절 예배를 연합으로 드릴 때, 그날 헌금된 부활절 헌금 전액을 목회자훈련원을 위해 사용하겠다고 광고했던 것이다. 내가 태국교회에게 목회자훈련원 사역을 위해 헌금해야 한다고 용감하게 강조할 때와 달리, 이번에는 부끄럽고 미안한 마음이 들었다. 하지만 목회자훈련원 사역이 선교사의 사역이 아니라 태국교회를 위한 태국인의 사역이 되어야 한다고 생각하였기에, 저들이 부활절 헌금을 우리 사역을 위해 헌금하기로 결정한 모습은 자랑스러웠다.

한편, 그 일은 태국교회들로 하여금 태국 목사들을 재교육하는 목회자훈련원에 관심을 갖게 하였다. 나 자신도 태국교회를 위해 쓰임받는 것이 더욱 뿌듯해졌고, 주님의 도구로서 계속 일하겠다고 다짐할 수 있었다. 태국교회는 우리가 태국에서 목회자훈련원 사역을 정리할 때까지 자기들이 '똑끌롱'한 재정을 책임졌다. 태국에서 똑끌롱은 이처럼 중요하다.

나는 2006년 9월부터 예장합동 교단 선교회(GMS)의 사무총장으로 사역하고자 한국에 돌아왔다. 그러나 한국에서 경험한 것은 안타깝게도 사회와 문화 전반에서 '똑끌롱'이 사라져버렸다는 것이다. 서로 합의한 일이고 심지어 문서화했어도 안 지키면 그만인 한국 교계를 보았을 때, 처음에는 황당 그 자체였다.

한국교회의 선교팀이나 목사들이 태국에 왔다가 순간적인 감동으로 태국교회와 목사들에게 후원이나 교회 건축이나 장학금을 지급하겠다는 약속을 쉽게 한다. 하지만 귀국하면 잊어버리는 경우가 많다. 나는 그런 일을 겪은 태국 사람들의 하소연을 들을 때마다 부끄러워 얼굴을 들 수 없었다. 우리 한국 교회의 일부 목회자들의 의식 속에 있는 '선교의 가벼움', 그리고 당시엔 감동받아 한 말이라 해도, 후에는 지키지 않아도 아무렇지도 않다는 모습에서 벗어나야 한다.

한국교회는 일부 부정적으로 보여지는 태국 문화를 무시하지 말아야 한다. 일단 약속하면 힘들어도 지키려고 노력하는 태국 사람들의 긍정적인 부분을 높이 사면 좋겠다.

───── 목회자훈련원의 장점과 유익

목회자훈련원 사역에서 잊을 수 없는 도움을 준 교회가 있다. 쌈례제일장로교회(First Presbyterian Church in Thailand)다. 이 교회는 태국에서 역사가 가장 오랜 장로교회이다.

나는 목회자훈련원을 시작하면서 시설이나 건물에 관심을 두지 않았다. 태국교회 예배당은 주일예배 외에는 거의 사용하지 않기에 그런 교회 시설을 이용해야겠다는 생각만 하고 있었다. 선교와 사역의 초점을 항상 사람에게 두었기 때문이다.

태국교회의 목사들을 모아놓고 목회자훈련원을 하겠다고 말하자 많은 교회들이 고맙게도 자기 교회 시설을 사용하면 좋겠다는 뜻을 비쳤다. 하지만 목회자훈련원이 태국기독교총회에서 처음으로 하는 사역인지라 개최 장소는 뭔가 역사성과 상징성을 갖고 싶었다. 그래서 이사회는 태국에서 제일 먼저 세워진 장로교회라는 역사성을 갖고 있는 쌈례장로교회에서 훈련원 사역을 하기로 결정하였다.

그런데 나중에 안 사실이지만, 많은 사람들이 이 결정에 대해 걱정하였다고 한다. 쌈례교회의 성격상 어느 단체도 그 교회와 좋은 관계를 유지하지 못한다는 염려였다. '왜 굳이 문제가 있는 교회로 들어가서 이런 귀한 일을 하려느냐?'고 생각했지만, 내게 말하지는 않았다. 하지만 주변의 염려와 달리 쌈례교회 성도들이 목회자훈련원을 얼마나 잘 섬겨주었는지 모른다. 당시 쌈례교회는 담임목사와 장로들과 교인들의 마음이 하나가 아니었다. 그런 점이 그 교회의 문제였는데, 목회자훈련원이 쌈례교회에서 열리게 되자 오히려 교인들이 한마음이 돼 섬

목회자훈련원 참가자들이 기도하는 모습.

겨주었다.

목회자훈련원은 1990년 5월 26일, 내가 태국에 두 번째로 입국한 지 2년 6개월 되는 무렵에 공식적으로 시작되었다. 목회자훈련원이 열린 장소가 우리 소유는 아니지만, 태국은 형식을 중요하게 생각하기에 창립예배를 드리고 간판을 거는 현판식도 열었다. KGAM 선교회를 후원하는 한국의 목사님들도 와주셨다. 태국의 목회자와 교인들도 많이 참석하여 함께 기뻐했다.

쌈례교회 교인들은 태국 전통 복장 차림으로 창립예배에 참석했고, 자기 교회 사역인 것처럼, 어쩌면 그 이상으로 열심히 기쁘게 섬겨주었다. 쌈례교회의 위치와 시설도 태국 사람들 입장에서는 좋았다. 짜우프라야 강가에 있는 교회의 교육관 2층에는 스무 명이 잘 수 있는 숙소가

목회자훈련원 졸업생들이 같은 옷을 입고 찬양하고 있다.

있고, 그 아래층은 식당이 있었다. 쿤(Khun, Mr. 또는 Ms.라는 존칭) 끌루아이라는 그 교회 교인은 음식을 잘 만들어 식사 때마다 우리를 기쁘게 했다. 우리는 이 사역을 태국에서 가장 역사가 오래된 교회에서 시작한다는 사실이 너무나 감사했다.

우리는 목회자훈련원을 열심히 섬겼다. 좋은 소문이 났고, 방콕노회 목회자들도 보람을 느꼈다고 하였다. 그해 10월에 열린 태국기독교총회에서는 총무가 방콕노회가 올린 보고서를 그대로 설명하면서, 목회자훈련원의 장점과 유익에 대해 자랑하였다. 그 후 많은 목사와 장로들이 감동을 받았는지 이 일에 관심을 가졌고, 이사회는 이듬해 5월에 2기생 모집을 결정했다. 그러자 나는 1기생과 2기생을 동시에 훈련해야 하는 문제에 봉착했다. 나는 매월 두 주를 이 사역에 매달려야 했다. 훈런원 강의 준비를 하고 교재를 만들고, 한국에서 강사가 오면 통역도 했다. 이 사역에 시간을 많이 쓰는 것이 부담이 되었지만, 그래도 태국 교회가 원하는 일이라면 해야 한다는 마음이었다.

3기 때는 훈련원 장소가 바뀌었다. 수영로교회의 단기 팀이 와서 집회를 할 때 예배당 안에서 교인들과 함께 뛰며 찬양하였다. 문제는 예배당 바닥이 뛰는 사람들의 무게를 감당하지 못하고 부분적으로 가라앉은 것이다. 결국 바닥 공사를 하게 되어 방콕 제4교회인 습쌈판타윙 교회로 옮겼다. 주일에는 교육관으로 쓰는 강의실을 평일에는 목회자 훈련원이 사용하도록 했다. 제4교회는 숙소도 잘 준비해주어 40여 명의 목회자들이 전혀 불편하지 않았다. 태국 목회자들이 숙식을 같이 하며 지내니, 교제를 통해서도 은혜가 넘쳤다.

목회자훈련원에 와서 교육받는 목사들은 보통 방콕에서 150킬로미터 또는 800킬로미터 이상 떨어져 있는 지방에서 왔다. 서로 멀리 떨어져 있어서 평소엔 만나는 일이 적을 수밖에 없다. 다른 교회의 형편을 알 수 없고, 격려받지 못한 상태에서 제각기 외롭게 목회해왔다. 그래서 어려운 일은 자기만의 것인 줄 알았다. 그런데 훈련원에서 다른 교회의 목회자들을 만나니 모든 교회에 비슷한 문제들이 있다는 것을 알게 되었다. 교육 자체가 숙식을 같이 하는 것이므로, 기도회나 취침 전의 대화 시간을 통해 혼자의 문제가 아닌 우리들의 문제라는 걸 인식할 수 있었던 것이다. 그런 다음 서로 위로하고 같이 기도하면서, 하나님께 그 문제를 맡기는 경험을 할 수 있었다. 답을 찾고 해결되면 간증하며 힘을 얻을 수도 있었다. 이것은 우리가 생각하지 못한, 훈련원을 통한 선물이었다.

——— 훈련생들이 한국을 방문하다

　　　　나를 후원하던 한국의 교회와 KGAM 이사 목사님들은 1년이나 2년에 한 번씩 훈련원에 오셔서 강의해주셨다. 훈련원생들은 두 달에 한번 정도 한국 목사님의 강의를 들을 수 있었다. 한국의 방학 기간에는 총신대학교의 교수들도 오셨다.

　태국 목사들에게 필요한 것은 실천신학적인 강의였다. 그들은 한국 목회자들이 목회 현장에서 경험한 이야기를 들려줄 때 특히 집중하였다. 한국 목사님들은 저녁에는 태국 목회자를 위한 부흥회를 인도해주셨는데, 어떤 때는 교인들도 이 부흥회에 참석하였다.

　훈련생들은 2년 과정이 끝나갈 즈음 한국을 방문하고 싶어했다. 전 세계에서 유래없는 성장을 경험한 교회이고, 세계에서 가장 큰 장로교회와 감리교회, 조용기 목사님이 목회하신다는 순복음교회가 보고 싶었다. 오산리 금식기도원의 기도굴에 들어가 한끼라도 금식하며 기도도 해보고 싶은 마음이었다. 한마디로 부흥하는 한국교회 현장을 직접 보고 경험하기를 원했다. 사실 그들이 정말 궁금했던 것은 '자기들에게 강의해준 한국 목사님들이 정말 그렇게 목회하시는가' 하는 것이었다.

　하나님께서 훈련생들의 한국 방문을 기뻐하신 것 같다. 1992년 5월, 1기생들은 후원하는 교회들의 도움으로 졸업식을 하자마자 한국행 비행기를 탈 수 있었다. 공항에는 강대흥 선교사 후원회가 태국 목회자들을 기다리고 계셨다.

1기생들은 두 주간이 넘는 긴 일정이었지만 아무 문제와 어려움 없이 잘 지낼 수 있었다. 우리 부부도 오랜만에 방문한 한국에서 기쁜 시간을 누렸다. 마치 전쟁터에 갔다가 임무를 수행하고 돌아온 병사가 된 기분이었다.

우리 일행이 방문했던 교회들은 우리의 보호자이자 기도자이며, 태국 선교를 위해 헌신하고 계심을 보여주셨다. 한국교회에서 받은 사랑을 나열한다면 지면이 모자랄 만큼 많지만, 하나님께서 그 분들에게 갚아주시리라 믿는다.

어려운 말은 좀처럼 하기 힘들어하는 태국 사람들은 한국에 와서 문화의 장벽을 뛰어넘어 많은 감동을 받았다. 그들이 한국에 오기 전에 태국에서 만났던 한국 목회자들은 마치 황제 같아 보였다고 한다. 한국교회는 목사가 말만 하면 알아서 움직이는 줄 알았다는 것이다. 그래서 태국교회는 한국교회를 따라갈 수 없고 그럴 환경도 아니라고 생각하였다. 태국과 한국이 사회 구조가 다른 만큼 교회도 다르기에, 태국 목회자가 한국 목회자처럼 교인에게 존경받거나, 목사의 말에 따라 움직이는 것 같은 일사분란한 목회는 불가능하다고 생각했다.

그러나 나는 목회란 한국교회나 태국교회나 다 같고, 하는 일도 비슷하다는 것을 저들이 알게 하고 싶었다. 그래서 우리를 후원하는 교회의 목사님들에게 부탁한 것이, 한국 목사 한 분에게 태국 목사 2명을 2박 3일간 같이 있게 한 것이다. 잠자는 시간만 제외하고 새벽기도회부터 심방과 점심과 저녁 식사까지 같이 하면서, 한국교회의 목사들이 얼마나 바쁜지 태국 목회자들이 보게 하였다. 아무 통역 없이 그저 따라 다니게 했을 뿐인데, 태국 목회자들은 일정을 마친 다음 자기들의 생각이 좁고 편협했다고 고백하였다.

태국 목회자들은 새벽 4시 30분 전에 일어나 새벽 예배부터 한국 목사와 동행하였다. 교역자 기도회나 권찰회 등에서 같이 기도하고, 성경 공부를 인도하는 모습을 보고 심방도 같이 가고, 교회에서 업무도 같이 보았다. 그런 일상을 본 태국 목회자들은 한국의 목회가 목사의 말 한마디로 되는 것이 아니라는 것을 경험하였다. 목사의 희생과 헌신과 섬김을 본 것이다. 그 결과는 우리가 생각한 것 이상이었다. 백문이불여일견(百文以不如一見)이 아니라 백문이불여일행(百文以不如一行)이라고 말하고 싶다. 태국 목회자들이 정말 보아야 할 것을 보고 온 것이다.

한국 목회자들이 헌신하는 모습은 물론이고, 특히 담임목사가 처리해야 할 업무량은 그들에게 엄청나 보였다. 담임목사의 위치가 영광스런 자리임엔 틀림없지만, 그것은 하나님으로 말미암음이다. 성도들은 목회자의 헌신에 따라 성장하고, 신앙생활의 모든 면에서 목회자를 따라 한다는 것을 알게 되었다. 한국 목사들이 누리는 목회 환경이 태국 목사로서는 상상할 수 없이 좋은 것이긴 하지만, 그 속에 숨어 있는 헌신과 희생을 볼 수 있었던 것이다. 그들이 이런 점을 보고 느꼈다고 고백하는 걸 보고, 그동안 우리가 고민하며 한국행을 결정한 것이 옳았고 유익했다는 걸 느낄 수 있었다.

이제 태국 기독교인들, 특히 목회자들에게 한국은 성지(聖地)와 같다. 어쩌면 이스라엘 광야나 사도 바울의 선교 지역을 탐방하는 전통적인 성지순례보다 한국에 가보려는 열망이 더 클지 모른다. 그들 중에는 오산리금식기도원에 가보는 것이 소망인 분도 있고, 한국교회의 새벽 기도와 금식기도에 대한 관심도 많다. 특히 한국교회의 장로가 대통령이 되었던 일은 그들에게 상당한 관심거리였다. 기독교인이 인구의 1퍼센트도 안 되는 태국에서 국회의원이나 장관 같은 정치인이 되는 경우는 거의 없기 때문이다. 그러니 한국에서 장로 출신이 두 번이나 대통령으로 선출된 것이 태국인의 세계관으로는 잘 이해되지 않은 것 같다. 그래서 한국의 교회를 한 번만이라도 방문하는 것이 소원인 사람이 태국에 많은 것이다. 한류가 유명해진 요즘엔 말할 것도 없다.

──── 교회를 섬기지 않은 게 죄가 되나요?

태국 목회자들이 한국교회를 방문하고 돌아온 다음, 1994년 늦가을에는 방콕노회의 요청에 따라 태국교회의 장로 40명의 한국 방문을 추진하였다. 이번에도 KGAM을 후원하는 이사들께서 목회하는 교회들의 도움을 받았고, 방콕노회가 주관하여 태국 전 지역에서 많은 장로들이 지원하였다. 기본 경비는 자기 부담이었지만, 가겠다는 이가 처음엔 50명이나 되었다.

이들이 갔을 때는 날씨가 추워 관광 계획은 세우지 않았기에, 호스트가 되어 태국 교회의 장로들을 초청해준 횃불회관(양재동 소재)에서 강의와 새벽기도 훈련 등을 진행했다. 강의를 맡은 이들은 당시 횃불회관 원장이신 이형자 권사님과 KGAM 선교회 이사이신 담임목회자들이어서 '지역 교회 시무 장로의 역할'에 대해 주로 강의하였다. 목회자가 아무리 열심이어도 장로와 집사들의 도움과 헌신적인 섬김이 없으면 교회의 부흥은 있을 수 없다는 점을 강조하였다. 한국교회에선 평범한 이야기이지만, 그것이 태국교회 장로들에게 도전을 준 것 같다. 그 이야기가 그들의 마음에 화살처럼 꽂히자, 어느 장로는 태국으로 돌아간 다음 이렇게 말하기도 했다. "전도는 전도사와 목사들만 하는 일인 줄 알았는데 평신도들의 역할이기도 하다는 걸 이제야 알았다."

태국교회 장로들은 "교회를 이렇게 섬겨야 하는 것인지 정말 몰랐다"고 말하며 우리를 만날 때마다 감사하였다. 어떤 분은 돌아가자마자 전도하고 주일학교를 섬겼다. 어떤 분은 헌금에 대해 많이 깨달았다며 자기 재산 전체의 십일조를 하겠다고 말했다. 심지어 집을 팔고서라도 못다한 십일조를 하겠다고 다짐하는 분도 있었다.

나는 여러 장로들의 간증을 들으며 이들의 순수함에 감사하고 감동하였다. 그들은 교회를 섬기는 일이 당연하다는 걸 알지 못했다며 '죄의식'까지 느낀 것 같았다. 태국 성도들의 이런 고백을 들은 한국의 성도 중에 이런 질문을 하는 이가 혹시 있을지 모르겠다.

"교회를 섬기는 것을 모르는 것이 죄가 되나요?"

✢ 11 ✢
말은 잘 못해도
상관없어요

───── 듣는 건 알아서 할 테니

우리는 목회자훈련원 사역에 모든 것을 올인했기에 물불 가리지 않고 일했다. 목회자들을 훈련하는 주간에는 훈련생들과 24시간을 같이 지냈다. 일주일에 하루의 시간이 더 있다면 아마 그 시간까지 그들과 같이 지낼 만큼 훈련원에 썼을 것이다. 아내도 당시 초등학교 1학년에 입학한 딸 사랑이에게 미안하리만큼 시간을 같이 보내지 못했다. 3학년이던 모세와 1학년이던 사랑이에게는 "하나님 앞에서 스스로 잘하라"는 어려운 부탁만 했다.

훈련원은 달마다 한번, 일주일간 합숙으로 진행되었다. 하지만 나의 한 달은 온통 훈련원 준비와 진행을 위해 할애되었다. 한 주 동안 강의 안을 준비했는데, 처음엔 매달 1권씩 교재를 만드는 작업이 쉽지 않았다. 그런 다음엔 일주일간 훈련원에 참석하는 목회자들의 교회를 방문하였다. 그리고 훈련원에서 일주일간 그들과 함께 지냈다. 힘은 들었지만, 지금 생각해도 당시는 정말 즐거웠다.

목회자훈련원에 온 목사들은 태국교회에서 들어보지 못한 교회성장에 대한 강의를 듣다 보니 수업에 즐겁게 임하곤 했다. 그러나 그들이 아무리 즐겁게 듣는다 해도 강의하는 나의 언어 실력 때문에 한계가 곧 드러났다. 강사는 고급 태국어를 써야 하는데, 내 태국어가 짧아 제대로 설명하지 못했다. 태국어로 성경 용어를 말하는 것은 또 다른 문제였다. 내 마음은 한국에서 목회하며 경험하고 느낀 것들을 그들에게 전부 말해주고 싶은데, 언어의 한계는 나 자신을 주눅 들게 했다.

내가 강의하다 말이 막히면 한국 선교사를 경험해본 태국 목회자가 손을 들고 일어나 이렇게 질문하기도 했다. "지금 강 목사님이 말씀하신 것이 이런 뜻이지요?" 그가 이해한 말이 맞으면 내가 "맞아요. 바로 그 뜻이에요!" 하며 맞장구를 치는 재미있는 상황도 자주 연출됐다. 나는 설명하다가 사람들의 표정이 이상해지면, 그들이 잘 이해하고 있는지 알기 위해 수시로 "이해하고 있지요?"라고 묻기도 했다. 그럴 때 그들의 대답은 내게 상처를 입혔지만 도전도 주는 것이었다.

"듣는 건 우리가 알아서 할 테니, 말이나 어서 하십시오!"

내가 비록 태국어에 능숙하지 않아 잘 설명하진 못해도, 자기들은 하나라도 더 듣고 싶으니 일단 빨리 진행하기나 하라는 말이었다. 내가 더듬거려 흘러가는 시간마저 아까웠던 것이다. 그때는 머쓱했지만, 배우려는 그들의 열심은 적극적이고 본받을 만했다.

나는 그들의 요구대로, 그들이 알아듣든 못 알아듣든 서둘러 강의를 진행하였다. 그러자 이번에는 어떤 목사가 강의가 끝난 다음에 바로 손을 들었다. 자기가 나의 강의 내용을 정리해서 동료 목회자들에게 다시 말해주어도 되겠느냐는 질문이었다. 나야 말릴 이유 없이 고마운 일이었다. 그의 요약 강의를 들은 이들은 그제야 무슨 말인지 알겠다는 표정을 짓곤 했다. 심지어 어떤 이는 드디어 이해하여 은혜를 받았다며 "아멘 할렐루야!"를 외치기도 했다.

감사한 것은 그들이 우리 부부가 실망할 수 있는 반응은 보이지 않은 것이다. 우리 스스로 태국어를 잘한다고 생각하진 않았지만, 태국 목회자들은 언제나 우리를 격려했지 "못 알아듣겠다"고 하거나 "무슨 강의를 그렇게 하느냐"고 나무란 적이 없다. 매번 "지난번보다 태국어를 더 잘하고, 강의가 더 좋았고, 잘 이해했다"고 격려하곤 했다.

우리 부부는 우리의 서툰 태국어를 들어주는 그들이 고마웠다. 아내는 그들의 은혜를 갚겠다며, 훈련원이 시작되기 전부터 김치를 몇십 킬로그램씩 담아 그들이 식사할 때마다 제공하였다. 목회자훈련원에서는 나만 강의한 것이 아니었다. 한국에서 오신 목사님들께서 성경강해를 중심으로 실천신학적인 강의를 하셨고 태국 목회자들도 설교 등에 대해 강의하였다. 상담 전문가인 아내도 강의했으므로 아내의 역할도 컸다. 태국 목사들은 김치를 좋아해서, 태국 음식에다 적당히 익은 김치를 매끼마다 추가하는 일은 아내가 없었다면 할 수 없는 일이었다.

─────── 눈물이 없는 사람들

　　내가 남자치고 잘 우는 편이지만 특히 아내는 눈물이 참 많다. 때로는 때를 가리지 못하고 눈물을 흘려 당황할 때도 많다. 슬플 때도 그렇지만, 감사한 일에도 마구 흐르곤 한다. 선교 초창기에는 기도할 때마다 눈물을 흘렸다. 남의 일도 감사하거나 공감이 될 때 눈물이 나오고, 가슴 아픈 이야기를 들으면 더 눈물이 났다. 내가 의도적으로 보낸 감동 문자를 보고 운 적도 있었다. 심지어 그걸 하루 지난 다음 다시 보는데 눈물이 또 났다고 한다. 아내는 눈물의 절제가 안 되는 편이다. 그러니 태국 사람들에게 아내는 이상한 사람이다. 태국 사람은 잘 울지 않기 때문이다. 그들은 눈물이 말라 있는 것 같다. 우리는 초상집에서도 우는 태국 사람을 거의 보지 못했다. 감정을 결코 감출 수 없는 표현이 눈물을 흘리는 것인데, 그들은 감정도 없는 것인가?

　태국교회는 예배도 조용하다. 아멘도 별로 하지 않는다. 그래서 가끔 한국 목사님이 오셔서 설교나 강의를 하면 반응이 없어서 힘들어한다. 하지만 예배와 강의가 끝난 다음에 들리는 반응은 매우 놀랍다. 내용을 정확히 이해하였고, 심지어 적용도 탁월했다. 가만히 듣기만 하던 것 같은데, 그들 안에 일어난 역동적인 반응은 우리를 놀라게 했다. 마치 잘 박힌 못을 보는 기분이다.

　어느 한국 목사님이 목회자훈련원에서 성경강해를 한 다음에 일어난 일이다. 훈련생 목회자 한 분이 기도를 받겠다며 강사 앞에 무릎을 꿇은 것이다. 우리는 놀라고 당황했다. "왜 그러냐?"고 물으니 "회개할 일이 있다"고 답했다. 자기 교회의 어느 자매를 아내보다 더 사랑했는데, 그날 들은 말씀에서 그것이 잘못이라는 걸 깨달은 것이다. 하지만 혼자 힘으로 정리하기는 너무 힘들어, 한국 강사에게 기도받고 힘을 얻고 싶다고 했다.

더 놀란 일은 그가 그렇게 말하면서 눈물을 흘린 것이다. 그 눈물은 아내가 아무 때나 흘리는 눈물과 전혀 다른 것이었다. 정말 뜨거운 회개의 눈물이었다. 그는 자신의 문제를 잘 정리하였고, 지금은 태국교회에서 좋은 지도자가 되어 교회를 섬기고 있다. 한편, 아내는 이 일로 인해 태국교회에서 가정사역의 필요성을 느끼기 시작하였다. 안 그래도 상담 전문가로서 가정사역에 관심이 있었기 때문이다.

태국 사람들은 표현하는 데 익숙하지 않다. 마음속에 상처를 안고서 살아가다 보니 마음을 드러내고 말하는 것 또한 익숙하지 않다. 그런 사람들의 불편한 가정사에 대해 아내가 마음을 열고 풀 기회를 주었더니, 그들은 힘든 이야기를 봇물 터지듯 털어놓으며 울기도 했다. 그들에게는 마음 놓고 울어볼 기회였다. 아내는 해마다 상담과 가정사역과 관련한 여러 단체들의 도움을 받아 이런 프로그램을 가질 수 있었는데, 그 일은 우리에게도 좋았지만, 눈물이 없는 태국인에게는 매우 좋은 기회였을 것이다.

어느 날, 아내가 훈련생들에게 가족에 대해 강의한 후 그들이 기도하며 눈물을 흘리는 모습을 보았다. 그들의 가정 안에 아픈 일이 그렇게 많은데도, 내놓지 못하고 살아가고 있다는 걸 알게 돼 마음이 아팠다.

태국은 사회 전체가 성적으로 개방된 편이기 때문에 성적 윤리를 재는 잣대가 한국보다 조금은 느슨한 편이다. 그런 사회 풍조 때문에 목회자 중에도 배다른 형제가 있고, 그로 인해 아픈 일이 있다는 것도 알게 되었다. 하지만 목사라는 이유로 가슴에 아픈 상처를 숨겨놓고 사는 사람이 생각보다 많았다. 우리는 상상할 수 없는 일도 있었다. 적은 목회자 사례비로 가족을 부양하는 것도 힘든데, 배다른 동생을 돌보는 목사가 있었다. 심지어 핏줄이 아니어도 자기 가족과 '관계'를 맺은 사람까지 가족처럼 부양하는 경우도 있었다. 이런 고통을 겪으며 살면서도 표현하지 않은 것이다.

——— 5일 만의 성경통독

목회자 훈련 프로그램 중 하나로 해마다 연초에는 성경통독을 하였다. 새해 첫 시간을 성경을 읽으며 하나님께 드린다는 마음으로, 4박 5일간 목사 30여 명이 매일 15시간씩 성경을 읽었다.

성경통독을 시작하게 된 이유는 내가 강의 중에 성경을 강조하며 "성경을 얼마나 읽느냐?"고 목회자들에게 묻자 "읽지 않는다"고 답하는 걸 보고 충격을 받았기 때문이다. 그렇게 말하는 태국 목사들의 정직한 모습에 놀라기도 했지만, 그들을 위해 나부터 태국어 성경을 꾸준히 읽어야 하겠다고 생각했다. 우리 부부는 선교지로 오기 전에 교인들과 성경을 같이 읽었고, 한국에는 성경통독세미나 같은 것이 있었기에 쉽게 결단할 수 있었다.

태국어는 글자가 인도의 싼스크리트 영향을 받아 상형 문자같이 되어 있고, 종교적인 단어는 (심지어 기독교적인 단어도) 불교 용어에서 가

성경통독에 앞서 격려하는 필자.

져다 사용하기도 한다. 그러다 보니 성경에서 나오는 단어들을 표현하려면 자연히 설명이 길어질 수밖에 없다. 그 때문에 신구약성경을 다 읽으려면 아무리 빨리 읽어도 5-6일은 걸려야 할 것 같았다. (한국어 성경으로 통독하는 프로그램은 집중만 잘하면 사흘 안에 가능하다고 들었다.) 어쨌든 조금 힘들어도 처음엔 주일을 제외하고 만 5일 안에, 즉 5박 6일간 통독하는 것을 목표로 하여 '성경통독 5일 완성' 프로그램을 짰다.

처음 시작할 때는 '우리나 이들이나 한 번도 해본 적 없는 태국어 성경통독이 일주일 안에 가능할까?' 하고 염려하였다. 월요일 아침부터 시작하는 성경통독은 아무리 늦어도 토요일엔 끝나야 한다. 그래야 지방에서 온 참석자들이 그날 저녁에 방콕을 떠날 수 있고, 아무리 멀어도 주일 아침에는 각자의 마을로 돌아갈 수 있기 때문이다. 그래서 태

성경통독을 인도하는 태국 목회자들.

국 목사들 역시 걱정했지만, 몇 분을 준비위원으로 세워 성경의 장과 절의 수를 통독 시간에 맞춰 정확하게 나눠 미리 시도해보았다. 가능할 것 같았다. 결국 그들은 6일이 아닌 5일 안에, 금요일 저녁까지 통독을 마칠 수 있었다.

앉은 자리에서 태국어로 성경을 읽기란 정말 어려웠다. 한번은 아내가 휴식 시간에 일어나려 하는데, 몇 시간을 쪼그리고 앉아 읽다 보니 무릎이 굳어져 펴지지 않았다. 피가 통하지 않아 근육에 일시적인 마비가 온 것이었다. 결국 병원에 실려 갔다.

성경을 통독하는 동안 태국 목사들의 비장함은 다른 측면에서도 나타났다. 태국인은 물을 많이 마시는데, 차와 커피도 하루에 몇 잔을 마시는지 셀 수 없을 지경이다. 그러다 보니 화장실을 자주 간다. 그러면 시간 안에 성경을 다 못 읽을 수 있다. 그래서 생각해낸 것이 음료수와 커피 대신 커피 사탕을 준비하는 것이었다. 그들이 낸 이 아이디어를 처음 들었을 때는 웃음이 났지만, 그들에게 맞았다. 커피 사탕을 잔뜩 준비해놓고 잠자는 6시간과 식사 3시간, 두 번의 휴식 정도 외에는 통독에 전념했다.

구약의 모세오경과 사무엘서와 열왕기서를 읽을 때면 그들도 버벅거렸다. 그래서 사전 준비 과정에서 빨리 잘 읽는 태국 목사들을 선정해 그들이 통독을 인도하게 하였다. 그렇게 몇 년간 통독 사역을 하다 보니 나중에는 시간을 4일 반으로 줄일 수 있었다. 그때 성경을 가장 잘 읽은 쏨밋 목사는 지금도 성격 통독을 위한 강사로 자주 불려 다닌다고 한다. 그는 현재 파야호신학교 학장으로 일한다.

——— 굶는 법을 모르는 사람들의 금식기도

목회자 훈련을 하면서 태국 목회자들과 함께 금식기도를 하면 좋겠다는 생각이 들었다. 1년 전부터 계획을 세우고 이들에게 금식기도에 대한 강의를 한 다음, 3일간 하나님을 의지하며 금식기도를 하자고 제안하였다.

태국 사람들에게 금식은 어울리지 않는 단어다. 태국은 국왕이 있는 나라인데, 국왕은 자기 백성의 삶을 책임지는 분이다. 그런 국왕 밑에서 국민이 밥을 굶는 건 있을 수 없는 일이다. 따라서 왕실에 충성심이 많은 태국인이 금식한다는 것은 왕에게 죄송한 일이 된다.

태국 속담 중에 "물이 있는 곳에는 고기가 있고 논에는 쌀이 있다"가 있다. 도처에 먹을 것이 풍성하다는 말인데, 그래서 아무리 가난해도 평생 한 번도 굶어본 적이 없는 사람이 대부분인 나라가 태국이다. 이것도 태국인이 금식을 이해하지 못하는 또 하나의 이유다. 목회자들 또한 성경에서 금식이라는 단어를 보긴 했겠지만, 해본 사람이 없었다. 금식 자체가 쉽지 않으니, 금식하며 기도하는 것은 이들에게 정말 생경한 일이다.

내가 그들에게 금식기도를 제안하니 이런저런 말이 많았다. "만약 금식기도를 하다가 아프면 어떻게 하는가?"라고 질문하거나, "앰뷸런스를 대기시키자"는 의견도 있었다. 그래도 "하나님의 능력을 믿고 한번 해보자"는 내 말을 듣고서 태국 목사들 30여 명이 파타야의 남침례교회 수양관에 모여 찬양하고 기도하고 성경 공부만 하면서 3일간 금식하기로 하였다. 금식기도회를 파타야 수양관에서 연 이유는 그곳이 기독교 수양관이고, 참가한 목사들이 주로 북쪽에서 왔으므로 바닷가를 보기 원했기 때문이다. 무엇보다 병원이 자동차로 10분 정도면 갈 수 있는 곳에 있다는 것이 장소 선정의 가장 큰 이유였다.

목회자들은 금식기도를 하는 동안 자기들이 밥을 굶을 수 있다는 걸 신기하게 생각했다. 서로 격려하며 금식을 마친 다음, 준비해놓은 죽을 먹으며 감격했다.

금식기도회를 마치고 간증하는 시간을 가졌다. 금식 중에 한 기도와 찬송과 성경 공부가 금식을 가능하게 했다는 간증이 가장 많았다. 어떤 이는 약을 꺼내 보이며 "나는 몸이 정상이 아니라 약을 먹지 않으면 견

디지 못하지만 끝까지 안 먹었다"고 말했다. 닭고기 튀김을 들고 나와 "배고프면 먹으려고 몰래 가지고 온 건데 먹지 않았다"는 '간증'도 했다. 어떤 이는 "금식기도회를 시작하기 전에 부근에서 음식 파는 곳을 알아 두었고, 여차 하면 혼자라도 가서 먹으려 했는데, 정말 배고픈 느낌을 갖지 못했다"고 하였다. 간증 가운데 백미는 어떤 목회자의 '금연 간증' 이었다. "담배를 피우지 않으면 금단 현상이 있는데, 3일간 피우지 않았 어도 아무렇지 않았다"고 고백했던 것이다. 이번 기회에 끊겠다는 다짐 도 했다.

3일간 금식기도를 한 일은 태국기독교총회에 신선한 자극을 주었다. 다른 목사들과 성도들에게도 "우리도 한번 금식해보자"는 말이 돌았 다. 목회자훈련원은 이후 해마다 한번은 3일간 의미있는 장소를 선정 해 영적 전투를 하는 마음으로 금식기도회를 열었다.

─────── '깊은 바다 조개'에게 전도하다

목회자훈련원을 위해 남부 태국을 방문하고 방콕으로 돌아 오는 기차 안에서 우리의 태국 생활과 사역을 도와주던 아누선 장로님 이 내게 흥미로운 제안을 한 적이 있다. 란따 섬(Lanta Island)에 바다 집 시 부족이 살고 있는데, 우리가 그들에게 복음을 전하면 좋겠다는 것이 었다.

란따 섬은 섬 전체가 국립공원 같은 곳이다. 당시에는 공식적으로 기 독교인이 한 사람도 없다고 알려진 섬이었다. 당연히 교회도 없었다.

행정구역상 끄라비 도에 속한 읍 규모의 섬이다. 나는 그 섬에 가서 목회자훈련원의 제자 목사들을 중심으로 매주 복음을 전했다. 그리고 남부에서 큰 교회인 뜨랑교회가 바다 집시 부족을 입양하도록 안내하였다. 마침 뜨랑교회의 쿤 쌩(Khun Saeng) 집사가 란따 섬에서 호텔을 운영하고 있었는데, 그를 만나 란따 섬의 상황을 들어보았다. 그 또한 이 섬의 바다 집시 부족이 예수를 알면 좋겠다고 말하였다. 만약 이곳에 기독교인이 생기면 자기 땅 400평(태국 단위로 1라이)을 예배당 장소로 드리겠다고 약속했다. 마침 그의 호텔에서 일하는 청소부가 바다 집시 부족이었다. 나는 그를 만나 그 부족에 대한 정보를 듣기로 하였다.

집시 부족인 청소부 아저씨는 나이가 들어 보였는데, 자기가 몇 살인지 모르고 있었다. 이름을 물으니 룽 호이(조개 아저씨)라고 하였다. '룽'은 영어의 미스터(Mr.)나 한국어의 아저씨(氏) 같은 것으로 우리가 '김씨 아저씨'처럼 부르는 것과 비슷하다. 성(性)을 물으니, 원래는 성이 없었는데 태국 왕이 불쌍히 여겨 하사한 성이 탈레 륵(깊은 바다)이라고 답했다.

이들이 바다에 살아서 그런지 왕이 수여한 그들의 성은 잠수(담남), 창남(하마), 깊은 바다(탈레 륵) 등으로 생업인 바다와 관련이 있다. 태국 왕은 깊은 바다에 잠수해서 물고기를 잡는 부족에겐 '탈레 륵'(탈레: 바다, 륵:깊은)이라는 성을 주었다. 수영을 잘하는 부족에겐 창남(하마)이라는 성을, 잠수를 잘하는 부족에겐 담남(잠수)이라는 성을 주었다. 호텔 청소부는 성이 탈레 륵(깊은 바다)이고 이름이 호이(조개)라서 룽 호이(아저씨 조개)인데, 성까지 붙인다면 '깊은 바다 조개 아저씨'(탈레 륵 룽 호이)가 되는 것이다.

나는 깊은 바다 조개 아저씨에게 복음을 전하였다. 어떤 날은 다리가 아프다고 하여 기도를 해주었다. (아마 관절염이었던 것 같다.) 언젠가 다리에 손을 올려놓고 간절히 기도하였는데, 룽 호이가 다리에 '찌르르' 하는 감각을 느낀 것 같다고 했다. 그래서 하나님이 살아계신다고 믿고 예수님을 믿기로 하였다. 나는 2번에 걸쳐 그에게 복음과 예수님과 세례에 대해 가르치고, 호텔 앞의 안다만 바닷가에서 그에게 침례를 주었다. 바다 집시 부족은 물에 익숙한 사람이라 호흡도 길었다. 나는 조개 아저씨가 지금 종교적인 회심을 하는 것이라는 인상을 주고 싶어서 "성부와"라고 말할 때 그의 얼굴을 바닷속에 오랫동안 담갔다. 조개 아저씨가 숨이 찬다고 느껴지면 바다 위로 얼굴을 올리고 잠깐 쉰 다음, 다시 "성자와" 하면서 그의 온몸을 바닷물에 잠기게 했다. 이렇게 3번을 한 다음 "하나님의 사람 깊은 바다 조개 아저씨에게 성부와 성자와 성령의 이름으로 세례를 주노라"(룽 호이 탈레 륵, 콘 컹 프라짜우, 카파짜우 하이 밥티스마 나이 남 프라짜우, 프라예수, 프라윈양 버리숫)라고 말하면서 역사적인 세례를 마쳤다.

✤ 12 ✤

태국에서 맺은
사람이라는 열매

──── 미래의 캄보디아 지도자

치앙마이에서 '푸른 초장' 기숙사 사감(Dorm Parents) 사역을 할 때였다. 당시엔 10명의 선교사 자녀들을 데리고 있었는데, 우리는 아이들이 학교로 간 다음 하교할 때까지 시간이 있었다. 이때 멕길버리신학교의 고문서 보관소에서 태국교회 역사와 선교 역사, 특히 한국 선교사로서는 태국에 처음 온 김순일, 최찬영 선교사와 관련한 자료들을 읽고 복사한 것이 매우 큰 유익이 되었다.

사실 나는 치앙마이에 있는 동안 멕길버리신학교에서 교수로서 강의하기를 원했다. 학장에게 내 뜻을 말했더니 학장도 좋아하여 며칠간

확답을 기다렸다. 하지만 의견이 모아지지 못했는지 안 되겠다는 결론을 들었다. 이후 멕길버리신학교의 교수인 아짠 츄리판이 나를 만나자는 연락이 왔다. 자기가 산족 신학교에서도 강의하는데, 어느 날 가서 보니 캄보디아에서 3명의 대학생이 와서 공부하고 있었다고 한다. 이들은 고등학교를 마치고 프놈펜에서 대학을 다니다 신학 공부를 하려고 태국에 왔는데, 아는 학교가 없어서 소수 부족의 신학교에서 공부하다 추리판 교수에게 발견된 것이다.

추리판 교수는 캄보디아 학생들을 멕길버리신학교에서 제대로 가르치고 싶었다. 그래서 학장인 미국 선교사 윌리오더 목사에게 말하니 학비의 절반에 해당하는 장학금을 주겠다고 하였다. 추리판 교수는 남은 장학금을 해결하기 위해 여러 사람을 만났지만 후원해줄 사람을 찾지 못했다. 그러던 중에 내가 치앙마이에 와 있다는 것을 알고서 부족한 학비를 지원해달라고 한 것이다. 그건 결국 사람을 키우는 일인지라 우리가 후원하기로 했다.

나는 주말마다 그들 3명을 불러 식사도 하고 같이 기도도 하면서, 목회자가 되려면 어떤 각오를 가져야 하는지 말해주곤 했다. 후원한 3명의 신학생 가운데 특히 쏙넵(Sok Nev)이 가장 총명하고 영어를 잘했다. 쏙넵이 신학교를 졸업한 다음, KGAM은 미래의 캄보디아 지도자를 키운다는 마음으로 그를 필리핀의 장로회신학교(PTS:Philippine Theological Seminary)에 보내 신학석사 과정을 받게 하였다. 그는 그곳에서 3년을 더 공부하였고, 학기 중에 필요한 컴퓨터가 없다고 하여 내가 사용하던 컴퓨터를 그에게 주었다. 쏙넵은 졸업한 다음 캄보디아로 돌아갔다.

3명의 신학생 가운데 다른 하나인 속하(Sokha)가 캄보디아로 돌아간 다음, 나는 홍콩의 셀교회 목사인 벤자민 웡(Benjamin Wong)에게 그를 부탁해 인도네시아의 셀교회 팀과 동역하도록 하였다. 당시 나는 셀교회 목회를 중요하게 생각하고 있었으므로, 속하(Sokha)가 캄보디아에서 셀교회를 시작하도록 훈련받기를 원했다.

한편, 캄보디아로 돌아간 속넵은 김항철 선교사와 같이 사역하는 동시에 캄보디아장로교신학교에서 교수 사역을 했다. 마침 한국의 선교학자로 유명했던 전호진 목사님이 학장으로 오셔서 속넵이 전 목사님의 영어 강의를 캄보디아어로 통역하였다. 전 목사님은 속넵에게 신학박사 공부도 시키셨다.

의정부광명교회가 개최한 기도자학교에서 행사를 개최했을 때, 나는 캄보디아의 리더로서 김항철 선교사와 속넵을 초청하였다. 속넵이 캄보디아의 리더가 되기를 바라는 마음에서였다. 한국에 온 그를 보고서, 후원한 일이 보람스러웠다.

그런데 언젠가부터 캄보디아 목회자들 사이에 한국 선교사에 대한 부정적인 소문이 돌기 시작했다. 속넵이 좋아하는 캄보디아 선배가 그에게 부담을 주어 한국 사람이 하는 신학교에서 나오게 했다. 결국 그는 본의 아니게 프놈펜의 장로교신학교를 떠났다. 그후 중국인 선교사를 만나 대학생들을 위한 기숙사 사역을 하면서 그들을 목회하였고, 선교사들이 세운 교회가 아니라 캄보디아 사람들이 자생적으로 세운 200여 개 교회 모임의 사무총장이 되어 있다. 이제는 캄보디아 교회의 리더가 되었다.

2023년 4월, 내가 GMS 자문위원들과 함께 프놈펜을 방문할 기회가 있어서 속넵을 오랜만에 만났다. 그는 두 아이의 아빠가 되어 있었고, 목회자로서 나름대로 의젓해졌다. 그러나 나는 장로교회에서 훈련받은 목사가 교단이 분명하지 않은 사람들과 함께 사역하는 건 그의 장래에 도움이 되지 않는다고 생각하였다. 그래서 그에게 장로교신학교 교수 사역을 다시 할 것을 권했다. 당시 프놈펜신학교 이사장이던 장완익 선교사에게 학교 사정을 물으니 신학교에 아직 캄보디아 교수가 없었다. 그래서 속넵이 돌아오게 하려고 많은 사람이 그와 대화하였지만 성사되지 못했다고 하였다. 장 선교사는 내가 속넵에게 잘 말해주어, 그가 신학교로 돌아오도록 해주면 좋겠다고 부탁하였다. 나는 프놈펜을 떠나기 전에 그를 다시 만났다.

속넵은 나를 공항에 데려다주려고 승합차를 몰고 왔다. 나는 그에게 캄보디아 장로교신학교로 돌아가도록 다시 강권하였고, 그는 감사하게도 내 말을 존중하여, 우선 시간강사가 되어 몇 과목을 가르치기로 하였다.

내가 기도 사역을 하며 알게 된 캄보디아 목회자들은 한결같이 신실하다. 그들 중에 특히 속넵은 나를 영적 아버지로 여기는데, 그가 장래에 캄보디아 교회의 신실한 목사로 성장하기를 바란다.

───── 카렌 부족의 지도자가 될 사람

수파니를 처음 만난 것은 그녀가 초등학교를 졸업하고 열여섯 살 정도 되었을 때이다. 방콕의 선교관이 넓어서 청소해줄 자매가 필요했는데, 오영철 목사가 소개한 카렌족 자매가 바로 수파니였다. 신앙이 좋고, 얼굴에 어릴 때 생긴 흉터가 있지만 자기 할 말은 하는 당찬 아이였다. 다만 문명을 접한 적이 별로 없어서 가끔 황당한 짓을 하곤 했다. 어느 날 아내가 시장에서 과일과 상자 휴지(크리넥스)를 사 왔는데, 나중에 보니 그걸 과일과 같이 냉장고에 넣어두었다. 휴지를 본 적이 없기 때문이다. 하지만 수파니를 경험해보니 산족치고는 똑똑해 보여 공부를 시키기로 하였다.

태국은 검정고시 제도가 발전돼 있다. 마침 KGAM 사무실 주변에 검정고시 공부를 할 수 있는 학교가 있어서 토요일마다 수파니를 그 학교에 보냈다. 수파니는 1년을 다닌 후 중학교 검정고시에 합격했고, 1년을 더 공부하여 고등학교 검정고시까지 합격하였다. 그런 다음 우리가 안식년을 가지게 되자, 수파니는 자기 집에 돌아가 파인애플 농장에서 일하였다. 그후 치앙라이에서 사범대학을 졸업하여 교사 자격을 얻었다. 그러나 태국에도 보이지 않는 종족간의 차별이 있어서 산족 출신은 도시의 교사로 취직하지 못해 슈퍼마켓의 계산원이 되었다. 그녀는 서양 선교사가 운영하는 기숙사 사감으로 일하기도 했고, 여러 가지 힘든 일을 많이 하였다.

수파니는 파인애플이 시장에서는 1개에 20밧(약 700원)에 팔리는데, 농장에서는 1개에 1밧(35원)에서 5밧(175원) 정도로 거래된다는 걸 알게 되었다. 그래서 유통업자에게 싼값에 파인애플을 넘기지 않고, 낡은 소형트럭을 사서라도 직접 시장에 나가 팔겠다는 계획을 세웠다. 그러나 치앙라이에서는 중고라 해도 자동차를 구하기가 쉽지 않다. 당연히 돈도 없었다. 결국 돈을 벌기 위해 한국에 갔다.

내가 수파니를 다시 만난 건 그녀가 경기도 일산의 어느 농장에서 일할 때였다. 워낙 싹싹하고 신앙이 좋으며, 산족으로는 매우 드물게 의사 표현을 분명히 하는 사람이라 선교사들이 그녀를 다 좋아했으니 한국 사람들에게도 인정받았을 것이다. 한국에서도 주일에는 태국교회에 갔고, 담임 목회자를 존경했다.

수파니는 3년씩 2번, 모두 6년간 한국에서 일한 다음 태국으로 돌아갔다. 훗날 수파니가 자기보다 어린 한국 남자와 결혼한 것을 우연히 알게 되었다. 북쪽 태국의 난(Nan)에서 한국 식당을 차렸다고 한다. 나는 그녀가 언젠가 카렌 부족의 리더가 될 수 있으리라 기대한다.

─────── **평신도를 깨우는 선교학교**

GMS 사무총장 사역을 마치고 2013년에 태국에 돌아온 나는 태국교회가 선교하는 교회가 되기를 원하는 마음으로 'Mission Planting' 사역을 시작하기 원했다. 그 사역을 위해 구상한 것이 바로 '평신도선교학교'(MOL: Mission for Laity)이다. 평신도가 선교의 자원으로 동원되어야 한다는 뜻에서 정한 이름이다. 사랑의교회가 해온 '평신도를 깨운다' 방식의 선교 강의라고 생각하면 얼추 비슷하다.

나는 아누선 장로님에게 이 사역에 대해 먼저 의논하였다. 방콕 노회
장인 그는 OMF의 선교 위원회 임원으로서, OMF가 태국 성도를 동원
하여 선교사로 파송하도록 하는 데 큰 역할을 한 분이다.

당시 태국엔 평신도에게 선교에 대해 강의하는 학교가 없었다. 나는
우선 방콕에 있는 7노회와 12노회 등 3개 노회와 의논해야 했다. 당시
12노회장이던 쿤 타위삭은 선교학교가 필요하다는 데는 동의하였으
나, 다른 노회장들이 모두 분주하여 한자리에서 같이 만나기가 어려웠
다. 마침 치앙라이에서 태국기독교총회의 실행위원회가 모인다고 하
였다. 노회장 3명이 그곳에 모두 가기에 좋은 기회였다.

나는 30분에 불과한 짧은 휴식 시간에 이분들을 불러 모았다. 억지로
자리에 앉기는 했으나 다들 분주하여 길게 말할 여유는 없는 상황이었
다. 그래서 얼른 회의를 시작하여, 세 노회가 연합하여 선교학교를 하
자는 안건에 동의를 얻어낼 수 있었다. 남은 일은 나와 6노회가 맡기로
결의하고 회의를 마쳤다. 불과 10분 정도의 회의였지만 공식적으로 결
정한 것이다. 이 결정은 각 노회에 보고됐고, 학생 모집을 할 때는 3개
노회장의 공동 이름으로 공문이 발송되었다. 강의 장소는 CCT 총회 건
물 안에 있는 기독교 대학원(Christian University)의 강의실을 빌리기
로 하였다. 학생들을 모집하니 40여 명이 신청하였다. 나는 이들에게 3
달 동안 12주간 강의하였다.

막상 선교학교가 진행되자, 3개 노회의 노회장들은 자기 노회가 선
교학교를 한다는 것을 다른 노회에 자랑하였다. 그리하여 선교학교를
시작한 지 4년 만에 치앙마이 노회(1노회)에서도 선교학교를 열어달라

는 부탁을 받아 50여 명이 참석하게 되었다. 6년째에는 7노회 출신의 중국계 장로교회들이 분리해 만든 17노회(뜨랑노회)가 이 학교를 열어 달라고 부탁하여 8주간 30여 명을 훈련시켰다.

태국에서 평신도 훈련을 하다 보니 은혜를 받은 성도들이 나를 좋게 여겨 나는 물론 나의 손님들까지 대접하겠다는 분들이 생겨났다. 내가 태국 어디를 가든 선교학교 출신 제자들이 있어서 호텔과 식사비를 섬기겠다는 분들이 많았다. 분에 넘치는 은혜였고, 선교사로서 현지인에게 대접받는 것은 참으로 뜻깊은 일이었다.

내가 목회자훈련원을 위해 열심히 사역했더니 방콕노회 외에도 우리 부부와 같은 한국 선교사를 초청하여 동역하고 싶다는 노회들이 생겨나기 시작했다. 그래서 총회선교부(GMS)에서 선교사 후보를 발굴하여 태국으로 초청하였다. 그 결과 17명의 선교사들이 치앙라이, 치앙마이, 난, 방콕, 우던타니, 나콘시타마랏, 우본라차타니, 핫야이 등등 여러 지역에서 각각 전략적으로 사역하게 되었다.

2013년에 태국교회를 살펴보니, 가장 시급한 일이 교회개척운동이었다. 우리는 마서진 선교사를 통해 필리핀에서 Dawn(Disciple A Whole Nation) 사역을 한 분들을 소개받아 2년의 준비 과정을 거친 후, 2017년부터 교회개척운동을 실시했다. 이 사역을 치앙마이, 방콕, 컨갠, 핫야이, 나콘시타마랏 등에서 한 결과, 2018년 9월에서 2019년 10월까지 276개 교회가 개척되고 1,375명이 전도되었다. 2019년 말의 통계는 79개 교회가 개척되고 1,654명이 전도되었고 459명이 세례받았다고 알려준다. 이는 태국교회에서 선교사가 중심이 되어 사역한 것으로는 큰 열매를 맺은 것이었다. 지금은 내가 태국을 떠나 있지만, 현지인 목사들이 이 사역을 계속 이어가고 있다.

——— 선교학교에서 생긴 제자들

나는 2014년부터 2019년까지 6년간 선교학교를 진행했는데, 방콕에서 6번, 치앙마이와 뜨랑에서 각 1번씩 전부 8번을 하였다. 이때 기억에 남는 제자 몇 사람을 소개한다.

먼저 아짠 아티탄 참캄을 소개한다. 그의 이름에서 '아티탄'의 뜻은 '기도'이다. 내가 선교학교 학생들을 모집하기 위해 12노회의 쌩싸왕(빛을 비추는) 침례교회에 초청받아 설교하고 선교학교를 소개할 때 이 부인을 만났다. 부인이 선교학교에 적극적이어서 남편(쁘라욧 참캄)과 같이 선교학교에 등록하였다. 이 부부는 정식으로 교육부 인가를 받은 방과후 학교를 운영했는데, 매주 목요일 저녁에는 선교학교에 참석하기 위해 아예 학교의 문을 닫았다.

2달 정도 지난 어느 날, 이 부부가 내게 자기 학교에 심방을 요청하여 방문하였더니 하나님의 일을 하기 원한다고 고백하였다. 이들은 신앙생활을 오래전부터 하였고 찬양을 뜻하는 이름(Praise)을 가진 아들이 신앙생활을 잘 하기를 원하며, 자기들이 하나님의 일을 위해 일할 수 있도록 기도를 부탁하였다. 태국 사람이 이런 고백을 하기는 쉽지 않다. 나는 이들을 마음에 두고 살폈다.

이 부부는 12주 과정을 마치고 다음 회기의 스태프가 되어 선교학교의 모든 준비와 진행을 도왔다. 강사를 소개하고 기도회와 예배를 인도하기도 했다. 주중에는 간혹 우리집을 방문하여 대화를 나누었다.

이 부부는 어떤 모양으로든 풀타임 사역자가 되기를 원했다. 결국 생업인 학교를 정리하고 OMF가 운영하던 중부 태국 마노롬(Manorom)의 국제학교에서 보조 교사로 1년간 봉사하였다. 지금은 순회 전도자로서 살아가고 있다. 언젠가 한국에 있는 태국교회에서 봉사하고 싶다고 한다. 하나님의 일을 하기 원하는 이 부부의 앞길에 주님의 인도가 있기를 기도한다.

줄라롱컨 대학 출신으로 은퇴한 간호사 쿤 초티록(Chotirok)을 잊을 수 없다. 아티탄 부부처럼 선교학교에 빠지는 법이 없고 나에게 늘 힘을 주는 분이었다. 전형적인 태국 여성인 쿤 초티록은 언제나 단정했고 복음적인 말만 하던 것이 기억난다. CCT 총회 안에 있는 라차테위교회의 교인인 쿤 초티록은 선교학교에 올 때마다 다 큰 딸을 데리고 왔다. 그 딸은 겉으론 정상 같지만 간혹 상황에 맞지 않는 말을 하여 주위 사람을 난처하게 만들었다. 아마도 정신적인 문제가 있었던 것 같다.

나는 선교학교에서 전도에 대한 강의를 한 다음, 학생들에게 복음을 전하도록 하였다. 쿤 초티록은 파타야 근처에 사는 지인을 찾아갔다. 위암 환자인 그에게 전도하기 위해서였다. 2주 후에 그 지인을 다시 찾아갔는데, 처음 갔을 때는 앉아 있지도 못하던 그가 전도받은 다음부터는 앉아 있을 수 있고 소화도 잘되었다고 한다. 이상해서 병원에 갔더니 암이 없어졌다는 것이다! 참으로 하나님의 능력은 놀랍다.

——— 전도에 열심인 싹다 목사

싹다 목사는 BIT를 졸업한 다음 말레이시아 국경 근처 도시인 야라(YALA) 교회에서 담임 전도사로 사역할 때 방콕의 목회자훈련원에서 훈련받았다. 야라는 방콕에서 기차로 20시간 이상이나 걸리는 먼 도시인데 무슬림이 시민의 90퍼센트나 된다. 그는 전도사 시절에도 전도에 열심이었고 교회 개척에 은사가 있었다. 목사가 된 다음 크라비로 이주하였고 신앙 좋은 중국계 자매를 만났다. 그 아내의 친정이 자동차 부품 판매상이어서 끄라비에 자동차 부품 가게를 만들어주었다.

싹다는 경제 문제가 해결되자 전도에 더욱 힘을 쏟았다. 면 소재지에 교회가 없으면 교회를 세우겠다는 비전을 품고 전도하여 교회를 개척했다. 나 같은 한국 사람을 좋아해서, 한국 선교사에게 비자가 없으면 비자 받는 일을 도와주었다. 그와 동역하기 원하는 한국 선교사에게는 사역할 기회를 만들어주기도 하였다. 싹다는 내가 주관하는 교회개척학교를 크라비에 유치하였다. 자기 교회 성도들이 매주 교회 개척과 전도 훈련을 받게 하였다.

싹다는 내가 란따섬의 바다 집시 부족에게 선교할 때도 동역했던 사람이다. 태국 목사들끼리 모일 때도 언제나 자기가 식사를 대접한다. 2019년에는 태국기독교총회의 부총회장 선거에 나가기도 하였다. 아쉽게도 부총회장이 되지는 못했지만, 태국기독교총회가 전도에 소홀한 점을 안타깝게 여겨 자기 지역에서라도 열심히 전도하려고 힘쓰고 있다.

싹다 목사가 살고 있는 남부 태국의 크라비는 다른 지역 출신 목회자가 사역하기 힘든 곳이다. 남부 사람들은 자존감이 높고 텃세가 센 편이서 남부의 목회자들은 그 지역 출신이 목회자가 되어 교회를 개척하게 한다는 계획을 세우고 신학교를 설립하였다.

끄라비에는 외국인들이 많이 와서 휴양하는 유명한 해변 아오낭(Aonang)이 있다. 싹다는 외국인을 상대로 직장 생활을 하는 사람이 많은 아오낭의 해변가에 교회를 개척하였다. 필리핀 목사를 초청해 영어로 예배를 드리게 했고, 싹다가 목회하는 싼티숙교회의 태국인 부목사가 매주 주일 오후에 예배를 인도하였다. 그들이 열심히 목회하였더니 지역의 유지들이 교회에 오게 되었다. 싹다 목사는 내가 끄라비를 방문할 때면 끄라비의 작은 호텔에 묵게 하였다. 호텔 주인이 무슬림이었는데, 싹다 목사에게 전도받은 후 예수 믿기로 작정했다고 한다. 그가 나에게 30분 이상 간증하기도 하였다.

─────── 장학금으로 축구복을 사준 쏨밋

쏨밋 차이요 목사는 내가 1987년에 태국에 갔을 때 알게 된 사람이다. 내가 부임했던 한인 교회는 몇 명의 신학생에게 장학금을 주고 있었는데, 쏨밋은 장학금을 받는 학생 가운데 한 명이었다. 교회는 학생에게 장학금을 준 것을 신학교에 알려주었다. 그런데 어느 날 쏨밋이 장학금을 받은 다음에도 아직 학비를 내지 않았다는 연락이 신학교에서 왔다. 나는 불안한 마음으로 쏨밋 전도사를 찾아갔다.

쏨밋은 전도사 시절부터 축구를 좋아했고 청소년과 청년들에게 전도하는 사역에 은사가 있었다. 당시 태국은 마약이 사회 문제여서 교회마다 스포츠를 최우선 사역으로 삼고 있었다. 교회마다 축구팀이 있고 서로 경기를 열기도 했다. 쏨밋은 그런 상황에 딱 맞는 사역자였다. 그런데 쏨밋이 지도하는 교회 축구팀이 가난해 축구복이 없어서 자기가 받은 장학금으로 선수들의 유니폼을 먼저 장만했다는 것이다. 나는 그의 행동이 이해되고 칭찬받을 일이긴 하지만, 장학금을 그렇게 쓴 것은 잘못이라고 가르쳤다.

쏨밋이 신학교를 다닐 때 생활비가 부족하여 그의 부인이 한국 선교사의 집안일을 돌봐준 적도 있다. 경제에 어려움이 있어도 선교사에게 지원을 요청하지 않고 스스로 해결하려는 모습이 귀해 보였다. 그는 내게 도통 아쉬운 소리를 하지 않았고, 오히려 선교사인 나를 도와주려 하였다.

쏨밋은 대학을 졸업한 다음 나를 면담하는 자리에서 자기가 KGAM 선교회 일을 하고 싶다고 말했다. 나는 그에게 목사로서 가장 중요한 일은 목회라고 강조했다. 그는 나의 권면을 받아들여 나컨 파톰 지역의 모(母)교회격인 밤룽탐교회에서 목회하였고, 크리스천유니버시티의 교목으로도 사역하였다. 남부 태국 나콘시타마랏의 모교회인 베들레헴교회를 담임하기도 하였다. 지금은 OMF와 CMA가 세운 파야호 신학교의 학장이다.

쏨밋은 밤룽탐교회를 목회할 때 목회자훈련원에 입학하였다. 그는 태생적인 지도자인지라 훈련원의 운영을 위해서도 많은 수고를 하였다. 특히 성경통독부흥회에서는 솔선수범하여 목회자들 앞에서 성경을 읽곤 하였다. 쏨밋 목사가 태국의 영적 리더로 서가는 모습을 보며 감사드린다.

─────── **완차이 목사의 특별한 간증**

　　　　　목회자훈련원의 3기 훈련생인 완차이 목사는 청년 때에 같은 교회를 다니던 마리완과 결혼하였다. 마리완은 쑤코타이 방송통신대학을 졸업하고 석사 공부까지 하였다. 완차이가 부목사로 사역할 때 부인은 교회 선교원의 교사로 일했다. 완차이는 기도 인도를 잘했다. 목회자훈련원에서 통성기도를 배워 예배 때마다 통성으로 기도하곤 하였다. 자기 교인들을 선교학교에 보내 교육받게 하였고, 목회자훈련원에서도 신실한 목사 중 한 명이었다.

　　완차이는 쌈례교회의 목사로 사역했는데, 내가 GMS 사무총장직을 수행하기 위해 한국에 가 있는 동안 교인들과의 불화로 그 교회를 떠나 밑쁘라차 구룽텝교회를 개척하고 있었다. 쌈례교회에서 몇 명의 성도가 따라 나왔다. 개척된 교회를 찾아가 보니 방콕에서 남쪽으로 20킬로미터 정도 위치한 곳에 큰 가정집을 빌려 2층은 담임목사 사택으로 쓰고 아래층은 예배당으로 꾸며놓고 있었다. 독신으로 여행업을 하는 타위삭 장로가 완차이 목사에게 큰 힘이 되어주고 있었다. 다른 지역에 예배당을 마련해 옮길 계획이라는 말도 들었다. 그의 교회에는 젊은이들이 제법 많았다. 완차이의 딸은 예배 시간에 반주하고, 아들은 베이

스 기타를 연주하며 음향장비를 조정하기도 하였다.

이들이 예배당을 마련한 동기가 신기하였다. 성도들이 최선을 다했지만 예배당을 마련하기에는 예산이 턱없이 부족하였다. 타위삭 장로가 100만 밧(대략 3,700만 원)을 헌금하였는데, 놀라운 건 교회에 출석하지 않는 그의 친구들이 추가로 헌금했다는 것이다. 그들 중에는 무슬림도 있고 불교도도 있고 천주교인도 있었다. 그런 사람들이 교회에 건축헌금을 한 것이 나에게는 이해되지 않는 일이었는데, 천주교인은 완차이 목사가 계속 목회한다는 조건으로 헌금하였다고 한다. 어쨌든 완차이는 외국 선교사의 후원을 받지 않고도 2억 5천만 원 정도를 마련해 은행에 저당잡힌 큰 주택을 구입하였고, 수리하여 멋진 예배당을 만들었던 것이다.

─────── **태국의 미션 퍼스펙티브**

나는 태국교회가 선교하는 교회가 되면 좋겠다는 마음으로 미션 퍼스펙티브(PSP : Perspectives) 교재를 번역하기로 작정했다. 번역하던 도중에 한국의 미션퍼스펙티브 책임자인 한철호 선교사를 통해 태국에도 미션퍼스펙티브위원회가 있다는 걸 알게 되었다. 필리핀 출신의 미국 선교사 줄리(Julie)가 중국인을 대상으로 미션퍼스펙티브 사역을 준비하기 위해 푸켓에서 코디 역할을 하고 있었다. 내가 잘 아는 중국계 목회자이자 신학교 교수인 춤생이 치앙마이에서 이 교재의 번역을 시작했다는 것도 알게 되었다.

당시 나는 선교학교를 하고 있었는데, 이 학교는 6노회와 7노회와 12노회가 연합한 프로젝트여서 각 노회가 추천한 사람이 위원이 돼 운영을 책임졌다. 6노회는 나를 추천했고, 7노회는 구약 전공자이며 BIT(태국방콕신학교) 학장을 역임한 위랏 목사를, 12노회는 교육학 박사이며 동남아에서 가장 오래된 마이뜨리짓교회 담임인 아피찻 목사를 위원으로 추천하였다. 태국교회에서 선교 교육을 제대로 하고 선교사를 파송하려면 선교사 후보들은 물론 평신도들에게도 미션퍼스펙티브를 가르치는 것이 좋다고 판단하여, 선교학교의 리더들이 미션퍼스펙티브의 위원도 겸임하도록 한 것이었다. 그런데 치앙마이에도 미션퍼스펙티브 위원회가 있었고, 그곳에서 이미 번역을 거의 다 마친 상황인 것을 알게 된 것이다.

나는 방콕의 선교학교 리더들이 번역할 필요는 없다고 생각했고, 태국에서의 선교 운동을 위해 가능한 속히 방콕과 치앙마이의 위원들이 만나 PSP 사역의 연합을 의논하는 것이 필요했다. 마침 치앙마이의 PSP 리더인 아짠 춤생은 내가 잘 아는 사람이라, 그에게 전화해 방콕에서 만나기로 하였다.

춤생은 부인와 함께 방콕에 왔다. 우리는 두 개의 위원회를 하나로 합치는 데 동의하였고, 태국의 선교운동에서 큰 그림을 같이 그리기로 했다. 춤생은 나에게 가능한 속히 치앙마이로 와서 임원들을 만나달라고 부탁하였다. 나는 치앙마이로 가서 그들의 입장을 들었다. 두 단체를 가능한 신속하게 하나로 만들어 PSP가 태국에서 공식적으로 인정받도록 태국개신교협의회에도 부탁하자고 하였다.

2014년, 방콕에서 만난 양측의 PSP 지도자들은 치앙마이의 지도자인 춤생을 회장으로, 방콕의 지도자인 나를 부회장으로 선출했다. 그리고 태국개신교협의회에서 이 PSP 단체를 선교분과로 받아달라는 청원을 하기로 하였다. 이후 PSP는 태국에서 급속도로 확산되기 시작했다. 방콕, 치앙마이, 남부 태국에서 PSP 훈련을 실시하였고, 훈련을 마친 사람들 가운데 선별하여 실행위원회를 조직하게 되었다.

치앙마이에서 처음 PSP 훈련을 시작할 때는 신청하는 사람이 적었다. 당시 나는 1노회인 치앙마이 노회와 함께 선교학교를 진행하는 중이었다. 치앙마이에 훌륭한 선교사들이 많았음에도 불구하고 치앙마이 노회가 방콕에 있는 나에게 치앙마이 노회에서 선교학교를 열어달라고 부탁했기 때문이다. 나는 선교학교 사역을 귀하게 여겼기에 치앙마이 노회장과 방콕 노회장이 만나 이 사역에 대해 의논하게 하였다. 그 결과 커리큘럼 구성과 강의에 필요한 비용과 항공료는 6노회(방콕)가 책임지기로 하고, 내가 치앙마이에 가면 숙식은 1노회가 책임지기로 하였다.

나는 매주 금요일마다 치앙마이에 가서 강의하였는데, 48명의 목사와 장로와 지도자급의 평신도들이 선교 교육을 받았다. 그들 중에는 목사가 10명 이상이었고 박사 학위 소지자도 5명이나 되었다. 나는 그들에게 선교학교의 강의 내용은 기초적이니, 심화과정인 PSP 교육을 받으라고 권하였다. 결국 그 48명 중에서 15명이 신청하여 제1기 치앙마이 PSP 교육을 할 수 있었다.

태국의 미션퍼스펙티브는 지금도 계속되고 있다. 그들은 이제 내가 태국에 있지 않아도 언젠가 돌아오기를 기대한다면서, 아직도 내가 태국 미션퍼스펙티브의 부회장이라고 말한다.

3부

개인사역이 아닌 팀사역이다

✣ 13 ✣
동역자가 생겨
팀사역이 시작되다

——— 팀사역을 연 첫 동역자

　　선교사가 선교지에서 시험에 들기 가장 쉬운 문제는 외로움이다. 외로운 마음을 해결할 길이 없으면 자기도 모르게 집착에 빠지게 된다. 사역에 몰두하거나 일 때문에 현지인을 어렵게 할 수도 있다. 이런 집착은 역으로 그 자신을 힘들게 한다. 나는 초기인 1990년에서 1991년 사이에 특히 그랬던 것 같다. 혼자였으므로 일에서 헤어나지 못하고 외로웠다. 나 스스로 나를 진단할 수 없고, 진단한다 해도 뾰족한 방법이 없었을 것이다. 계속 이런 식이면 속담처럼 "되로 막을 일을 말로 막아도 안 될 수 있다"고 염려했다. 혼자 사역하지 않고 둘 이상이 같이 하는 팀사역을 생각하게 된 계기이기도 했다.

이런 나를 안타깝게 여긴 후원회장 김태환 목사님께서 내게 동역자를 보내주셨다. 대광교회에서 부교역자로 사역했고 안산에서 교회를 개척하여 목회하던 김문수 목사 부부였다. 이들이 우리 부부와 함께 팀사역을 여는 첫 동역자가 되었다.

김 목사 부부는 우선 선교사로서의 소명을 확인하고 정탐도 할 겸 태국을 방문했다. 우리에겐 선교사로서 다시 오겠다는 말은 하지 않고 돌아갔지만, 귀국하자마자 김태환 목사님과 의논한 다음 바로 MTI 훈련을 받기 시작하였다. 그들이 태국에 올 것이라는 내용의 편지를 내게 보냈다고 하는데, 이상하게 나는 받지 못했다. 소식을 듣지 못한 나는 이들이 올 것인지 궁금했지만, 그저 기다릴 수밖에 없었다. 지금 같으면 이메일이나 카톡이나 라인 같은 걸로 그런 사연을 바로 소통할 수 있겠지만, 당시에는 직통전화가 없고, 팩스나 편지 외에는 연락할 방법이 없었다.

1991년 12월, 김문수 목사는 우리와 함께 사역하기 위해 태국 땅을 밟았다. 당시 강승삼 선교사께서 총회선교회(GMS)의 선교국장으로 부임하여 선교회를 새롭게 만들어가는 중이었기에 파송 절차가 원만했던 것으로 기억된다. 그런데 김 목사가 방콕의 돈무앙 공항을 빠져나올 때 해준 말은 의외였다. 선교국장이 "앞으로 태국 선교사를 파송할 때는 CCT로 보내지 않고 EFT로 보내겠다"고 말했다는 것이다. CCT는 대한예수교장로회 합동측이 교류하지 않는 WCC 산하의 단체이기 때문이라는 뜻이었다. 그 말을 들은 나는 불편했다.

'선교국장이 되어서 선교 전략도 모르는가? 공산권과 이슬람권에서는 교단과 상관없이 신분을 감추고서라도 복음을 전해야 하는데, 비록 기독교인이 1퍼센트도 안 되지만 신분을 밝히면서 사역할 수 있는 곳이 태국인데, 이들이 우리와 같은 복음적인 보수 신앙을 갖도록 교수하고 전도하는 일이 뭐가 나쁘다는 말인가? WCC에 속한 교인들은 구원도 받지 못하는가? 왜 후배 선교사를 보내면서 신학적인 문제로 선교 전략을 부끄럽게 하는가?'

생각이 복잡해졌다. 첫날부터 후배에게 내 속마음을 드러내지는 않았지만, 부끄러운 마음과 함께 본부에 대한 불만이 앞섰던 건 사실이다. 하여튼 동역자가 생긴 건 기쁜 일이었다.

신임 선교사가 들어오기까지 우리 가족은 4년 이상 우리끼리만 지냈다. 그래서 하나님께서 지난 시간에 대한 위로로 형제 같은 후배 선교사를 동역자로 보내주신 것 같아 감사했다. 나와 아내는 모두 막내이기에 없던 동생이 생긴 것 같아 더 기뻤다. 그런 만큼 우리는 좋은 일이든 어려운 일이든 함께하기를 원했다. 겉으로는 모든 삶을 함께하자는 생각이었다. 그들에게 선교비가 모금되지 않는다 해도, 태국은 쌀도 고기도 과일도 다 싸니 그냥 같이 먹으면 된다는 마음이었다.

─── 동역은 외로움 감소 장치가 아니다

우리 두 가정은 어디를 가든 같이 다녔다. 놀러 가는 것도 같이, 식당에도 같이 갔다. 집에서도 맛있는 음식을 먹고 싶으면 김 선교사 가정이 생각나서 같이 먹자고 부르곤 했다. 그렇게 지내다 보니 형제 같다는 마음이 들었다. 아니, 사실은 진짜 형제가 되어주기를 원했다.

하지만 지금 생각해보면 그건 그저 가벼운 마음으로, 우리가 좋아서 그랬던 것 같다. 어쩌면 배려가 아닐 수 있었고, 우리의 기질과 기분을 따른 것이었는지도 모른다. 실상은 그동안 혼자 사역하며 겪었던 어려움을 동역자에게 나누고 이해받길 원했던 것 같다. 그들이 우리의 외로움과 고독을 공감해주길 원했던 것이다. 이런 우리의 마음을 정확히 알았다면 서로에게 힘든 일이 적었을 텐데, 우리의 무지가 결국 공감을 얻지 못하게 한 것 같다.

후배 선교사가 선교지에 왔을 때는 가장 순수할 때이다. 그때는 내가 선배로서 태국에서의 재정 관리를 비롯해 사역 전반에 대해 오리엔테이션 차원에서라도 잘 지도했어야 한다. 하지만 나도 처음 하는 동역이라 그런지 실수가 많았다. 서로 해야 할 일과 지켜야 할 일(job description)을 분명하게 정하지 않았던 건 실수였다.

신실한 '동생 선교사' 부부는 정착금으로 가져온 1천만 원을 우리에게 내놓으며 지도해달라고 하였다. 하지만 우리는 "우리가 그 돈을 왜 상관하느냐?"며, "알아서 지혜롭게 사용하라"고 말했다. 돌이켜 생각해보니 아쉬운 말이었다. 우리는 우리에게 선배가 있다면 지도받기도 하고 어느 정도의 간섭도 괜찮다고 느꼈으면서, 정작 후배에게는 그러지 못한 것이다.

김 선교사 가정은 다음 날부터 필요한 것들을 사겠다고 돈을 쓰기 시작했다. 특히 내가 보기엔 별 필요 없을 전동공구 같은 걸 사는 데 미화로 400불 이상이나 사용하였다. 나는 뭘 고치는 일엔 관심이 없는지라 그런 도구는 소용없다고 생각했다. 하지만 김 선교사는 직접 뭘 고치거나 만드는 데 관심과 은사가 많아 자주 '드르륵' 소리를 냈다.

아이들을 양육하는 일에도 차이가 있어서 가끔 불편했다. 우리는 아이들이 활동적이기보다 차분히 앉아서 책을 본다든지 하는 정서적인 면을 강조하였다. 그래서 그런지 우리 아이들은 '머리 큰 아이'로 자란 편이다. 하지만 김 선교사 부부의 자녀들은 활동적이어서 소파에서 뛰는 건 보통이고 피아노에 올라가기까지 했다. 그들은 그런 아이들에게 별다른 조심을 시키지도 않았다. 그 외에도 우리와 다른 점이 너무 많았다. 팀으로서 사역하는 선교사들이어서 한 집에서 같이 살게 되었기에, 우리와 다른 것이 보일 때는 그게 틀린 것이 아님에도 불구하고 서로를 이해하지 못해 힘들었다. 그때는 우리가 선배로서 부족했던 탓도 있었을 것이다.

나는 처음엔 각자의 마음 안에 일어나는 미묘한 감정도 팀으로서 사역한다는 명목으로 때로는 무시하며 강하게 드라이브를 걸곤 했다. 상대의 마음을 충분히 헤아리지 않은 것이다. 그래서 별것 아닌 일에 서로 마음이 상할 때가 있었다. 물론 지금 생각하면 다 웃을 수 있는 이야기이다.

우리는 상대를 이해하고 공감하기보다 먼저 나를 알아달라고 한다. 그래서 선교지에서 관계와 내면의 문제가 해결되지 않은 채 팀사역을 하게 됐을 때 섭섭한 일을 경험하고 결국 헤어지는 일도 있다. 이런 일

2021년, 33년의 사역을 마치고 태국을 떠날 때 팀의 후배 선교사들이 환송식을 열어주었다.

은 지금도 선교지 곳곳마다 일어나고 있다. 가끔 다른 선교사들의 모습에서 과거의 내 모습을 볼 때가 있다. 특히 신임보다 선임인 선교사들에게서 그런 모습을 볼 때, 나의 그때 모습을 보는 것 같다.

후배가 들어와 새로운 생각을 나누고 새로운 삶의 방법을 가지게 된 것은 결과적으로 매우 기쁘고 감사했다. 우리 안에 있던 외로움이 얼마나 깊고 컸는지 돌아보게 되었고, 위로도 받고 싶었던 것 같다. 사실 이런 단순한 필요가 우리로 하여금 팀사역과 동역자를 원하게 만든 것이 아닌가? 우리는 팀사역을 계속하고 이 사역에 성공하기를 바랐다. 내가 경험을 통해 얻은 교훈이 팀사역을 계속 해나가야 할 후배들에게 도움이 되기 바란다.

내가 팀사역을 해오면서 얻은 교훈에 따라, 선교사들이 팀으로서 사

역하고자 합류할 때를 대비해 정해둔 몇 가지 원칙이 있다. 그 중 하나
는 선배와 후배 각자의 입장을 고려하는 것이다. 한국 사람들의 기질
가운데 대표적인 것이 선후배 의식이기 때문이다. 이건 믿음으로 해결
할 수 있는 문제가 아닌 듯하다. 그래서 나는 태국에 세운 KGAM(한국
총회선교회)에 후배 선교사들이 들어올 때는 나이와 신학교 졸업 연도,
심지어 아이들의 나이까지 고려하였다. 선교지에서 일어날 수 있는 소
모전을 줄이기 위해서였다. 실제로 나이가 어리고 신학교도 졸업 후배
인 목사가 선교사로 오니 초반부터 갈등 요소가 많이 사라지곤 했다.

─── 동거의 선함과 아름다움을 맛보아 알다

　　　김문수 선교사 가정 다음으로 두 번째로 온 권오혁 선교사
가정은 김 선교사보다 어리고 신학교도 두 해 후배이며 아직 아이가 없
었다. 권 선교사는 신학교 시절에 태국을 방문하고 이 땅을 위해 기도
하다가, 태국의 남부 지방(나콘시타마랏, 9노회)에 대한 부담을 품고서
1993년 2월에 들어왔다.

동역자 가정이 늘어나니 우리는 밥을 먹지 않아도 되겠다는 마음이
들 만큼 기뻤다. 이건 경험하지 않으면 모를 일이다. 무엇보다 태국과
인도차이나를 위해 함께 사역하려는 마음을 가진 후배 선교사들이 계
속 생겨나는 것이 가장 기뻤다.

권오혁 선교사 부부의 사이는 아름다워 보였다. 서로를 넘치는 존경
으로 바라보았다. 아직 자녀가 없는 것도 그들에게 문제가 되지 않았

다. 하나님께 맡기고 왔다면서, 우리가 걱정해주는 것이 오히려 부끄러웠다. 그들은 우리 아이들과 김문수 선교사의 아이들 모두 친조카처럼 사랑해주었다. 우리들은 진짜 형제 가족이 된 것 같았고, 환상의 팀이 된 기분이었다.

식구가 늘어나자 팀으로 사역하는 일에도 그만큼 힘이 늘었다. 팀으로서 하는 사역에 경험이 쌓여가고 성숙해지는 것 같았다. 우리가 첫 동역자인 김 선교사 가정과 지내는 동안 배운 교훈이 있어서 그랬는지, 우리 마음을 권 선교사의 가정을 통해 위로받겠다는 생각도 줄어든 것 같았다. 우리는 성경이 보여주는 교회와 선교 사역은 팀으로서 하는 것이라고 굳게 믿고 있었기에, "형제가 연합하여 동거함이 어찌 선하고 아름다운고"라는 시편 말씀을 실제로 이루고자 전진하고 또 전진했다.

세 가정의 선교사들이 팀으로 사역하게 되자 태국교회들도 우리 팀의 사역에서 묘미를 느끼기 시작했는지, 여러 노회가 우리에게 선교사를 요청하였다. 우리 팀에 더 많은 선교사들이 필요해졌다. 선교사 후보생들도 KGAM에 관심을 가지기 시작했다.

수영로교회의 선교팀이 태국을 다녀간 다음, 그들 가운데 김농원 목사가 태국의 동북부 지역, 라오스 국경의 메콩강에서 큰 은혜를 받고 나름의 다짐을 하고 돌아갔다. 그리고 1994년 10월에 태국에 들어와 우리 팀에 세 번째로 추가된 선교사가 됐다.

김농원 목사는 "태국에 들어오기 전에 무엇을 준비해야 합니까?"라고 내 아내에게 물었다. 아내는 늘 그랬던 대로 "마른반찬과 된장과 고추장 정도를 가지고 오면 태국에 적응하는 데 처음엔 도움이 될 거예요"라고 답했다. 그런데 그의 반응은 의외였다.

"선교지로 들어가면서 그런 한국 음식을 꼭 가지고 가야 합니까?"

아내는 당황한 나머지 "아, 안 가져와도 됩니다" 하고 얼버무렸지만, 한편으로 '억울한' 마음이 들었다. 해외 생활에서 초기에 정말 필요한 것이 한국이 그리울 때 도움이 되는 한국 식재료이기 때문이다. 하지만 그의 말이 맞다고 생각하였다.

우리 부부는 그날 이후 후배 선교사들에 대한 생각을 바꾸기로 했다. 선교사들이 처음에는 한국에서의 삶의 방식을 완전히 포기하는 듯한 헌신의 마음으로 오는 것이므로, 우리도 그렇게 충만한 선교사들을 같은 마음으로 맞이해야겠다고 다짐했던 것이다. 이전에는 선교사들이 들어올 때 미리 집을 보러 다니고 김치 담고 찬거리를 만들어 냉장고를 채워놓는 일에 분주했다면, 이제는 말씀 보고 기도로 준비했다.

내 아내는 지금도 김농원 목사의 말이 너무나도 생생하다.

"그런 거 꼭 먹어야 합니까?"

문제는 김 목사가 우리 중에서 한식을 제일 좋아하고, 된장국을 열심히 끓이는 사모가 옆에 계시다는 사실이다. 하여튼 이로써 우리 선교팀은 네 가정이 됐다.

─── 어쨌든 서로 돕고 위로하는 사이

지금은 두 아이의 엄마이자 치과의사의 아내이며, 키르기스스탄에서 인터서브 선교사로 사역했던 문혜정 목사가 우리 팀에 추가된 네 번째 선교사이다. 대학을 다니면서부터 선교에 꿈을 꾸고 있다가, 자기 인생의 가장 중요한 시기를 주님께 드리겠다며 1년을 헌신하고 태국에 왔다.

우리는 문혜정 목사가 처음 맞이하는 단기선교사이자 당시엔 싱글이던 여자 선교사였는지라 어떻게 함께 사역할 수 있을지 고민을 많이 하였다. 그래서 1년만 와 있는 것이지만 여러 가지 훈련을 받고 오기를 요구했다. 문 선교사는 온누리교회의 선교단체인 TIM(두란노국제선교회)에서 훈련을 받았는데, 우리 팀은 그녀에게 공동체 훈련이 필요하다고 생각되어 예수전도단의 훈련을 더 요구했다. 1년의 사역을 위해 무려 6개월 이상 훈련받고 들어온 문 선교사는 오자마자 언어를 빨리 익히고 사역도 성공적으로 했던 전무후무의 단기선교사로 기억된다. 단기 사역자임에도 불구하고 언어 공부를 3개월이나 했고 모든 면에서 모범적이었다. 선교사들이 그런 마음으로 자신을 다듬고 준비한다면 사역도 보람되고 소모전을 펼치는 일이 줄어들 것이다.

문 선교사는 김농원 선교사 가정과 같은 날에 태국에 왔기에 서로 돕고 위로하는 사이가 되었다. 우리는 문 선교사가 단기 사역을 하겠다고 했기에 장거리 육상선수와 같은 선교사들과 다르게 단거리 선수로 여기고, 1년간 가장 효과있고 보람있게 사역할 수 있도록 계획을 세웠다.

피아노를 연주하고 찬양 반주에 특히 은사가 있는 그녀에게 딱 맞는 사역은 반주자훈련학교였다. 마침 당시 우리에게 교육용 디지털 피아노 10대가 준비되어 있었다. 문 선교사가 이전에 태국에 왔을 때 반주자훈련학교 사역을 잠시 섬겨본 경험이 있기에, 언어 교육을 마치자마자 바로 현장에 투입되었다. 그녀는 태국의 동서남북을 가리지 않고 필요한 지역을 찾아다니며 10달 넘게 사역했다. 일정표에 빈 곳이 없을 정도였다. 때론 라오스 같은 이웃 나라까지 갔다. 그렇게 보람 있게 사역한 다음 귀국하였다.

후에 들은 말인데, 처음에는 아무도 도와줄 수 없어서 택시에 키보드 10대를 싣고 기차역으로 가서 혼자 남쪽으로 가는 일이 매우 힘들고 무섭기까지 했다고 한다. 하지만 이 사역을 통해 본인 스스로 많이 성장할 수 있었노라고 고백하였다. 현지인 동역자들도 헌신적인 문 선교사를 오래 기억했다.

훗날 문 선교사가 결혼하고 아이를 가졌다는 소식을 들었을 때, 태국의 선교사들은 그녀가 즐겨 먹던 두리안을 보내주고 싶어했다. 태국에서 가장 좋아한 과일인데, 한국에는 없었기 때문이었다. 하지만 보낼 수는 없어서 선교사들의 마음만 전달했는데, 그녀는 두리안을 받은 것 이상으로 기뻐하였다.

⚜ 14 ⚜
혼자라면 결코
할 수 없는 일

─── **난민촌에서 받은 감동**

우리 팀의 선교사들은 메솟을 많이 다녔다. 메솟은 내가 1989년에 교단 선교사로서 태국에 다시 파송받았을 때 방콕의 교회들과 같이 방문했던 난민촌이다. 아누선 장로가 "크리스마스에 방콕에서 서북쪽에 있는 메솟이라는 버마(현재의 미얀마) 국경 지역의 난민촌에 같이 가자"고 제안했던 것이다. 버마에서 고통받다 국경을 넘어온 카렌족 몇만 명이 그곳에서 난민촌을 이루고 있는데, 그들을 방문하여 구제 물품을 전달하는 일이었다. 아누선 장로는 내가 태국에서 선교활동을 하는 동안 여러 면에서 도와준 사람이다. 그래서 나와 아내는 메솟이 어떤 곳인지 잘 알지도 못하면서 그저 그의 말만 듣고 따라나섰다.

난민들을 방문하러 가자는 말을 들은 우리는 미리 은혜를 받는 기분이 들기도 했지만 궁금한 점도 많았다.

'난민으로서 예수를 믿는 사람들의 표정은 어떨까? 무얼 먹고 어떻게 살아가고 있을까?'

그런데 난민촌엔 아이들은 데려갈 수 없어서 성탄절 기간이지만 어쩔 수 없이 어른들만 가야 했다. 그렇게 다녀온 메솟의 난민촌은 우리에게 많은 것을 느끼게 했고 도전을 주었다.

부끄러운 고백이지만, 우리는 가장 보수적인 교단의 목사 선교사로서 난민에게 말씀만 전하고 오면 되는 줄 알았다. 예수님이 안식일에 손 마른 사람을 고치시고 밀밭에서 밀을 먹으신 사건을 읽을 때 '예수님이 그러셨나 보다' 하는 정도로만 읽었지, 그 말씀을 현실에 적용한 적은 없었다는 걸 깨닫게 됐다.

솔직히 말하면, 그때 우리는 난민촌이 무엇인지 잘 알지 못했다. 나는 한국에서 가난한 동네에서 자랐지만, 해외의 난민촌은 생소했다. 국경을 접해본 적도 없다. 남과 북의 군인들이 무장하고 지키는 38선밖에 몰랐기에 국경을 방문한다는 것 자체가 새로운 일이었다.

당시 태국은 모든 국경을 난민들이 지키고 있다고 말해도 될 만큼 난민이 많았다. 서쪽 국경엔 버마에서 넘어온 카렌 난민이, 동쪽의 아라니야쁘라텟에는 캄보디아 난민이, 동북쪽엔 라오스 난민이, 그리고 남쪽에는 말레이시아 계통의 모슬렘들이 살고 있었다. 국제사회에서 볼 때 태국은 난민을 받아들이기에 좋은 나라였다. 그 중에서도 메솟의 난민촌은 내가 본 적도 상상한 적도 없는 열악한 곳이었다.

난민에게는 우선 음식과 물이 필요하다. 하지만 사람이 살아가기 위해 기본적으로 필요한 것들이 이곳에서는 제대로 채워지지 않고 있었다. 그들이 배급받는 음식은 몇 년 지난 쌀과 소금, 그리고 임산부를 위한 절인 생선 조금이었다. 임신부만 일주일에 5개의 달걀을 더 받는 것이 전부였다. 먹을 것이 없어서 먹을 것이 필요한 현장을 본 느낌은 참으로 달랐다. 난민에게는 먹는 것도 문제이지만 살아가는 것 자체가 문제투성이다. 난민촌에는 전기가 없다. 물도 멀리서 길어와 필터(정수기) 없이 그냥 마셔야 한다. 그런 난민들이 성경책과 찬송가를 원했다는 것이 감동이었다.

처음 메솟에 갔을 때, 정글이나 다름없는 곳에서 10개 교회가 연합해 거의 5시간이나 꼼짝없이 앉아 성탄 예배를 드리는 걸 보았다. 정말 그야말로 감동의 도가니에 빠진 기분이었다. 찬양대가 악보도 없이 헨델의 메시야 중에서 '할렐루야'를 4부로 부르는 소리가 정글에 울려퍼질 때는 감격하지 않을 수 없었다. 우리는 그들 가운데 주님이 계신다는 걸 느꼈고, 우리가 한 형제와 자매인 것을 알았다. 그렇게 느낀 만큼, 그들의 필요로 하는 문제들은 우리에게 더욱 절실하게 다가왔다.

나는 그때부터 '그들의 필요를 어떻게 채울 수 있을까?' 하는 고민을 하기 시작했다. UN은 여러 나라의 구호품을 모아 난민들에게 필요한 생필품을 제공한다. 그러나 이들의 영적인 부분을 책임지지 못한다.

나는 그로부터 일주일 뒤인 연말연시에 그곳을 다시 방문했다. 100권의 성경을 선물로 주고 그들과 함께 신년예배를 드렸다. 이때의 경험이 계기가 되어 17년간의 카렌 난민촌 사역이 시작되었다. 카렌 난민이 거주하는 메라 캠프를 비롯해 주변 캠프들과 메솟 지역을 주기적으로 방문하였다.

——— 선교사들이 헌금하여 난민촌에 세운 교회

난민촌을 방문한 일은 우선 나부터 신학적이고 선교적인 안목을 바꾸게 했다. 선교에 헌신해놓고도 갈등하던 선교 후보생들이 난민촌에 와서 며칠간 살다 보면 사명을 다시 발견하고 힘을 얻어 단기 사역을 또 하거나, 아예 장기사역에 헌신해서 선교지로 가는 경우도 많았다.

나는 그곳을 알게 된 다음부터 구제 사역을 하기 원하는 단기 선교팀은 모두 메솟의 난민촌을 방문하도록 안내했다. 의료팀을 초청해 진료 사역을 하기도 했다. 나와 우리 KGAM 팀은 거의 매달 메솟을 방문하였다. 특히 치과의료선교회의 임팩트팀(이대경 회장)은 해외선교의 시작을 나와 같이하였고, LA의 인랜드장로교회 의료팀(신은일 권사)은 3년간 연속으로 방문하였다. 선교팀을 안내할 때는 우리도 난민촌에서 함께 지냈다. 우리의 사랑을 어떤 방법으로든 표현하려 힘썼다. 카렌족에게 위로가 되는 사역을 하고, 그들을 통해 버마 산지에 복음이 전파되기를 바랐다.

우리는 메솟이 전략적으로 중요한 지역이라고 인정하고, 김봉국 선교사가 메솟에서 한 팀을 정착하며 사역하도록 하였다. 또한 교회를 개척하기로 했다. 평소에는 파송된 선교사의 사무실과 구호 물품을 보관하는 창고로 쓰고 주일에는 예배당으로 사용할 목적이었다. 가끔 방콕에서 찾아가는 선교사의 숙소로도 쓸 것이었다.

교회 장소를 알아보던 중에, 버마에서 넘어온 카렌 사람들 중에 신앙생활을 하던 기독교인들이 예배당을 건축하려고 돈을 모아둔 것을 알게 되었다. 1995년 초의 어느 날, 메솟을 다녀온 김문수 선교사가 "현지인 아짠 위나이 목사가 교회를 지을 땅을 준비하고 건축을 위한 재정도 어느 정도 모아 놓았지만 아직 부족하다"고 보고하였다. 당시 한국 돈으로 무려 1400만 원 정도가 더 필요했다. 하지만 예상하는 건물을 지으려면 최소 그 다섯 배는 있어야 가능해 보였다.

위나이 목사는 목회뿐 아니라 기숙사도 운영하고 있었는데, 기숙사 학생들이 금식기도를 했다고 한다. 그건 교회 건물을 지을 재정 때문이 아니라 그 때문에 노심초사하는 위나이가 불쌍해 보여서였다. 김문수 선교사는 "그러니 우리 선교부에서 그들을 위해 헌금을 좀 하면 어떻겠는가?"라고 제안했다.

그때 우리 다섯 가정은 주님께 기도하며 지혜를 구했다. 결론은 주님이 우리에게 감동하셔서, 우리에게 있는 것 가운데에서 가능한 분량대로 내놓기로 한 것이다. 이런 일로 다섯 가정이 한국교회에 보고하고 모금하는 것도 방법이지만, 우리는 그동안 하나님이 우리에게 주신 것들을 드리기로 했다. 그러자 선교사들 가운데 태국에 온 지 한 달밖에 안 되었던 신임 선교사가 1천 불을 약정했다. 그로서는 결코 적은 돈이 아니었다. 신임이 그러니 다들 최소 1천 불에서 많게는 몇천 불씩 작정하였다. 나와 김문수, 권오혁, 김농원, 문혜정 선교사 가정이 각자 한 달 안에 믿음으로 낼 수 있는 헌금 액수를 정하고 모으니 무려 1,300만 원 정도가 되었다. 2주만에 건물을 지을 돈이 마련됐던 것이다.

우리는 선교사들이 분에 넘치게 모은 헌금 전부를 위나이에게 보내 주었다. 그들은 감사의 마음을 말로 표현할 수 없다고 말하며 고마워했다. 하지만 우리는 그 일이 그들의 기도로 인해 받은 감동이자 그들의 믿음의 결과라고 생각했다. 물론 우리 선교부의 팀사역의 승리이기도 했다. 그리하여 그곳에 메솟제일교회(크리스쟉 티능 매솟)가 세워졌다.

선교사들이 협력하여 헌금해서 이런 건물을 세운 사례는 흔치 않을 것이다. 우리가 함께 마음을 다해 동참했던 그 일이 준 기쁨은 지금 생각해도 우리 마음을 촉촉하게 한다.

메라(Mela) 난민촌에 있는 신학교의 교장인 사이먼 목사는 필리핀 바기오에서 신학을 공부했는데, 자기에게 한국인 친구가 있다며 내게 보여준 사진이 나를 놀라게 했다. 사진의 주인공이 놀랍게도 내 친구인 김영복 목사였던 것이다. "이 사람이 내 친구다"라고 말했더니 그도 매우 놀라워했다. 세상이 작고 좁다는 디즈니월드의 노래가 있다지만, 이렇게까지 좁을 수 있을까?

훗날 김영복 목사가 합동신학교에서 선교학 강의를 할 때 신학생들을 데리고 태국을 방문한 일이 있다. 나는 그들을 메솟의 난민촌에 데리고 갔다. 난민촌에서 봉사한 사이먼 목사는 훗날 세계침례교회연맹에서 주는 상을 받기도 했다.

우리 팀은 지금은 그 난민촌에서 철수했는데, 난민촌의 신학교에는 아직 우리 가족의 사진이 있다고 한다. 최근에 어느 선교사가 그곳을 방문했는데, 한쪽 벽에 내 사진이 붙어 있는 보았다고 알려주었다.

메숏 같은 난민촌 사역은 내가 혼자 사역했다면 결코 할 수 없는 일이었다. 이런 경험을 보더라도, 혼자보다 팀으로서 사역하는 편이 훨씬 좋은 결과를 얻는다는 걸 알 수 있다. 무엇보다 그 과정도 건강하게 진행될 수 있다.

───── **확인 없이 오해하지 않는다**

KGAM은 팀사역을 정착시키고 결속력을 키워갔지만, 그런 만큼 추가로 팀이 되어 들어오기는 어려웠다. 법으로 정한 것은 아니었지만, 우리와 함께하려면 기존의 팀원들이 모두 동의해야 들어올 수 있다는 것이 당시 우리의 정서였다. 팀사역의 정신을 지키고 싶었기 때문이다. 한 예로, 김농원 선교사가 오영철 목사를 팀의 선교사 후보로 소개했을 때 선배들의 반응은 싸늘했다. 그 이유는 오 목사에 대한 평판 중에 사소하지만 부정적인 부분이 있어서였다.

과거에는 총회선교부의 선교훈련 과정인 MTI를 동계와 하계 방학 때마다 한 달씩 하여, 선교사 후보들은 보통 여섯 번을 훈련받아야 선교지로 갈 수 있었다. 그러니 선교사 훈련 기간이 적어도 3년, 길면 6년이나 걸리는 이도 있었다. 그러는 동안 훈련받는 선배와 후배들끼리 깊이 알게 되었다. 그런데 오 목사와 같이 훈련받은 분들 가운데 "오 목사는 팀으로 함께하기에 적절하지 않다"는 의견이 있었던 것이다. 어떤 것에 지나치게 집착하는 경향이 있다는 게 이유였다.

나중에 안 일이지만, 오 목사는 군대에서 장교로 제대하자마자 사회
생활을 거치지 않고 바로 선교사 훈련에 들어갔다고 한다. 그래서 알고
있는 것을 분명하게 표현하는 군인 기질이 남아 있었고, 그것이 함께
훈련받는 사람들의 마음을 불편하게 했던 모양이다. 그런 소문만 들은
상태에서 오 목사에 대해 오해하고 가입 여부를 거수로 결정하면 모두
반대할 것 같았다.

일단 우리 팀의 선배들이 한국에 가는 기회에 인터뷰해보고 결정하
기로 했다. 1995년 5월, 김문수 선교사가 한국에 가서 그와 하룻밤을
같이 지낸 다음 오해가 풀려, 결국 팀에서 그를 받기로 했다. 오 선교사
부부는 그해 12월에 KGAM의 다섯 번째 선교사가 되었다.

KGAM은 그 후로 신임 선교사를 영입할 때 다른 사람의 평가만 듣기
보다, 반드시 만나보고 결정하는 방법을 고집했다. 서로에 대한 오해가
생길 경우도 직접 확인한 다음 풀고 그 다음 단계로 나아갔다. 이것이
매우 중요한 과정이라는 교훈을 얻었기 때문이다.

──── **선교사가 현지인을 신뢰하는 법**

이준호 선교사 가정은 자타가 공인할 만큼 선교훈련을 많
이 받고 왔다. 일반적으로는 MTI훈련도 힘들게 받는 것인데, 이들은 한
걸음 더 나아가 GMTC 훈련도 받고 총신선교대학원을 다니며 조교 생
활까지 했다. 이 선교사 내외가 태국에 왔을 때는 마침 우리가 치앙마

이에서 선교사 자녀 기숙사인 푸른초장을 섬기고 있어서 자주 만날 기회는 없었다. 더구나 내가 푸른초장 사역을 마친 다음 바로 세 번째 안식년을 보냈고 그 후에는 한국의 교단선교부(GMS)로 사역지를 옮겼기에, 내가 그와 같이 사역하며 교제할 기회도 없었다. 그래서인지 그는 내가 어쩌다 방콕에 가거나 팀 미팅을 하게 되면 나를 붙잡고서 이렇게 질문하곤 했다.

"강 목사님께서 태국 사역을 하는 저희가 꼭 유념해야 할 것이 있다면 말씀해주시겠어요?"

이런 질문에 답하는 건 선배로서 늘 조심스럽다. 나는 그저 늘 갖고 있었고 지금도 변함없는 생각을 말했다.

"선교사는 선교지의 문화를 존중해야 합니다. 태국에서 우리가 할 일은 태국교회의 영적 부분을 섬기는 것입니다."

내 말을 진지하게 듣는 모습이 역력했다. 그는 내가 해준 말 이상으로 태국의 카렌족을 섬겼고, 지금은 난(Nan) 주의 태국교회들을 섬기고 있다.

이준호 선교사 다음에 들어온 이는 김철수 선교사이다. 우리는 초등학생 시절에 철수와 영희 이야기를 교과서에서 보았기에 이름이 친숙했다. 부인도 내 아내와 같은 황 씨(황금례)여서 더 친근했다. 이 가정이 태국에 온 첫날, 사건이 있었다.

선교관에 와서 예배를 드린 다음, 황금례 선교사의 얼굴이 갑자기 하얘졌다. 정착비가 든 가방을 택시에 놓고 내렸다는 것이다. 이야기를 듣자마자 누구는 전화기부터 집어 들었고, 당장 택시 회사를 찾아가겠다며 뛰어나가는 이도 있었다. 모두 어쩔 줄 몰라 당황해하였는데, 정작 당사자인 황 선교사는 2층에 올라가더니 기도하기 시작하였다.

김철수 황금례 부부는 기도의 사람이다. 태국에 오기 전에 초등학교 취학 전이던 두 아이까지 부모와 함께 금식하며 기도했다는 일화가 있을 정도다. 언어공부를 하며 출석했던 방콕의 삼얀교회에서도 현지인 교역자(쁘라싸퐁 목사)와 단둘이서 새벽기도를 했다고 한다.

다행히 가방은 몇 시간 만에 되찾을 수 있었다. 일반 택시라면 찾기 힘들었겠지만, 선교사 후배가 태국에 오는 첫날엔 공항에서 선교관까지 리무진(한국의 모범택시 같은 고급 택시)을 타고 오게 하자는 나의 주장에 따라 그들이 리무진을 탔으므로 쉽게 찾을 수 있었다. 이 일로 인해 김 선교사 가정은 태국에 대해 무한한 신뢰를 갖게 되었다.

——— 하나님나라에서 빛날 이름들

2005년 12월경엔 김수광 선교사 가정이 들어왔다. 부교역자 시절에 태국을 방문했다가 선교부에서 요구하는 여러 훈련까지 마치고 합류하였다. 그때 나는 안식년을 보내고 있었는데, 선교관에서 일하던 현지인 자매가 사라졌다는 소식이 들렸다. 문제는 김 선교사의 정착금 몇천 불이 같이 사라진 것이다. 나는 멀리서 이 소식을 듣고 기도했다.

"주님, 이 일로 인해 김수광 선교사 가정이 태국인에 대해 부정적인 마음을 갖지 않게 해주십시오. 또한 KGAM이 아름다운 공동체인 것을

하나님나라에서 빛날 동역자들과 함께.

경험하게 해주십시오."

나의 두 가지 기도제목은 감사하게도 모두 이뤄졌다. 김 선교사 가정
은 잃어버린 돈이 돌아오기보다 돈을 훔쳐 간 자매가 다시 돌아오기를
바란다고 기도했다. 팀의 선교사들은 십시일반으로 그들의 정착을 위
해 헌금하였다. 나 또한 안타까운 마음으로, 아직 얼굴도 보지 못한 그
들을 위한 헌금에 동참하였다. 김 선교사는 상당히 당황스러웠을 일을
겪고도 차분하게 지냈다는 소식을 후에 들었다. 그런 믿음과 깊은 성품
이 있기에, 한국 사람이 한 명도 없는 태국의 남쪽 끝에 가서 사역을 잘
감당하고 있는 것 같다.

2000년에는 귀한 식구를 한 명 더 맞이했다. 총신대학교 신학대학원
생이던 이강욱 전도사가 휴학하고 푸른초장을 섬기러 온 것이다. 당시
만 해도 MK사역에 대한 이해가 적었기에 쉬운 결정은 아니었을 것이

다. 그는 당시에 푸른초장을 섬기던 김창수 선교사 내외뿐 아니라 아이들 모두에게 도움이 되었다. 그 덕분에 한국교회에 MK사역에 대한 이해가 많아지고 사역의 장을 여는 기회가 되었다. 아직도 지구 어디에선가 돌아다니고 있을 푸른초장을 소개하는 동영상(유튜브 @pary8236)은 이 전도사가 만든 것이다. 그는 싱글로서 열심히 사역하던 중에 선배 선교사들의 극성스러운 중매로 한국으로 돌아가 결혼하고 신학 수업도 마쳤다. 그런 다음 장기 선교사로 다시 헌신하여, 2007년에 가정을 데리고 태국 땅을 다시 밟았다.

위에 언급한 이들 외에 우리 선교부(KGAM)에서 함께 팀으로 사역한 이들은 이문기, 이영근, 이화자, 오택상, 한석원 등이 있다. 그들의 이름들과 그 공로를 이 책에 다 담지 못하여 매우 아쉽고 미안한 마음이다. 이들은 사도 바울이 서신에 남긴 동역자들의 이름들처럼 하나님나라에서 길이길이 빛날 것이다.

만년병장 같은 선교사를
장군처럼

─────── **선교사의 공항 가이드**

　　　선교사가 혼자서 사역하는 것은 경력과 상관없이 선교적으로 건강하지 않다. 하지만 대부분의 한국인 선교사들은 독립적으로 사역하고 있다. 초임이라 해도 혼자 있는 모습이 이상하게 여겨지지 않는다. 그 이유 중 하나는 경력이 1-2년에 불과한 선교사나 20년이 넘은 선교사나 하는 일이 별반 다를 것이 없어 보이는 것이다.

　　선교사로 파송받아 선교지에 가면 가장 먼저 하는 일이 주로 언어 공부다. 그런데 파송 교회에서 손님이 올 경우, 그들을 영접하고 안내하기 위해 공항에 가는 일도 종종 해야 한다. 선교사들은 이것을 '공항 사역'이라 부른다. 후원 교회의 목사와 장로와 단기 선교팀 등이 선교지를 방문하면 당연히 해야 할 일이다.

공항 사역은 의외로 자주 하게 된다. 한국의 방학 기간이 되면 교회들은 경쟁적으로 단기 사역팀을 후원하는 선교사가 있는 곳에 보낸다. 어떤 주간에는 두세 팀이 한꺼번에 오기도 한다. 이럴 때 팀으로 사역하는 경우라면 상황과 일정에 따라 여러 선교사가 공항 사역을 나눠서 할 수 있다. 하지만 동역자 없이 혼자 사역하는 경우라면 경력이 아무리 많아도 공항에 가야 한다. 결국 선교지에 온 지 몇 년 안 된 초임이나 20년 넘은 고참이나 똑같은 일을 하는 셈이다.

사실 공항 사역이나 안내하는 일 정도는 초년의 선교사도 충분히 할 수 있는 일이다. 하지만 동역자가 없으니 부인 선교사가 대신 공항에 나가거나 팀을 이끌고 여기저기를 다니기도 한다. 본국에서 간 선교팀 입장에서는 당연히 필요한 사역이지만, 선교사 입장에서 이것이 과연 건강한 모습이라고 할 수 있을까?

나는 KGAM(한국총회선교부)에서 팀으로 사역하였기에 한국에서 단기팀이 오면 선교사들이 교대로 공항 사역을 할 수 있었다. 그런데 내가 선교지에 온 지 10년 정도 지나갈 무렵부터는 내가 단기선교팀을 맞이하고 관광가이드처럼 여기저기로 데리고 다니는 일이 마음에 걸리기 시작했다. 더 급하고 중요한 일이 있을 때도 있었지만, 나 아니더라도 그 사역을 대신해줄 동료가 있어서였다. 그래서 첫 안식년을 다녀온 다음부터는 단호하게 공항 사역을 하지 않았고 단기팀을 맡지 않은 것이다. 또 우리 팀으로 온 단기팀의 관광은 이전엔 '현지문화탐방'이라는 이름으로 선교사가 하였으나, 이후로는 현지의 전문 여행사에게 맡겼다.

내가 경력이 쌓인 선교사여서 권위적인 마음으로 공항 사역을 거부한 것은 아니다. 공항에 가서 선교팀을 영접하고, 단기팀을 인솔하여 이곳저곳을 다니는 것이 선임 선교사가 할 사역이 아니라고 생각했기 때문이다. 단기팀을 인솔하는 사역은 '한 팀'(first term, 초임) 미만의 선교사도 충분히 할 수 있다. 그런데 선교사들 가운데에는 선교지에 가서 20년이 지났는데도 한 팀 미만의 선교사들이 할 일을 여전히 하고 있는 경우가 있다. 혼자 사역하는 선교사들은 해야 할 일이 많아 늘 바쁘고, 안식년도 못 간다고 하소연한다. 본국에서는 그런 선교사가 열심히 사역하고 있다고 볼 수 있다. 하지만 그건 올바른 이해가 아니다. 선교사로서 경력이 오래인데도, 혼자라서 신임 때 하던 일을 반복하고 있다면 성장하지 못한 것이 아닌가?

─────── **20년 경력의 병장 선교사**

한국 선교사들은 대개 본인 중심으로 독립적으로 사역하고 있어서 현지인 교단과도 별도로 사역하는 편이고, 동료 선교사와 팀을 이뤄 사역하는 경우는 더욱 드물다. 그런 선교사들도 어쨌든 소속 단체는 다 있기에 시간이 지나면 선배는 될 수 있다. 하지만 사역에서 실제적인 지도자가 되기는 어렵다. 동역하는 사람들이 있어야 그 중에서 한 사람이라도 팔로워(follower)가 되고 자신은 리더(leader)가 되는 것인데, 동역하는 팀사역자가 없으면 나를 따르는 사람(follower)이 없다는 것이다. 그러면 어떻게 다른 사람들을 인솔하는 리더(leader)가 되겠는가?

혼자 사역하기만 한다면 선교사로서 본인은 물론 그 사역의 내용도 성장을 기대하기 어렵다. 무엇보다 진정한 지도자로 성장하기 어렵다. 나는 선교사들의 이런 모습이 마치 하사관이 되었어도 졸병이 할 일을 하고 있는 것처럼 보인다. 그래서 혹자는 "한국 선교사들 가운데 졸병만 있지 장군은 없다"는 말까지 한다.

선교사가 복음을 위한 군병이라면, '십자가의 군병'으로서 5년, 10년, 20년, 연수에 따라 사역의 내용과 수준이 달라져야 할 것이다. 군인이 입대하면 처음엔 모두 졸병이지만, 시간이 지나 계급이 오르면 하다 못해 분대장이라도 되는 것과 같다.

군인은 독불장군이어선 결코 안 된다. 선교사들도 마찬가지다. 만약 선교사로 파송받은 지 20년이 지났는데도 람보처럼 혼자라면, 그는 잘해야 특수요원이지 지휘관이나 장군이 된 건 아니다. 나는 이런 선교사를 '20년 된 병장 선교사'라고 부르고 싶다.

만약 전쟁터에 졸병을 혼자 둔다면 낙오병에 불과할 수 있다. 하지만 장군은 낙오될 일도 없고 수만 명의 군인을 움직이게 할 수 있다. 한국 선교사들은 만년 졸병에 머물지 말고 장군 같은 지도자로 성장하고 변화돼야 한다. 그러자면 혼자 사역하기만 해선 안 된다. 복수의 선교사들이 팀이 되어 서로를 이끌고 따르며, 밀어주고 끌어당기면서 사역을 계속할 수 있어야 한다. 그런 모습이 지속되려면 선배가 후배를 섬길 수 있어야 한다. 선배의 희생과 솔선수범이 후배로 하여금 선배를 닮게 하는 것이다. 그런데 현실에서는 선배와 후배가 동역이 가능하지 않다고 보는 인식이 지배적이다. 그 이유는 후배가 동역한 선배로부터 긍정적인 도움이나 관계를 경험하지 못했기 때문이다.

신임 선교사에게 가장 좋은 일 중 하나는 좋은 선배 선교사를 만나는 일이다. 신임이 선교지에 대해 선배로부터 부정적인 것부터 배우면 안 되기 때문이다. 선배를 통해 현지 문화를 긍정적으로 이해하고, 현지인과 그 교회에 대해서도 긍정적으로 볼 수 있어야 한다. 하지만 신임이 언어공부를 마치고 어느 정도 적응할 즈음, 즉 1-2년 정도 되었을 무렵에는 자기가 '선배에게 이용당하기만 한 건 아닌가' 하는 생각을 할 수도 있다.

선배도 사람인지라 항상 좋은 모습만 보이는 건 아니다. 경우에 따라 후배로서 크게 실망할 수도 있다. 결국 헤어져 각자의 길로 가기도 한다. 이렇게 되는 이유는 간단하다. 선배에게 팀을 이끌 수 있는 지도력이 부족했기 때문이다. 리더는 양보하고 희생할 수도 있어야 하는데, 후배에게 도움을 주기보다 짐만 지우는 모습만 보여준다면 어떻게 동역을 지속할 수 있겠는가? 그런 선배라면 지도자 자격이 없고, 군대로 치면 좋은 고참이 결코 아니다.

——— **팀사역을 위한 지도자 교육**

사역한 지 20년, 심지어 30년이 넘어도 만년 졸병처럼 일하는 선교사의 특징을 정리하면 대략 이러하다.

첫째, 혼자 사역한다. 동역자가 없다. 팀사역은 생각할 수도 없다. 하나부터 열까지 자기가 결정하고 단독으로 실행해야 한다. 하지만 현실에선 혼자 모든 일을 다 할 순 없으니, 현지인 목회자를 동역자가 아닌 월급을 주는 직원처럼 데리고 있는 것이다. 선교사는 월급을 주는 현지인 목회자 역시 자기 수하에 있는 것으로 이해하는데, 이런 식의 교회개척과 확장 등의 선교는 힘에 의한 것으로서 크리스텐덤 선교 방식이라고 할 수 있다. 돈이 있어야 가능한 사역인 것이다. 사실 선교사가 교회를 개척하고 양육하여, 현지인으로 하여금 목사가 되게 하여 직접 목회까지 하게 한 것만도 대단한 일이다. 하지만 속을 들여다보면 현지인 목회자에겐 월급을 주고 있고 선교사 자신은 한달에 한번 정도 방문해서 설교하고 있는 것이라면, 그건 목양이 아니라 관리하는 것이라고 말해도 무방할 것이다.

둘째, 진정한 지도자가 되지 못한다. 동역자가 없으므로 따라오는 사람(follower)도 없기 때문이다. 20-30년이나 일했는데 자신을 따라오는 사람이 없다면, 그런 사람이 지도자일 수 없다. 행정 능력이 없는 단체나 연합회(친교회)에서 형식적인 리더는 될 수 있겠지만, 진정한 현장의 리더는 될 수 없다. 나는 GMS 사무총장으로 재직할 때 팀사역을 해본 경험을 바탕으로, 후배 선교사들을 졸병에 머물지 않고 장교가 되도록 돕기 위해 '지도자 교육 프로젝트'를 실시하였다. 3단계 과정으로 교육 내용을 구성하여 단계마다 2주간 교육하였는데, 그 내용은 주로 팀사역과 지도력에 관한 것이었다. 팀사역은 어떻게 해야 하는지, 어떤 선교 철학이 있어야 하는지, 리더는 후배 선교사들이 팀으로서 사역하도록 어떻게 섬겨야 하는지, 파송 교회와 본부와의 관계는 어떠해야 하는지, 그리고 전문 선교단체로 성장해나가기 위해 필요한 선교사들의 자세와 팀의 구조와 기능 등에 대해 교육하였다. 공동체로서 사람을 알아가고 팀사역을 이해하는 것이 가장 중요하기 때문에, 사람을 이해하는 내용이 지도자 교육의 기본이었다.

──── 지역 선교부의 리더

이것은 GMS에서 사역할 때의 일이다. 지역 선교부는 팀사역이 없다면 존재하기 어렵다. 팀으로서 사역하지 않으면 지역 선교부의 기능을 발휘할 수 없기 때문이다. 그래서 이 사역에서 가장 중요한 것은 각각의 선교사들에게 사역 연수에 맞는 지도자로서의 역할과 각자의 기능을 부여하는 것이다. 특히 본국의 선교본부가 가진 권한과 기능 중에 현장에서 신속히 처리해야 일들에 대해서는 그 권한과 기능을 현장에 넘기는 것이 중요하다. 그 지역에서 선교사가 하는 사역의 내용, 선교사의 배치, 재정 등에 대해 지역의 선교사가 연수에 맞게 직접 결정할 수 있어야 하는 것이다.

구체적으로는 선교사의 건강 관리와 자녀양육, 언어 능력 개발을 위한 교육과 학습 관리, 휴가와 안식년, 각종 프로젝트에 대한 결제권 등이다. 이런 다양한 기능들을 책임지며 행정을 맡을 선임 선교사가 현장에 있어야 지역 선교부의 기능적 운영(fuctional working)이 가능하다.

이런 기능을 책임있게 발휘할 수 있는 리더를 교육하는 것이 '지도자 교육 프로젝트'(Equipping Leadership Training)였다.

선교사들의 팀사역의 중요성을 이해하고, 특히 그 팀의 리더를 관리하며 감독할 수 있는 본국의 자문위원 또한 중요하다. 이왕이면 그 선교부의 선교사를 파송한 교회의 담임목사가 그 지역 선교부(팀)의 자문위원(이사)이 되는 것이 좋다. 그래서 내가 한국에서 GMS 사역을 할 때 지역 선교부 산하의 모든 선교지마다 현지에서 선교사들이 팀을 구성하여 작게라도 전문선교단체를 만들고, 그 단체를 각각 이끌 지도자를 세우는 것을 목표로 삼았다.

현장의 팀사역과 리더십에 대한 나의 강의를 들은 선임 선교사들은 환호했다. 소문을 들은 선교사들은 2주간의 교육을 받겠다고 자비로 신청하였고, 교육받기를 기다리는 대기자 명단이 80명이 넘을 때도 있었다. 얼마나 많은 선교사들이 지도력을 가지기를 사모했는지 알 수 있었다.

선교사가 팀으로 사역하지 않아도 세월이 가면 그냥 행정적인 선배는 될 수 있다. 그러나 팀을 이끄는 지도자는 될 수 없다. 다른 사람을 이끌어(lead)봐야 지도자가 되는 것이고, 그러자면 우선 자기부터 어떤 지도자의 추종자(follower)가 되어야 한다. 그래야 지도자가 됐을 때 팀원의 마음을 이해하고 바르게 지도할 수 있다. 그저 나이가 많다고, 선교의 연수가 오래되었다고 지도자가 될 수 있는 건 아니다. 팀으로 사역해본 경험이 적은 선교사들의 고민은 바로 이런 것이었다. 그래서 선교사들은 리더십을 가질 수 있는 방법을 배우고, 초심을 회복하여 선교에 헌신하려는 마음으로 지도자 교육에 참여하였다. 나는 이 '지도자 훈련 프로젝트'의 교육을 통해 선교사들이 팀사역을 이해하고 지향하며, 그렇게 할 수 있는 지도력을 가지도록 훈련시켰다.

팀사역과 지도력에 대해 교육받은 선교사들에게는 변화가 나타나기 시작했다. 이 교육 과정을 모스크바에서 할 때의 일이다. 한 선교사가 자기의 경제적 어려움을 토로하며 자동차가 필요하다는 기도제목을 냈다. 그러자 어떤 선교사가 자기에게 차가 두 대 있는데, 그 중 한 대를 주겠다고 말했다. 또 다른 선교사는 자기가 받는 선교비에서 50만 원을 그에게 주겠다고 약속하였다. 나는 그런 모습이 성령께서 각 선교사의 마음에 감동을 주신 결과라고 생각하였다. 성숙한 사람, 곧 지도자가 되지 않으면 할 수 없는 일이기 때문이다.

─────── **선교적 지도력의 네 단계**

사람은 성장 단계와 나이에 따라 할 일이 다르다. 첫돌이 지나면 걸을 수 있어야 한다. 네다섯 살이면 뛰어다니기도 해야 한다. 초등학교에 들어갈 나이가 됐는데도 혼자 일어나지 못하고 돌아다니지도 않는다면 문제가 있다고 보아야 한다.

선교사도 마찬가지다. 선교사에게도 성장하고 변화돼야 할 선교적 지도력의 단계적 상태가 있다. 선교사에게 필요한 발달 단계가 있어야 한다는 것인데, 해롤드 풀러는 이것을 '선교의 4P'로 구분했다. 영어로는 모두 P로 시작하는 단어여서 4P라고 말한다. 한글로 옮기면, 첫째

개척자(Pioneer), 둘째 양육자(Parent), 셋째 동역자(Partner), 넷째 동참자(Participant)이다.

첫째, '개척자' 상태는 선교사가 선교지에 갔을 때 예수를 믿는 사람은커녕 예수에 대해 들어서 알고 있는 사람이 전혀 또는 거의 없는 상태에서 시작하는 선교 상황을 정의한 말이다. 미국의 서부 개척 시대에 말을 타고 가서 깃발을 꽂으면 자기 땅이 되고, 그곳을 개간하여 살만한 목장으로 바꾼 개척자와 비슷하다. 실제로 그때는 복음 전도자도 개척자처럼 말을 타고 다니며 복음을 전하곤 했다. 선교사도 처음 복음이 전해지는 곳에서는 개척자 같은 역할을 하는 것이다.

둘째, '양육자' 상태는 선교사가 부모처럼 현지인 성도를 양육하는 단계를 말한다. 복음이 전해져서 예수를 믿는 사람들이 생기긴 했지만 스스로 설 만큼 성장하지 못했고, 성경과 복음에 대해 충분히 이해하지 못하고 있는 상황에서 하는 선교이다. 선교사가 교회를 개척하고 복음을 전했다면 양육의 단계에 들어가야 한다. 부모가 자녀를 양육하는 것과 같은 단계이다. 실제로 대부분의 선교 현장에서는 선교사가 부모 역할을 하고 있는 경우가 대부분이다. 하지만 이것을 선교의 종착지로 볼 수 없다. 다음 단계로 넘어가야 한다.

셋째, '동역자' 상태란 선교사가 양육의 단계를 지나 대상자를 자신과 동등한 위치에서, 말 그대로 동역하는 것을 말한다. 아이에게는 양육자로서의 부모가 필요할 때가 반드시 있지만, 어느 정도 성장하면 독립하여 부모와 동등한 성인이 된다. 그러면 그 가정의 대소사에서 부모와 자녀가 동역자 수준이 될 수 있다. 자녀가 혼자 모든 일을 결정할 수는 없지만, 부모가 다 큰 자녀의 의견을 듣는 것이 자연스럽다. 또한 자녀들이 재정적인 지원을 할 정도라고 하면 부모는 더욱더 자녀의 의견을 들어야 하는 것이다. 따라서 이 단계는 부모가 자식을 낳아 양육한 다음, 자녀가 결혼하거나 독립하게 될 때 부모가 동역자로서 자녀의 의견을 듣고 이를 무게감 있게 받아들이는 것과 비슷하다고 말할 수 있다. 자녀가 어릴 때처럼 일일이 간섭하진 않으며, 필요할 때 도움과 조언을 주는 정도의 관계이다.

동역자로서의 선교사의 역할은 사실상 태국처럼 선교의 대상이 어느 정도 성장하고 자립한 경우에 해당한다. 선교지의 교회 역사가 수십 년에 이를 수 있고, 제3세계 국가라 해도 한국교회보다 복음이 전래된 역사가 더 오래인 경우도 있다. 이런 나라들의 교회와 기독교인의 숫자가 적다고 해서 어린 교회라고만 볼 수는 없다.

넷째, 동참자 단계는 궁극적으로는 동역자 상태보다 중요하다고 보아야 한다. 동역자나 동참자나 조직과 위치상으로는 동등하게 접근한다는 점에선 상태가 비슷하지만, 동참자 상태에서는 선교사가 최대한 깊이 관여하지 않고, 현지인 스스로 지도력과 실행에서 더 깊이 관여하도록 물러선다는 점에서 크게 다르다. 현지인(교회)의 생각을 전적으로 존중하는 것이다.

선교 대상으로서 현지 교회가 개척되고 양육을 통해 성장하면 결국 자립하여 '이양'할 때가 오는데, 그럴 때 선교사는 교회에 대해서 동참자 정도의 역할을 하면 된다. 있으면 좋겠지만, 없어도 그만이라는 말이다. 그런 것처럼, 선교사도 선교 대상의 성장 단계에 따라 양육자(Parents) 역할에만 머물지 않고 동역자(Partner)와 참관자(Participant) 단계로 발전해 나가야 한다.

동참자 단계에 있다고 여겨지는 선교사는 동역자 단계와 그 이전의 단계에서 가르치고 도울 때보다 좀더 거리를 두고, 현지인 스스로 그 사역을 얼마나 잘 감당해내는지 지켜보는 것만으로 충분할 수 있다. 가끔 미숙한 점이 여전히 보여도 가볍게 조언(코치)하는 정도면 된다. 이 단계에서도 발전하여 현지인이 스스로 그 사역을 더 잘 감당하게 된다면, 이제는 동참자의 역할조차 필요없는 단계에 이른 것이다. 그러면 선교사로서는 더 이상 그곳에서 사역할 이유가 없다. 이양이 실제적으로 이뤄진 상태이고, 사역의 열매와 보람도 충분히 거둔 단계라고 볼 수 있다. 이 단계라면 선교사가 은퇴하거나 철수한다 해도 현지의 교회나 기독교 기관은 스스로 설 것이다. 선교사로서도 훌륭하고 보람스럽게 사역을 전개했다고 자부하고 좋은 평가를 받을 수 있다.

내가 사역한 태국교회에서 선교사의 역할은 동역자(Partner) 혹은 참가자(Participant) 단계에 해당한다고 불 수 있다. 내가 태국에 간 1987년만 해도 노회 조직이 일찌감치 자리잡고 있었다. 그들이 선교사를 섬기는 모습도 탁월하며, 그들 가운데엔 재정적으로 헌신할 수 있는 기독교인이 생각보다 많았다. 이런 선교지를 섬길 때, 선교사는 결코 양육자(Parent)일 수만 없다. 그들과 동등한 입장에서 최대한 겸손하게 접근하되, 그들에게 아직 부족한 것이 무엇인지 파악하여 보완해주고 도울 수 있으면 된다. 그것이 바로 동역자 혹은 동반자이기 때문이다. 내가 태국에서 한인목회 대신 현지인을 대상으로 사역하면서, 그들에게 필요한 목회자훈련원과 교회개척운동을 한 것이 동역자 선교의 사례라고 말할 수 있다.

이것은 사실 일반 목회에도 적용할 수 있는 개념이다. 목회를 해본 나도 그렇고 많은 목회자들의 경험을 보면, 선교사로서 4단계 원리가 목회에도 동일하게 적용될 수 있다. 아무리 목회자 자신이 개척한 교회라 해도 당회가 결성될 만큼 성장하면 목회자 마음대로 할 수 있는 교회는 더 이상 아니다. 목사가 교인들에 대해 양육자와 동역자가 되고, 나아가 동참자의 위치에까지 설 수 있어야 건강한 교회가 되는 것이다. 그리고 은퇴할 때가 되면 더 나은 후임자를 세우고 떠나야 교회를 온전히 세웠다고 말할 수 있는 것처럼, 선교에서 이 4P의 원리는 중요하다. 이것은 전세계 어디서도 통하는 선교 전략의 원칙이다.

그런데 선교지에서 5년, 10년이 지나고 20년이 되어가는데도 여전히 개척자나 양육자 수준에서 선교사 혼자 모든 일을 다 하고 있다면, 그것을 과연 건강한 선교라고 말할 수 있겠는가? 그래서 앞에서 지적한 것처럼 선교사가 장군이 되지 못하고 졸병에 머물 수도 있는 것이다. 이 점이 바로 팀사역이 필요한 이유이기도 하다.

——— **동참자 단계까지 나아가라**

나는 한국에서 학교에 다닐 때부터 지도자 경험을 해볼 기회가 있었다. 신학교 시절엔 반장이었고 신학대학원의 원우회장을 역임했다. 선교지에 가서도 팀을 만들어 나 자신과 후배들의 비자 문제를 해결했고, 팀의 선교사들과 선교비까지 공개하며 부분적으로는 공유하기도 했다. 팀원 가운데 재정적으로 어려운 경우는 재정을 지원하며 팀사역의 정착과 발전을 위해 노력했다. 그런데 밖을 보니 우리처럼 팀으로 사역하는 선교사들이 의외로 많지 않다는 걸 알게 되었다. 그런 선교사들이 은퇴하고 사역지를 떠나면 그 다음은 어떻게 될지 염려됐다. 혼자서 해온 사역이 과연 어떻게 되겠는가? 만약 팀으로 사역했다면 후배를 통해 이어질 텐데, 동역한 동료나 후배가 없다면 그 사역의 미래는 보장받기 어렵다.

선교 사역에는 '은퇴와 이양'이라는 중요한 문제가 항상 생긴다. 한국에서도 과거 한국에 온 선교사들이 사역하면서 세운 학교나 병원 같은 기관과 시설들이 이양돼 결국 한국교회의 자산으로 남게 되었다. 선교사가 세운 교회들은 또 얼마나 많은가? 그런 것들은 모두 선교사들이 떠나면서 이양해준 것들이다.

그런데 한국교회의 선교는 어떠한가? 세계 2위의 선교사 파송 국가임을 자부하며 반세기 이상 선교를 해왔는데, 한국 선교사들이 현장에 만들어놓은 학교나 시설이 현지에서 적법한 절차에 따라 이양된 모델이 과연 얼마나 되는가?

선교의 이양은 특별한 뉴스가 아니라 정상적인 과정이어야 한다. 그렇게 하지 않고 '사유화'처럼 보이는 경우가 이곳저곳에서 문제가 되고 있다. 이양은커녕, 앞에서 언급한 4P의 마지막인 단계인 '동참자' 수준은 경험하지도 못하고 있다. 나는 그 이유가 팀이 아니라 개인에 의한 선교(사실상 My Kingdom을 위한 선교) 때문이며, 한마디로 팀사역을 하지 않았기 때문이라고 본다.

팀사역을 통해 동참자 단계까지 갈 수 있어야 자연스러운 이양이 가능할 수 있다. 이양의 내용이 반드시 부동산과 시설 같은 유형의 재산이나 조직체일 필요는 없다. 그 내용이 사역과 문화 같은 추상적인 것이 될 수도 있다. 어쩌면 사람을 키우고 교회를 부흥시키는 지도자를 세우는 것이 이양의 진정한 핵심일 것이다.

나는 건물을 세우기보다 사람을 세우고 키우는 목회적 훈련에 치중하였다. 그런 사역을 팀(지역 선교부)을 통해 하면서 동참자의 단계까지 발전시켰다고 자부한다. 그래서 선교지를 떠날 때도 내가 있던 자리를 정리하는 일이 무척 간단할 수 있었다. 팀사역을 해온 후배 선교사들이 처음부터 같이 사역해오고 있었고, 현지인들도 이미 태국교회 안에서 리더였기 때문이다.

✢ **16** ✢

팀사역을 이해하고
실현하는 6가지 ①

───── **한국 선교사에게 팀 선교가 가능한가?**

　　한국교회가 파송한 선교사들의 사역 현장에서 보이는 고질
적 문제 가운데 대표적인 것은 '선교 현장의 구조'와 '한국 선교사들에
게 팀사역이 과연 가능한가?' 하는 것이다.

　한국세계선교협의회(KWMA : Korea World Missions Association)는
2014년 12월을 기준으로 170개 나라에서 26,677명의 한국인 선교사
가 사역하고 있다고 발표한 적이 있다. 한국 선교사들이 가 있는 나라
들을 숫자 기준으로 보면 중국, 미국, 필리핀, 일본, 남아시아 I국, 태국,
동남아시아 I국, 캄보디아, 러시아, 독일 순이다. 이 국가들 가운데 전략

적 의미에서 팀으로서의 선교, 즉 팀사역이 가능한 나라는 필리핀, 태국, 캄보디아 같은 동남아권이라고 볼 수 있다. 하지만 이 국가들에서조차 팀사역이 실행된 모델은 내가 사역했던 단체(KGAM)와 몇 곳을 제외하면 찾아보기 쉽지 않다.

한인세계선교사회(KWMF : Korea World Missionary Fellowship)가 주관한 '동남아 지역에 파송된 선임 선교사들의 팀사역 관련 모임'에서도 팀사역에 대한 흥미로운 내용이 결론처럼 언급되었다.

동남아 국가들에서 사역한 선교사들이 팀사역에 대해 가진 생각은 상당히 부정적이었다. 20년 이상 태국에서 사역한 S 선교사는 "한국 선교사들은 팀 선교를 할 수 없다"고 단정하다시피 말했다. 현지에 토착화된 선교단체의 대표를 지낸 인도네시아의 A 선교사 역시 "한국 선교사들이 협력사역(Co-operation)은 할 수 있으나 팀사역(Collaboration)은 하기 어렵다"고 말했다. 13년간 국제선교단체에서 사역한 S 선교사는 "한국 선교사들 10명이 선교지에 나오면 10명 다 대장이다"라는 말까지 했다. 다들 한국인의 기질과 문화가 팀사역의 장벽이라고 보는 것이다.

내가 한국과 태국에서 목회하고 선교한 경력이 도합 40년이 넘는다. 나는 특히 태국에서 사역하던 초기부터 팀사역을 지향했고 실천했으며, 어느 정도 성과를 이루었다고 자부한다. 현지에서 세운 단체를 통해 한때는 17명의 한국인 선교사 가정이 함께 사역하기도 했다. 그런 내가 보기에, 과거는 물론 현재에도 팀사역에 대한 선교 현장의 인식이 여전히 부정적인 것은 매우 안타깝다. 팀사역에 대해 가지고 있는 부정적 관점의 원인은 그것을 추구하고 경험해온 내가 충분히 이해하고 있다. 나도 처음부터 완벽했던 건 아니었기 때문이다.

하지만 팀사역은 전세계 어느 지역에서든 유효하고 전략적인 사역이다. 특히 동남아시아에선 더욱 필요하다고 믿는다. 내가 팀사역을 강조하고 발전시키려는 노력을 멈출 수 없는 이유다.

——— 팀사역을 이해하는 여섯 가지 주제

나는 팀사역을 추구해온 KGAM 선교회의 설립자로서 몇 가지 원칙을 갖고 있었다. 그 원칙의 기본은 "이 단체는 팀으로서 사역한다"는 것이다. 이 원칙을 세운 배경엔 나의 특별한 경험이 있다.

나는 태국에서 한국 선교사들의 선교회가 나뉘는 것을 보았고, 동역했던 선배들이 헤어지는 안타까운 모습도 보았다. 그래서 '나는 그렇게 하면 안 된다'라는 교훈을 얻었다. 그런 경험과 교훈을 바탕으로 한국 선교사들의 선교 현장에서 팀사역이 반드시 필요하다는 제안을 하려는 것이다. 내가 경험한 팀사역이 선교에서 대안적 모델이 되고 싶었고, GMS 사무총장이 되었을 때도 교단 총무와 선교단체 지도자들에게 팀사역을 강조하였다. 선교사의 리더십과 이양을 주제로 한 세미나에서도 팀사역에 대한 이야기를 하고 있다. 팀사역과 지도력과 이양 등 선교사에게 필요한 일들은 상호 연결돼 있기 때문이다.

그럼에도 불구하고 '팀사역이 가능하겠는가?' 하는 질문을 여전히 받고 있다. 이런 질문은 사실 신임 선교사들보다 나와 같은 선임

(senior) 선교사들이 더 많이 받는 것이다. 물론 쉽지 않은 부분은 있다. 이런 질문이 반복되는 이유는 간단하다. 결국 선교도 한계가 있는 사람의 일이기 때문이다. 무엇보다 실제적인 이유는 선교 현장을 건강하게 만드는 데 필요한 한국적 팀사역의 모델이 부족하기 때문이다.

그런 한편, 이제 '각자도생'으로는 건강한 선교 사역이 불가능한 시대가 되었다는 환경의 도전도 있다. 한국교회가 지극히 교회 중심적이어서, 파송한 교회와 선교사 사이에 관계만 좋다면 그 교회가 선교사를 전적으로 지원해주기 때문이다. 그래서 대개의 선교사는 팀사역을 하지 않는다. 하지만 나 또한 팀사역이 쉽지 않다고 느끼면서도 가능성을 계속 추구하는 것은, 그 길이 건강한 선교 방향이기 때문이다.

한국 선교단체들이 사역하는 모습을 자세히 살펴보면 팀이라는 조직이 아예 없지는 않다. 하지만 현실은 우산(umbrella)과 같은 단체(본부) 아래에서 각자(지부로서든 개인으로서든) 따로 사역하고 있는 것이다. 그래도 팀사역은 많은 선교단체들이 목표로 세우는 것이고, 이 주제는 나와 같은 선임들과 선교학자들이 선교에 대해 강의할 때마다 단골로 등장하는 메뉴이다. 한국교회가 서둘러 정리하고 해결해야 할 과제 중 하나이기도 하다.

한국교회의 선교 열심은 세계에서 두 번째로 많은 선교사를 파송한 국가라는 위치가 충분히 설명해준다. 하지만 국제적 선교단체들과 달리 한국의 선교단체들은 선교의 매뉴얼이 부족하거나, 있다 하더라도 기능적으로 운영되지 않았다. 이 때문에 파송한 본부나 현장의 지부에서 새로 파송된 선교사에게 필요한 사역의 방향과 내용에 대해 정확하게 안내하지 못했다. 결과적으로 신임 선교사를 위한 관리와 돌봄이 이뤄지지 못했고, 선교사 파송이 전략적으로 이뤄지지 않아 특정 지역에 선교사가 중복되거나, 반대로 한 명도 존재하지 않게 되었다. 이런 상황이 오래 지속되면서, 한국 선교사들이 아무리 헌신적이라 해도 한국 선교의 현장에는 전략이 없다는 평가를 받기도 했다. 선교사 본인의 자질이나 헌신과 관계없이, 혼자서 사역하는 현장은 건강한 선교 현장이라고 평가받기 어려운 탓이다.

그러면 "도대체 팀사역이 무엇이길래 왜 이토록 중요하다고 강조하는가?" 하는 질문이 나올 것 같다. 사실 선교가 건강해지기 위해서는 팀사역 외에도 선교사의 자녀 양육과 교육 문제, 소속 선교단체와의 관계 문제, 현장의 재산권과 재정 관리의 문제, 사역지의 배치와 조정, 선교사의 복지와 노후 문제 같은 다양한 이슈들을 다뤄야 한다. 이 책에서는 여러 이슈 가운데 팀사역에 집중하여 정리하고자 한다. 팀사역이 바로 서면 기타 문제의 해결에도 도움이 되기 때문이다.

팀사역에 대한 나의 아이디어는 태국이라는 열린 국가에서 얻은 경험에서 나온 것이므로 내용에 따라 주관적일 수 있다. 모든 선교 현장에 동일하게 적용하는 원리로서는 한계가 있을 것이다. 그러나 그 핵심 가치를 이해하고 각자 적용점을 찾을 수만 있다면, 어디에서 어떻게 사역하든 선교 현장에서 참고할 만할 것이다.

이 장에서는 팀사역에 대해 다음과 같은 여섯 가지 주제로 설명하려 한다.

첫째, 팀사역이란 무엇인가?

둘째, 팀사역의 성경적 근거.

셋째, 성경이 보여주는 팀사역의 모델.

넷째, 한국 선교사에게 팀사역이 가능한가?

다섯째, 현장에서 찾아보는 팀사역의 사례.

여섯째, 바람직한 팀사역을 위한 구조적 제안.

다만 분량이 길어 첫째부터 셋째까지를 이 장에서 먼저 다루고, 다섯째부터 여섯째의 내용은 다음 장에서 설명할 것이다.

─── 첫째, 팀사역이란 무엇인가?

팀사역은 3명 이상의 사람들이 마음을 모아 동일한 대상을 위해 동일한 목적으로 같이 일하는 것이다. 백짓장도 맞들면 낫고, 나무젓가락도 하나는 부러뜨리기 쉽지만 두세 개 이상은 힘이 장사인 사람도 쉽지 않다는 속담이 있다. 그런 것처럼 어떤 일도 혼자 하면 어렵지만, 여럿이 함께 하면 쉽게 감당할 수 있다. 팀사역이 그런 것이다. 실제로 혼자 하기 어려운 일을 팀이 해결한 예는 많다.

미국의 장애인 14명이 5,300미터 고지의 에베레스트 베이스캠프까지 올라가는 일에 성공한 기적 같은 일이 있었다. '팀 에베레스트 03'이라는 이름을 내건 대원들은 2003년 4월 5일, 에베레스트 등산을 시작한 지 18일 만에 등반에 성공했다. 만약 그들 가운데 한 사람이 혼자서 도전했다면 에베레스트 근처도 가기 어려웠겠지만, 팀으로 등반하였기에 포기하지 않고 성공할 수 있었다. 팀사역은 이처럼 불가능한 일까지 가능하게 하는 방법이자 사람들의 마음을 하나로 모을 수 있는 공통분모 역할도 한다.

선교사들의 팀사역이 '팀 에베레스트'처럼 성공하려면 다음과 같은 조건을 가지고 있어야 한다.

첫째, 반드시 윤리적이어야 한다. 선교의 주체가 하나님이시므로, 팀사역에 동참하는 선교사들이 윤리적 측면에서 문제가 없어야 한다는 건 당연하다. 특히 재정에서 투명해야 한다는 건 말할 필요도 없다. 무엇보다 성경이 팀사역에 필요한 재정 윤리의 사례를 보여준다. 예수님의 제자 가운데 돈주머니를 맡은 유다에 대해 제자들이 시비를 건 일이 그것이다.

둘째, 재정을 공유할 수 있어야 한다. 필리핀 다바오에서 사역하는 M이라는 단체는 전략적으로 팀사역에 접근했지만 재정의 공유에는 소극적이었다. 한국의 이사회에서 팀사역에 필요한 재정을 지원해주어야 팀으로서의 사역이 가동되는 구조였기 때문이다. 선교사들은 각자의 선교비에서 소정의 회비만 냈다. 선교사가 개별로 책임지는 사역은 모금이 잘 되었지만, 팀으로서 하는 모금은 시도하기 어려웠다. 이런 사례 때문에, 어떤 선교사는 혼자서는 모금할 수 있는데 팀으로 모금하기는 어렵다고 말한다. 하지만 팀사역을 위해 팀원끼리 재정을 공유하고 팀으로서 모금하는 일은 실제로 가능하다.

팀사역의 중요한 조건이 사실 '재정의 공유와 관리'이다. 팀사역의 재정을 모금하는 방식에는 팀원들의 모든 후원 재정을 단일화하여 공동으로 모금하는 '공동모금'(pooling) 방식과 부분만 공동으로 모금하는 '일부 공동모금'(또는 부분모금, semi pooling)이라는 두 종류의 방식이 있다. 개인적으로는 이 두 종류 가운데 어느 방식을 택하느냐의 여부는 중요하지 않다고 생각한다. 물론 나는 할 수만 있다면 '공동모금'을 지향하겠지만, 팀사역에 불만이 생기지 않는 정도라면 일부의 재정이나마 섞을 수 있는 만큼 섞는 '일부 공동모금' 방식이 팀사역을 시작하는 첫 단추가 될 것이다.

팀사역을 위한 재정의 공유와 관리가 투명해지려면, 우선 선교사들끼리 돈에 대해 열린 마음이 있어야 한다. 개인이 후원받은 돈이라 해도 혼자 쓰지 말고, 10명이 같이 사역하고 있다면 그 10명과 나눠 쓴다는 마음가짐이 있어야 한다.

한번은 P 선교사가 KGAM의 동역자인 K 선교사에게 자녀의 학비가 없다며 돈을 빌려달라는 부탁을 했다. K는 나에게 "어떻게 하면 좋겠느냐"고 물어왔고, 나는 역으로 질문했다.

"K 선교사님은 어떻게 하면 좋겠어요?"

K는 "P 하고는 별로 친하지 않고 왠지 신뢰감이 드는 사람이 아니어서 빌려주기 싫다"고 했다. 그래서 나는 K 선교사에게 "그렇다면 빌려주지는 말고, 시험당하지 않을 만큼, 손해 봐도 될 만큼 그냥 주라"고 했다. 그때 P가 K에게 빌려달라고 한 돈은 5천 불이었다. K는 1천 불을 주면서, "이것은 빌려주는 것이 아니고 그냥 헌금하는 것"이라고 말하였다. "우리 선교부에서는 빌려주는 일을 하지 않으니 갚지 않으셔도 된다"고 덧붙였다. 그러자 P는 팀의 리더인 나에게 고맙다며, 자기도 누군가를 도와주는 삶을 살겠다는 내용의 이메일을 보내왔다.

태국에서 사역하던 오영철 목사가 안식년을 맞이했을 때 미국의 한인 교회에서 간증설교 초청을 받았다. 그가 소수 부족 사역을 잘했기 때문에 소문이 난 것 같다. 그의 선교 보고를 들은 교회가 매달 300불을 후원하겠다고 하였다. 그러자 오 목사는 당시 재정이 부족하다고 여겨지는 후배 이강욱 선교사를 지원하도록 부탁했다. 당시 이 선교사는 푸른초장의 사역자이면서 학교에 두 자녀가 다니고 있어서 재정이 필요한 상황이었다. 후원하는 교회는 선교사가 자기 대신 다른 후배 선교사를 지원해달라고 양보하는 경우는 처음이라 놀라워했다. "어떻게 그런 생각을 할 수 있느냐"고 물으니, 오 목사는 "우리 선교회(팀)에서 그렇게 배웠다"고 답했다고 한다. 실제로 오영철 목사가 파송 교회에서 후원 정지를 당하였을 때, 당시 리더였던 나는 1년간 매월 1천 불을 오 목사 가정에게 지원하였다. KGAM이 팀사역을 할 때의 분위기는 이런 것이었다.

내가 환갑이 됐을 때 같이 팀사역을 하는 후배들이 잔치를 열어주었다. 33년의 사역을 마치고 한국의 KWMA 사역을 하러 태국을 떠날 때도 KGAM의 후배 선교사들은 호텔을 빌려 예배를 드리면서 떠나는 선배를 축복했다. 그들은 우리 내외의 33년간 선교 사역을 회상하고 돌이켜보게 하는 감동적인 파티를 열어 나의 은퇴를 기념했다. 그 일이 '내가 영광과 높임을 받은 것은 결코 아니었다'고 생각한다. 그저 함께 살아온 가족 중에 연장자가 먼저 은퇴하게 돼 기념하고 격려한 것뿐이다. 만일 내가 팀사역을 하지 않았다면, 나이 들고 은퇴하게 됐을 때 그런 대접을 받을 수 있었을까 싶다.

KGAM 25주년을 기념하는 자리에서 필자가
동역자들과 더불어 축하의 박수를 치는 모습이다.

셋째, 현장에서 팀사역을 바람직하게 하려면 최소한 세 가정 이상이
팀이 되는 구조를 갖춰야 한다. 그 팀은 사역과 재정에서 다음과 같은
원칙과 조건을 갖추는 것이 좋다.

① 사역의 진행을 위해 최소 월 1회 이상은 만나서 의논해야 한다.

② 특정 선교사가 혼자서 하는 사역일지라도 다른 팀원들이 동의할
때 시작할 수 있어야 한다.

③ 현장에서 팀사역의 내용과 사역지의 배치를 직접 정할 수 있어야 한다.

④ 초임(수습) 선교사의 사역에 대한 슈퍼바이저가 있어야 한다. 슈퍼바이저가 동의하지 않으면 초임이 사역할 수 없어야 한다.

⑤ 현장에서는 현지인 멘토나 선임 선교사의 코칭을 존중해야 한다.

⑥ 안식년을 가는 선교사의 사역을 동료가 대신할 수 있는 구조여야 한다. 그렇게 되기 위해 각자의 사역 내용을 공유하고 있어야 한다.

팀사역에서 슈퍼바이저를 두려면 그 팀의 선교사가 최소한 5명 이상인 경우가 좋다. 슈퍼바이저는 특정한 사역을 이루기 위한 시한부 조직에 일반적으로 적합하다. 15년 이상 된 선교사들이 팀에 소속돼 있다면 그가 슈퍼바이저 역할을 감당하면 좋다. 그런 이에게는 리더로서의 명분이 주어지고, 자기가 잘 아는 분야를 후배들에게 지도할 수 있기 때문이다.

팀사역의 재정에서 작동돼야 할 조건은 다음과 같다.

① 매달 선교회의 운영을 위한 회비를 내기로 한다.

② 다른 선교사의 사역에 재정이 더 필요하다면 팀의 선교사들이 공동기금(mutual fund) 혹은 개인기금(personal mission fund)에서 지원할 수 있어야 한다.

③ 선교사들 사이에 재정의 공유(뒤섞임)가 어떤 모양으로든 가능한 구조여야 한다.

④ 자녀교육비는 선교사 본인에게 일임한다.

⑤ 선교사 본인이 모금한 후원금은 본인에게 전달된다.

⑥ 특별한 공동의 프로젝트가 있을 때는 팀의 선교사 전체가 같이 모금할 수 있어야 한다.

─── 둘째, 팀사역의 성경적 근거

팀사역의 성경적 원리와 근거를 묻는다면, 우선 삼위일체이신 하나님께서 팀처럼 사역하시는 것을 생각해볼 수 있다. 팀사역의 본질은 각자는 다른 인격이지만 하나가 되는 것이기 때문이다.

우스개로 하는 가정이지만, 만일 성부 하나님, 성자 하나님, 성령 하나님이 각각 별개인 것처럼 사역한다면 하나님의 창조 질서가 얼마나 복잡했겠는가? 성부께서 창조 사역을 하실 때 성자께서 뒤에서 딴전을 부렸거나, 성자께서 구속 사역을 하실 때 성령께서 놀러 다니셨다면 어떤 일이 벌어졌겠는가? 삼위 하나님께서는 그렇게 하지 않으셨다. 항상 함께하셨다.

우리는 하나님의 대표적인 창조물이다(창 1:26). 여타의 피조물과 달리 하나님께서 특별히 당신의 형상대로 창조하신 것이 사람이다. 사람만이 창조의 능력을 가진 것은 하나님의 형상을 따라 지음받았기 때문이다. 인간은 모래에서 반도체 칩을 추출해내고 쇳덩어리로 하여금 하늘을 날게 하는 능력을 갖고 있다. 그러므로 인간은 하나님의 뜻을 따라야 한다.

사람이 하나님의 모양을 따라 창조된 것이 의미하는 또 다른 중요한 사실은 하나님과도 함께 일하고 사람과도 함께 일하기 위해 부르심을 받았다는 것이다. 하나님과의 팀사역과 사람과의 팀사역 모두 창조의 능력과 함께 하나님께서 사람에게 부여하신 능력이라는 인식이 중요하다. 하나님의 사람은 하나님과 동역하며, 각자에게 주신 놀라운 능력을 은사로 사용하면서 조화롭게 팀이 되어야 한다. 그렇게 살도록 지음 받았기 때문이다. 따라서 하나님의 대표 피조물인 사람들은 공동체를 이루어 살아야 하며, 특히 팀사역을 하는 선교사들은 공동체로서 동거할 수 있어야 한다. 시편 133편 1절은 말한다.

"형제가 연합하여 동거함이 어찌 그리 선하고 아름다운고."

하지만 현실에서는 어떤 사람이든 같이 있으면 불만이 생길 수 있다. 사역을 같이 못하는 경우도 얼마든지 있을 수 있다. 그러나 상대방이 싫어하는 말과 행동을 하지 않도록 조심하며 모든 일을 객관적이고 중립적으로 처리한다면 누구하고도 동역하는 데 어려움이 없을 것이다. 그러나 사람이 매사에 어떻게 중립적일 수 있을까? 갈등을 피하기 위해 무조건 중립을 고수한다면, 그런 사람들이 어떻게 한 지붕 아래에서 팀사역을 한다고 말할 수 있는가? 가치판단의 문제는 어디에나 있고, 시시비비를 가려야 할 상황은 언제나 생긴다. 팀으로서의 동거는 사실 쉽지 않다.

경험이 있는 선교사들은 사역의 전개 방식이나 결과에 대해 이미 답을 가지고 있지만, 신임 선교사나 개척 정신이 있는 선교사는 부딪쳐가며 사역하기를 원하는 경향이 있다. 그래서 바른 말이라 해도 누군가의 코치를 싫어하고, 결국 여러 가지 이유로 동거하지 못하고 정들었던 선교팀을 떠나는 경우도 있다. 그러나 아무리 어려워도 동거하기만 하면,

일단 팀사역을 해보기만 하면 결국 선하고 아름다운 결과를 얻게 된다. 다만 처음부터 동거(팀사역 선교)가 잘 되는 것은 아니기에 선교사들은 '동거의 기본'에서부터 많은 노력을 기울여야 한다. 상대방을 배려하는 언어와 인내가 팀사역을 하는 지체들에게는 절대적으로 필요하다.

팀사역을 하는 사람들은 각자의 은사대로 팀을 섬겨야 한다. 로마서 12장 5-8절은 많은 지체에 대해 언급한다.

"이와 같이 우리 많은 사람이 그리스도 안에서 한 몸이 되어 서로 지체가 되었느니라 우리에게 주신 은혜대로 받은 은사가 각각 다르니 혹 예언이면 믿음의 분수대로, 혹 섬기는 일이면 섬기는 일로, 혹 가르치는 자면 가르치는 일로, 혹 위로하는 자면 위로하는 일로, 구제하는 자는 성실함으로, 다스리는 자는 부지런함으로, 긍휼을 베푸는 자는 즐거움으로 할 것이니라."

서로 은사가 다른 지체들이 각자 다른 직분을 가지고 협력해야 몸을 이룰 수 있듯이, 팀사역도 주께서 주신 은사대로 각자의 힘을 합쳐야 성공할 수 있다는 교훈을 이 말씀에서 보게 된다.

팀사역을 하려면 팀원들 각자가 변화돼야 한다. 사람은 모두 원죄로 말미암아 타락해 있기 때문이다. 사실 팀사역이 쉽지 않다고 보는 대표적 이유는 '원죄적 타락'이라는 인간의 근본 문제이다. 그래서 바울은 이 세대를 본받지 말라고 말하며 "변화를 받으라"고 했다(롬 12:1-2). 선교사는 특히 그래야 한다. 본인이 팀사역을 하는 데 부족한 부분이 있는지 살펴보고, 성품의 어떤 부분에서 변화가 필요한지 고민하면서 기도해야 한다. 이와 같은 변화는 실제로 팀사역을 해보면 가능하지만,

교육을 통해서도 얼마든지 가능하다.

─── 셋째, 성경이 보여주는 팀사역의 모델

성경에는 하나님의 뜻을 이루기 위해 팀으로 사역한 모델을 여러 곳에서 찾을 수 있다. 구약성경에서 대표적인 사례가 모세의 팀사역인데, 장인인 이드로가 소개한 것이다.

이드로가 모세를 방문했을 때, 혼자 일하던 모세는 지쳐 있었다(출 18:18). 모세는 백성들이 광야에서 고기를 먹고 싶어하는 불만을 들으며, 괴로움에 지쳐 죽기를 원했을 정도였다(민수기 11:15). 이 모습을 본 이드로는 더 이상 모세 혼자 사역할 수 없다고 판단했다. 그래서 천부장, 백부장, 오십부장, 십부장 제도를 소개하였다(출 18:19-21). 모세는 이드로를 통한 하나님의 가르침을 받아 백성의 짐을 나누는 지도자 70명을 세웠고(민 11:16), 그렇게 함으로써 지친 상태에서 벗어났다.

예수님은 12명의 제자들을 택하심으로 팀사역을 시작하셨고, 이들과 팀으로서 3년간 사역하셨다. 제자 중 3명(베드로와 세배대의 두 아들인 야고보와 요한)은 특별한 훈련을 위해 예수님과 함께 다녔다. 시몬의 장모의 열병을 고치실 때(마 18:15), 변화산에 올라가실 때(눅 9:28-36), 겟세마네 동산에서 최후의 기도를 하실 때(마 16:37) 등이다.

사도행전에 소개된 안디옥교회는 선교는 물론 팀사역에서도 중요한 모델이다. 사도행전 13장 1절은 안디옥교회의 지도자 다섯 명을 소개한다. 바나바, 니게르라 하는 시므온, 구레네 사람 루기오, 분봉왕 헤롯의 젖동생 마나엔, 그리고 사울이다. 이들은 각각 팀의 리더이기도 한데, 그들의 직업은 달랐지만 팀사역을 위한 각자의 역할은 분명했다. 금식하고 교회를 섬길 정도로 책임의식도 강했다. 이런 안디옥교회의 팀사역은 환상적이었다. 예루살렘교회에 구제헌금을 보냈고(행 11:27 이하), 바울과 바나바를 선교사로 파송했다(행 13:4).

바울의 팀사역은 단순하면서도 미묘했다. 사도행전에서 바울의 팀원으로 소개되는 사람들은 대개 주사역자인 바울을 돕는 조력자들이었다. 아시아까지 '함께 가는 자'로 소개되는 사람들은 '베뢰아 사람 부로의 아들 소바더와 데살로니가 사람 아리스다고와 세군도와 더베 사람 가이오와 디모데와 및 아시아 사람 두기오와 드로비모' 등이었다(행 20:4). 이들은 아시아에서 바울과 동역한 사람들이고, 드로아에서 바울의 전도팀을 기다리기도 하였다. 이 '함께 가는 자'들이 바로 바울의 팀원들이다. 바울은 디모데와 에라스도 두 사람을 마게도냐로 보내기도 했는데(행 19:22), 바울이 옥에 갇혀 있거나 직접 갈 수 없는 상황에서는 그를 대신하도록 하였다.

로마서 16장에 소개되는 바울의 동역자들 또한 팀사역자들이었다. 브리스가와 아굴라(3절), 안드로니고와 유니아(7절), 암블리아(8절), 우르바노와 스다구(9절), 드루배나와 드루보사와 버시(12절) 등이다. 로마서를 대서(代書)한 더디오(22절)까지 바울의 팀사역 동역자였다.

바울의 선교팀은 나눠지기도 하였다. 바울은 마가 요한을 데리고 가는 일 때문에 바나바와 심히 다투었고(행 15:38-40), 이 일에 대하여 누가는 "피차 갈라섰다"(행 15:39)고 표현했다. 하지만 바울은 실라와 더불어 수리아와 길리기아로 갔고, 바나바는 마가를 데리고 구브로로 갔다. 서로 다른 지역에서 선교 여행을 계속했던 것이다. 이들은 사람을 선택하는 문제에서 철학이 맞지 않아 나뉜 것뿐이다. 바울의 선교팀은 아시아와 유럽에서 전도할 때도 존속된 것으로 기록되었다.

전통이 짧은 한국의 선교단체들은 선교사에게 팀사역을 위한 희생을 요구하기가 아직까지는 어려운 형편이다. 선교사 본인에게는 자녀 교육 문제와 사역과 후원 교회의 요구 등 해결해야 할 일이 산재해 있기 때문이다. 이런 한계 안에서 팀사역을 유지하기 위해 지켜야 할 최소한의 원리가 성경에 있다. 바울과 바나바는 마가 요한의 일로 다투고 나뉘었지만, 그래도 사역은 전략적으로 나누어 감당하였다. 그들의 모습을 보며 '우리는 왜 하나님의 일을 전략적으로 나누어 할 수 없는가?'라는 생각을 하게 된다. 서양 선교단체에서도 현장의 선교사들이 정들었던 선교회나 선교지를 떠나는 경우가 물론 있다. 그러나 이들에게는 다시 동역할 기회가 있다. 그런데 우리는 왜 자기를 키워주고 도와준 단체를 떠날 때 서로를 비방하고 결국 불편한 관계까지 가는가? 아마도 자기합리화를 위해서인 것 같지만, 우리 모두 고민해야 할 일이라고 생각한다.

⚜ 17 ⚜
팀사역을 이해하고
실현하는 6가지 ②

——— 넷째, 한국 선교사에게 팀사역이 가능한가?

"한국의 선교사들이 팀으로 사역하기보다 단독으로 사역하는 경우가 많은 이유는 무엇일까?" 이 질문에 대한 답은 아쉽게도 "가능하지 않다"는 것이 일반적이다. 필자의 간증과 경험을 보더라도 선교현장에서 가능하고 반드시 필요한 팀사역이 왜 이토록 어렵고 불가능하다고 여겨질까? 그 이유 중 대표적인 것이 파송단체의 통제력이 현장에서 조직적으로 미치기 어려운 구조이다.

한국의 교단 선교단체와 초교파 선교단체 사이에는 차이가 있다. 일반적으로 국제 선교단체는 선교사에 대해 통제력을 가지지만, 교단선교부는 선교지에서의 통제력이 부족하다고 여겨진다. 선교사가 현장에서 사역의 자리를 잡을 때까지 돌봐줄 역할을 감당할 지역의 선교사나 조직에 어려움이 닥쳐도 해결할 능력이 있는 현장의 지도자가 많지 않은 탓이다. 그래서 한국 선교사들 대부분은 자수성가형으로 사역할 수밖에 없었다.

또 다른 이유는 재정 후원의 구조 때문이다. 만약 선교사를 파송한 어느 특정 교회가 재정의 대부분을 지원하고 있다면 교단의 다른 어느 교회가 그 선교사를 무시할 수 있을까? 교단선교부나 초교파 파송단체가 다른 관점으로 결정한다 해도, 그런 파송 교회가 현장 선교사에게 신뢰를 보낸다면 누구도 간섭하기 어렵다. "누가 뭐라 해도 우리가 파송한 선교사는 우리가 책임진다"는 파송 교회의 절대적 신뢰는 선교사에게 큰 힘으로 작용한다.

현장의 필요에 따라 팀사역을 하는 단체가 조직되는 경우도 있다. 반면에 본국에서 후원 단체가 먼저 조직된 후 선교사들을 파송하고, 이들이 현지에서 팀을 구성하는 경우도 있다. 하지만 어떤 경우든 팀사역이 바람직해지려면 조직(파송단체와 후원 교회)보다 현지의 리더가 더 중요하다. 이와 같은 구조적 이유 말고도 정서적이고 현실적인 이유가 있다. 결론부터 말하자면, 한국인의 특성 자체가 팀사역의 장벽이 되는 경우가 많다.

한국 선교사들이 현장에서 팀사역을 하기 어려워하는 이유들을 살펴보면 팀사역의 장애물이 무엇인지 이해할 수 있으리라 생각한다.

① 목사 선교사들의 높은 자존감이 장애물일 수 있다.

목사는 일반적으로 교인들로부터 존경받는다. 심지어 부인에게까지 '존경'을 받는다. 가정에서도 아버지보다 목사라는 개념이 앞선다. 친척 사이에서도 동생이나 동서나 오빠라는 친족의 개념보다 '주의 종'이라는 개념이 우선이다. 목사이기도 한 선교사들은 그 자존감이 다른 직업을 가진 선교사들보다 일반적으로 높다. 평신도들에게 무엇을 제공받아도 당연한 것으로 여기기도 한다. 평신도도 선교사라는 호칭을 가지면 존중받는 경향이 있기에, 어떤 평신도 선교사는 자기 부모와 나이가 비슷한 친족으로부터 '선교사님'으로 불리는 일이 간혹 있다. 그러니 누구라도 자존감이 지나치게 높으면 팀으로 사역하기 어려운 것은 당연지사다.

② 선교사의 자녀교육 문제가 팀사역에서 걸림돌이 될 때가 많다.

해외 기반의 단체들은 소속 선교사의 행동을 규제하는 조항이 대체로 엄격하다. 단체의 허락 없이 사역을 진행하거나 일정 기간 일정 범위를 함부로 벗어나면 안 된다는 식이다. 이에 반해 한국 선교사들은 자유로운 편이다. 안타깝지만, 한국 선교단체들의 규정은 서양 선교단체들의 규정에 비해 아직도 허술한 편이기 때문이다. 어느 정도의 규제를 통한 돌봄을 기대해도 '그냥 자유가 허락되는' 경우마저 있다. 규제와 돌봄이 매우 부족하고, 사실상 방치된다는 뜻이다. 그래서 '각자도생'해야 하는 상황이 될 수도 있다.

예를 들어, 자녀 교육 문제와 관련하여 선교사들이 보여주는 일반적인 태도는 양보하지 않는 것이다. 사역이 필요한 곳은 시골 지역인데, 자녀를 교육할 만한 적당한 학교가 없을 경우엔 한동안 고민하다가 남편 혼자 사역지에 있기로 하고, 아내는 자녀들을 데리고 도시에 있게 된다. 아예 팀을 나와, 자녀교육을 위해 도시로 이동하는 경우도 있다.

일반적으로 선교사의 자녀 문제에 대해 더 스트레스를 받는 쪽은 여성이다. 아내이자 어머니이기도 한 여자 선교사는 남편보다 자녀교육에 더 강한 집착을 보일 수 있다. 사역 현장이 자녀를 교육하기에 적당하지 못하다고 느끼면 스트레스를 받을 수밖에 없다. 특히 팀사역의 일원으로서, 팀에서 자녀교육에 대해 일관되고 적합한 대책이 없으면 스트레스 지수는 더욱 높아진다. 아무래도 선교사이기 때문에, 그 지역의 다른 동역자들과 비교해볼 때 자녀교육에 대한 자신의 불만과 염려가 일종의 '선교사로서의 믿음 부족'으로 여기게 되는 것도 스트레스가 된다. 그래서 조심스레 '홀로서기'를 생각하기도 한다. 팀을 탈퇴하는 걸 고민하는 것이다.

팀사역을 하다 보면 선교사 부부가 팀의 전략적인 목적에 따라 일정 기간 자녀와 떨어져 있어야 할 때가 있다. 예컨대 환경이 매우 열악한 지방에 배치될 경우, 학교를 다니는 자녀는 동반하지 못해 도시에 두고 가야 한다. 자녀의 교육에 열심을 보이는 여자 선교사라면 이럴 때 매우 난처하다. 그렇다고 자녀 때문에 사역을 거부할 수도 없다. 그러다 보니 결국 빙산의 일각인 다른 문제를 핑계로 삼을 수 있다. 사역의 한계를 지적하거나 팀사역의 방향성에 대해 불만을 털어놓거나, 후원 교회의 요구와 현지 사역의 문제점을 거론하기도 한다. 그야말로 그 팀의 사역과 관계없는 비본질적 시비를 일으키게 된다. 이렇게 되면 아내 선교사는 마음으로는 교회가 없는 지방에서 사역하기를 원하지만, 자녀 때문에 하지 못하는 자신을 안타깝게 여기게 된다. 결국 남편의 동의를 얻어 국제학교가 위치한 대도시로 사역 현장을 옮겨간다. 이를 위해 선교회(또는 팀)를 떠나기도 한다.

자녀교육의 문제를 겪은 선교사들은 대부분 자녀와 더불어 국제학교가 있는 도시 지역에 새로운 둥지를 틀게 된다. 실제로 많은 선교사들이 소위 '관문 선교'로 불리는 도시 선교를 이유로 전략적인 미전도 종족(unreached people group)이 있는 지역에서 철수하고 국제학교가 있는 도시로 사역지를 옮기곤 한다. 태국의 경우, 그런 선교사 가정은 방콕과 중부 태국과 치앙마이 등으로 갔다. 국제학교가 위치한 지역에서 사역하는 선교사들은 자녀교육에 대한 부담이나 위험이 별로 없고, 선교회에서나 자기의 사역에서 문제를 일으키지 않는다.

GMS 소속 선교사들만 보더라도 2010년 이전까지 10년 이상 사역한 베테랑 선교사들 가운데 자녀교육을 이유로 미국에 안주한 사례가 제법 있었다. 실제로 서남아시아 P국의 C 선교사, 남미 K국의 K 선교사, C국의 K 선교사, 아프리카 U국의 B 선교사 등이 그렇게 하였다. 아시아 K국의 K 선교사 역시 자녀교육을 이유로 선교지역을 이동하였다. H 선교사는 자녀 때문에 미국으로 갔다가 자녀가 졸업한 다음 선교지로 돌아오기도 했다. 자녀교육 때문에 선교사 부부가 별거한 사례는 흔해서 거론하기 힘들 정도다.

선교사들의 이런 모습이 안타깝기는 하지만, 그렇다고 비난만 하고 있을 순 없는 일이다. 이런 현상을 줄이려면 대책이 필요하다. 본부부터 자녀교육을 배려하는 정책을 세워야 한다. 내가 설립한 KGAM이 선교사 자녀 기숙사(푸른초장) 사역을 한 것이 바로 이 문제를 위한 나름의 대책이었다. 나와 아내는 한때 이 기숙사의 사감으로 팀의 선교사 자녀들을 돌보기도 했다.

태국에서 한국 선교사의 95퍼센트 이상이 속해 있는 EFT(Evangelical Fellowship of Thailand)는 2015년 1월부로 방콕과 치앙마이에서 사역하는 신임 선교사들에게 선교사 비자를 주는 일은 고려하지 않기로 했다. 그들도 어쩔 수 없이 내린 결정이었다. 방콕과 치앙마이는 국제학교와 영어를 사용하는 학교들이 있기에 선교사들이 선호하는 지역이다. 그러나 이 지역들에는 이미 교회가 있고 기독교인이 많아, 태국의 교회 지도자들은 이미 교회가 많은 북부 태국 지역에서 선교사들의 사역을 원치 않는 것이다.

③ 선교사 내외 중 어느 한 사람이 사역에서 만족하지 못할 때이다.

남자 선교사는 남자들의 세계를 이해하고 나름대로 자기의 역할에 만족할 수 있다. 하지만 아내인 여자 선교사는 주변 환경에 대해 정서적으로 다르게 느낄 수 있다. 우선 첫 번째 사역 기간인 초임 시절에는 자기 남편이 선배 선교사의 심부름만 해주고 있다고 느낄 수 있다. 결국 남편을 왜소하게 여기고 실망할 수도 있다. 그래서 일반적으로 처음 5년을 잘 보내면 아내가 이해하고 적응하여 두 번째 5년은 잡음 없이 지나갈 수 있다고 본다.

그런데 세 번째 기간이 되면 이번엔 남자 선교사에게 문제가 생길 수 있다. 남자는 보통 자기가 맡은 사역이 팀에서 애매하면 불만을 품게 된다. 사회에서 남자의 위치가 분명하지 않을 때 자존감이 낮아지는 것과 마찬가지다. 그러면 '나는 언제 리더가 될 수 있을까?'를 자문하게 된다. 이런 불확실성이 지속되면 어느 날 갑자기 '결단력'이 생기기도 한다. '이제라도 팀에서 나가 나 중심으로 사역하고 리더가 되자'고 생각하는 것이다. 직장생활을 하다가 개인사업을 꿈꾸는 것과 비슷하다.

남녀마다 차이와 상황에 따른 이와 같은 불만은 팀사역을 하는 데서 정서적인 장애물이 된다. 이것이 누구에게나 생길 수 있는 실제적인 문제임을 인정하고, 그럴 시기와 상황을 고려한 선배와 동료들의 돌봄이 필요하다.

④ (아주 드문 경우이기는 하지만) 주요 후원 교회의 요구에 대해 선교사 개인이 부담을 느낄 경우 팀사역을 하지 못하게 될 수도 있다.

선교사들은 선교 사역에 대한 후원 교회의 기대를 만족시켜야 하는 부담을 늘 가지고 있다. 특별한 예를 들면, 후원 교회가 미전도 종족 입양을 기대할 경우 후원받는 선교사는 그 사역을 해야 한다. 그러면 그 교회는 소위 '종족입양예배'까지는 드릴 수 있을지 몰라도, 실제로는 선교사 개인의 언어나 능력의 한계 때문에 그 사역이 계속 진행되지 못하고 용두사미가 되는 경우가 허다하다. 그러나 해당 선교사는 그런 결과에 대해 자기의 잘못을 인정하기보다 후원 교회의 불합리성과 선교 정책의 제도적 모순을 열거하게 된다. 한편, 후원 교회는 선교지의 현실을 이해하기 전에 후원하는 선교사의 말만 듣고 선교사가 관계된 선교단체나 팀에는 소극적일 수 있다. 만약 선교사가 선교단체를 떠난다 해도 방관할 수 있는 것이다.

한국 선교사들이 아무리 열심히 사역해도 간혹 파송 교회에게 인정받지 못하고 불신까지 받게 되는 이유는 역설적으로 혼자 사역하고 있는 구조적 문제 때문일 가능성이 높다. 선교사 혼자 사역을 결정하고 재정을 집행한다면 누가 동의하고 신뢰할 수 있겠는가? 선교사는 실수하지 않는다는 말인가?

⑤ 어떤 선교사가 동료 선교사들과 함께 사역하는 대신 현지인을 고용하는 경우에도 팀사역에 금이 가게 만들 수 있다.

국제선교단체가 아닌 한국 선교사들이 만든 자생적 단체에 속한 선교사 중에서는 자기가 하는 사역에 동역하는 한국인 선교사를 세우는 대신 현지인을 고용하는 경우가 종종 있다. 현지인은 최소한의 돈만 주면 동역할 수 있기 때문이다. 이런 사역 형태는 리더로서 후배 선교사들과 장기간 사역하다가 후배로부터 상처를 받은 경험이 있는 선임 선교사가 주로 선호한다. 그러나 혼자서 하는 일은 언제나 제한적이다. 또한 배타적이기 쉽다.

만일 선교사가 현지인을 고용하면 어떻게 될까? 현지인은 자기에게 돈을 주는 선교사만 바라볼 것이다. 만약 돈이 제때 조달되지 않으면 사역이 중단되는 경우도 종종 있다. 현지인을 세워놓고 사역하는 선교사는 마음 편히 안식년을 가지기도 어렵다. 안식년 기간에도 불안해서 선교지를 자주 방문하고, 결국 안식년을 마치지도 못하고 복귀하는 경우가 허다하다. 만약 어떤 현지인이 선교사의 이런 약점을 알게 된다면 선교사는 적당한 수준에서 현지인과 타협하며 사역하게 되는데, 이런 경우에 혹시라도 그 현지인의 이름으로 부동산을 구매했다면, 십중팔구 결국 뺏기게 된다.

현지인들은 언제 어디서나 선교사에게 요구하는 일이 많은데, 만일 그들과 불필요한 동업이나 고용관계를 가지면 더 어려워질 수 있다. 하지만 선교사들이 팀사역을 하면 현지인에게 무시당하지도 이용당하지도 않으면서 현지 교회를 섬길 수 있다. 팀사역을 하면 현지인의 무리한 요구를 피할 길을 언제나 합법적으로 가질 수 있기 때문이다. 같은 지역에서 여러 선교사들이 같은 사역을 하는 이른바 '중복 투자'를 피할 수도 있으며, 선교사들이 갖고 있는 잠재력과 은사와 후원 교회들의 자원까지 최대화할 수 있다. 한 걸음 더 나아가, 모든 사역이 연속성을 갖게 된다. 안식년으로 자리를 비우는 선교사들의 사역까지 다른 동료들이 전략적으로 감당할 수 있기 때문이다. 당연히 은퇴한 다음에도 사역을 이어갈 수 있다.

─────── ## 다섯째. 현장에서 찾아보는 팀사역의 사례

다음의 내용은 필자가 관찰하거나 직접 참여했던 선교단체의 본부 또는 현지의 팀사역 단체들이 했던 팀사역의 사례와 장단점을 묘사한 것이다. 여러 입장을 고려해 단체 또는 팀의 이름을 구체적으로

표기하지 않고 A, B, C, D 등으로 쓴다.

① A는 자타가 공인할 만큼 팀사역에서 모범을 보인 단체이다. 선교 현장의 필요에 따라 1988년에 설립된 이 단체는 사역의 확장에 따라 11가정 22명의 선교사로 확장될 기회가 있었다. 하지만 결국 다수의 선교사들이 그 단체를 떠나, 현재는 여덟 가정만 남아 있다.

이 단체의 특징은 전체 선교사가 사역의 모든 정보를 공유한다는 것이었다. 하지만 그것은 그들이 선교사로서 처음 안식년을 보낸 다음인 두 번째 기간(second term)까지 가능한 일이었다. A 단체의 선교사들은 같이 사역한 지 10년이 지나가자, 즉 세 번째 기간(third term)에 접어들자 지역별 코디네이터 제도를 도입하였다. 이로써 각 지역의 선임 선교사(코디네이터)에게 자율권이 주어졌다. 문제는 그 코디네이터 중에 어떤 이가 자기 지역의 사역을 더 강조한 데서 발생했다. 이후 각 지역의 상황을 이유로 다른 지역의 동료 선교사와 계속 대화하는 일, 즉 정보 교환이 점점 줄어들게 되었다.

선교사들을 돕는 현지인이 초임 선교사를 유혹하는 일이 생기기도 했다. 초임 선교사들은 현지인이 필요하다고 소개하는 사역을 하기 원하기 마련이다. 이렇게 되니 선임 선교사와 부딪치게 되었고, 후배는 선배가 편협하고 시기한다고 느낄 수 있었다.

A 단체의 재정 사용 원칙은 모금은 각자 하지만 공동의 필요를 위한 일에는 힘을 합하는 것이다. 후원 교회가 보내준 선교비는 각자 사용하되, 중요한 프로젝트는 모든 선교사가 힘을 다해 같이 사용하는 것이

다. 그래서 단체 이름으로 교회를 개척할 경우는 선교사들이 십시일반으로 재정을 모았다. 공동기금을 조성하여 팀을 위한 자동차를 구입하기도 하였다. 팀의 공동 사역으로 규정한 일을 위해 건물을 마련할 때는 자기와 아무 상관 없는 일이라 해도 선교사 전원이 같이 모금했다. 이런 분위기는 소속 선교사 한 사람이 자신의 자동차를 살 때도 팀원들이 돕게 하였다. 어떤 선교사의 자녀에게 학비가 부족한 경우에도 너나할 것 없이, 심지어 무명으로도 도왔다. 안식년으로 선교지를 떠나 있는 동안에는 그 기간에 필요한 사역비를 내놓고 가서, 그 재정으로 어려운 선교사를 돕기도 했다. 이 단체는 새로운 선교사가 오면 1년 정도의 언어 훈련과 문화적응훈련을 거친 후에 사역지로 파송하였다.

　나름 성공적인 팀사역을 해온 이 단체에서도 일부 선교사들이 떠났다. 리더십이 적절한 시기에 이양되지 못했고 팀사역에 대한 선교사들의 헌신이 확실하지 않았기 때문이라고 여겨진다. 현재 이 단체에 남아 있는 선교사들 가운데 몇 분은 부분적으로 사역의 협의가 잘 이뤄지지 않는 것처럼 보인다. 하지만 전체적으로는 통일된 모습을 보이고 있다. 이 단체의 선교 정책을 고수하려고 노력하기 때문이다. 그런 선교사들이 남아 있는 것은 이 선교회의 장래를 위해 긍정적이다.

　② B는 A에 소속돼 있다가 나온 분들이 만든 단체이다. 팀으로서 사역해야 한다는 명분에는 공감대가 형성되면서 새로운 단체를 만든 것이다. 선임 선교사들이 사역의 줄기와 방향을 잡은 다음 선교사들이 계속 영입되어, 이제는 선교단체라는 큰 우산 아래에서 팀별로 사역하고

있다. 다만 B는 재정은 공유하지 않는다. 사역 내용을 구체적으로 공유하지도 않는다. 횡적 관계를 유지하기 위해서다. 그저 보고하는 형태로만 관계를 유지하고 있다. 외부에 팀의 사역을 알릴 때는 전체가 결정한 것만 알려지도록 조심한다. 팀이 결정하여 진행하는 사역이 자기 견해와 다르다 해도 자기 견해를 밝히지 않는다. 이것은 팀사역을 위해서는 지혜로운 모습이다. 이 단체는 선교사 각자의 사역이 독립적이고 재정 또한 독자적이기에 새로운 선교사들이 계속 영입되고 있다.

　B가 팀사역에서 보여주는 부정적인 교훈은 선임 선교사들이 간혹 하나가 되지 않을 때 후배들이 운신하기 어렵다는 점이다. 하지만 현지에서는 계속 지도자가 계발되고 생겨난다는 장점도 있다.

　③ C는 한 지역에서 사역하는 선교사들이 팀을 구성하고 사역의 방향을 정한 다음, 한 사람씩 책임자가 되어 현지인을 데리고 사역하는 모습을 보이고 있다. 이 팀의 리더는 1년에 한 번씩 순차적으로 교체되며, 팀의 사역은 선교사들이 내는 공동 회비로 운영된다. 이 팀의 선교사들이 각자 후원받는 재정은 다르지만 공동 회비는 동일하다. 선교사들이 균등하게 내는 공동 회비로 운영되기에 사역의 규모와 상관없이 공동 재정 모금에는 소극적일 수 있다. 자기가 모은 재정을 자기 사역을 위해 전부 사용할 수 없음을 알고 있기 때문이다. 따라서 팀사역의 전체 규모가 확장되는 것은 기대하기 어렵다.

　C의 구조는 팀사역에서 일반적이고 초보적인 것이다. 그러나 팀사역의 첫 단계로서는 추천할 만하다.

④ D는 선교지에 먼저 가 있는 선교사가 유능할 경우, 그가 선임이 되어 뒤에 오는 선교사들을 전략적으로 여러 지역에 배치하는 구조를 가지고 있다. 그래서 다음 순서에 오는 분들은 순차적으로 먼저 온 선교사의 아래에 둔다.

D의 구조는 먼저 온 선교사가 지역 디렉터(director)로서 후배들을 지도하는 데 큰 어려움은 없다. 이런 경우, 선배가 조금이라도 희생하는 모습을 보여준다면 후배들은 더욱 잘 따를 것이다.

사람들은 언제든지 모델을 보기 원한다. 사역에서도 선배가 희생하고 섬기는 모습을 보이면 후배들도 재정의 헌신과 시간의 섬김을 할 수 있다. 이런 점에서 D는 팀사역을 하기에 좋은 환경을 갖추고 있다. 선교지에 먼저 와 있는 선교사가 리더십을 가지는 것의 당위성을 보여준 사례이기도 하다.

일반적으로 '어떻게 팀사역을 성공할 수 있느냐?' 하는 고민은 후임의 몫이기보다 선임의 일이다. 팀사역의 장벽을 해결할 책임과 과제는 오로지 선임에게 있다. 권위과 기득권을 내려놓기부터 선택하고 실천해야 하기 때문이다. 내 경우에 팀사역이 가능했던 이유를 결론부터 말하자면, 내가 먼저 양보하고 손해보았기 때문이다.

이 글에서 현재 팀사역을 잘하는 팀들을 구체적으로 소개하고 그 유형들을 연구하는 것에는 한계가 있었다. 그러나 한국 선교사들이 사역하는 상황에 맞춘 여러 가지 팀사역의 모델은 계속해서 발전돼야 한다고 생각한다.

─────── 여섯 번째, 바람직한 팀사역을 위한 구조적 제안

우선 팀사역의 정도(또는 지침, degree)를 정해야 한다. 내 경험에 따르면, 팀사역이 지나치게 협력적(collaboratively)이어서 참여해야 할 공동의 사역이 너무 많으면 팀의 사역자들이 끝까지 남기 어렵다. 팀(선교부 또는 선교회)이 소속 선교사들에게 너무 많은 헌신을 요구하기 때문이다. 이런 위험과 부담을 줄이려면 서로 감당할 수 있는 만큼의 지침을 구체적으로 만들어, 팀으로서는 그 단계까지만 사역하는 것이 현명하다.

팀사역에서 정도의 종류는 단계적으로 네트워킹(Networking), 협력(Cooperation), 코칭(Coordination), 공동작업(Collaboration)이 있다.

① '네트워킹'은 아이디어와 정보를 공유할 수 있는 팀원들이 각자의 필요에 의해 비공식적으로 교제하는 것을 말한다. 이것은 서로에게 특별한 헌신을 강조하지 않기에 큰 부담 없이 동참할 수 있는 정도의 팀사역이다. 출신 교파나 소속 교단이나 선교단체에 구애받지 않고 일할 수도 있다. 이것의 특징은 사역과 재정이 독립되는 것이다. 모든 일을 각자 결정하고 서로 필요한 정보만 공유하기에 부담이 적다.

② '협력'은 사역과 재정은 독립적이지만, 부분적으로는 협력해서 사역하는 것이 특징이다. 정보 교환이 주목적이고 강제적이지도 않다. 별다른 조직이 필요하지 않아 강한 지도력도 필요없다. 서로에 대한 기대치가 낮아 협력이 잘 이뤄지지 않을 경우의 리스크도 줄일 수 있다. 서로가 원하는 만큼의 유익을 얻으면 충분하다. 큰 부담 없이 할 수 있는 팀사역의 단계이다.

③ '코칭' 혹정 조정자 역할(또는 조정력을 가지는 정도의 단계)은 한국보다 서양 선교단체에서 사역하는 선교사들에게 익숙한 용어이다. 나이와 경력에서 선배와 후배의 차이가 확실하고 사역 경험에서도 차이가 확실하다면 상당한 효과를 올릴 수 있다. 조정하는 선교사(코디네이터)와 그 조정을 당하는 선교사가 있기는 하지만, 아주 조직적인 것은 아니어서 큰 문제는 되지 않는다. 하지만 후배가 선배의 조정을 자기를 조종하고 압박하는 것으로 느낀다면 이 방법은 팀사역에 전혀 도움이 안 된다. 그래서 사전에 의논된 범위에 한해 선임자의 결정을 따르게 해야 한다. 사역은 전적으로 의논될 수 있고, 또한 그래야 한다. 재정은 부분적으로만 공유가 가능하다. 이런 구조로 팀사역을 하려면 팀원들의 선교 철학이 같아야 하고, 서로에 대한 신뢰가 매우 중요하다.

④ '공동작업'은 큰 성과를 얻기 위해 작은 것들을 손해 보더라도 같이 일하는 조직이다. 공동작업이 열매를 맺기 위해서는 훈련된 리더와 좋은 조직 구조가 필요하다. 소속 선교사들에게 실제로 많은 희생(commitment)이 요구되기 때문에, 매사를 의논하고 모두 확실하게 헌신하지 않으면 팀이 해체될 위험은 증가된다.

공동작업을 하는 팀의 재정은 소속 선교사들이 각자의 사역비에서 생활비를 제외한 일부를 공유하는 것으로 충당되어야 한다. 개인 재정의 상당 부분을 섞어 쓰는 '부분모금'(Semi-Pooling)의 전(前)단계(Pre-Semi-Pooling) 정도는 최소한 이뤄져야 하는 것이다. KGAM에서 하고 있는 방식이 바로 이것이다. 한국 선교단체에서 개인의 소유를 완전히 인정하지 않는 '공동모금' 조직(Pooling System)은 찾아보기 어럽다.

팀사역을 하는 선교사는 기본적으로 독립적이면서도 협력적이어야한다. 전체적인 일의 방향은 조직이 정하되, 구체적인 방법은 부분적일지라도 팀 혹은 개인이 순발력있게 독립적으로 결정하는 것이 유리하기 때문이다. 사회의 경영자들과 조직에서도 이런 사람을 찾고 있다.

그러면 이런 공동작업의 형태가 한국 선교단체에서 가능하겠는가? 다음의 몇 가지 조건이 지켜지면 가능할 수 있다고 생각한다.

- 지도자끼리의 교체가 아름답게 이뤄져야 한다.
- 현장사역을 이해하는 방향이 같아야 하며, 경험보다는 현재의 상황을 읽을 수 있는 능력을 가진 사람이 요구된다.
- 재정에서 리더의 헌신이 요구된다. 한 예로, 대표의 사역을 위해 공금을 사용하는 것은 국제단체에서는 가능하지만, 한국에서는 후배에게 반감을 일으킨다.
- 선임 선교사는 후배 선교사를 겸손히 섬겨야 한다.
- 후배 선교사는 선배 선교사를 정중히 존중해야 한다.
- 선교사는 파송 교회보다 현장의 선교팀(working entity)을 더 중요하게 여겨야 한다.
- 선교사는 소속한 선교회에게 약속(commitment)한 것을 지켜야 한다. 파송될 때 한 약속조차 지키지 못하는 선교사는 어떤 이유로도 팀사역에 적당한 사람이 아니다. 본부는 이런 사람을 선교사로 파송해선 안 될 것이다.
- 팀사역에 동참하려는 선교사는 본인의 성향을 점검해야 한다. 자신

이 팀사역을 할 수 있는지가 무엇보다 중요한 조건이기 때문이다.

- '리더를 개인적으로 존경할 수 있는가?' '리더의 사역을 인정할 수 있는가?' 이 질문에 대해 객관적일 뿐 아니라 주관적으로도 평가하고 답할 수 있어야 한다.

- 팀에는 질서가 있어야 한다. 처음 선교사가 파송되는 지역이라면 가능한 먼저 입국한 선임 선교사가 선교의 질서를 세워야 한다. 일반적으로 자신에게 능력이 있으면 자기가 먼저 사역의 기초를 이룬 다음 후배들을 초청할 것이다. 하지만 자신에게 리더의 자질이 없다고 판단되면 계속 독립적으로 사역하려 하지 말고, 자신이 신뢰할 수 있는 리더와 같이 사역하는 것이 옳다. 그래야 질서가 잡힌다.

- 자신이 리더가 되었다면 큰 그림(전략)을 그릴 줄 알아야 한다. 팀원들에게 그 그림을 보여주고 설명할 수 있어아 하고, 그들이 리더의 전략에 동의할 수 있어야 한다.

- 현장에서 사역의 리더(코디네이터)가 쉽게 바뀌는 일은 숙고해야 한다. 사역의 책임자는 전문성을 가지도록 계속 키워나가고 유지되어야 하기 때문이다.

이상과 같은 조건들이 전제될 때, 다음과 같은 팀사역의 방법을 생각해볼 수 있다.

① 리더 중심의 팀사역이다. 이것은 현장에 먼저 가 있는 선임 선교사가 없는 경우에 다섯 가정 미만이 팀을 이루기에 적당한 구조이다. 새로 세워진 리더가 모든 사역을 감독(supervising)할 수 있지만, 선교의 정보는 회원 전체가 공유해야 한다. 또한 이런 팀의 리더는 매사에

CEO 같은 역할을 해야 한다. 사소한 예이지만, 식사 후에 음식값을 각각 내는 더치페이(dutch pay) 방식은 한국 문화가 강한 토착 선교회에서는 리더에게 부정적인 인상을 남길 수 있다.

② 코디네이터(coordinator) 중심의 팀사역이다. 사역별로 전문 분야를 나누고 그 각각의 작은 사역팀마다 코디네이터를 중간 관리자 같은 리더로 세우는 구조이다. 그 팀의 리더는 그 사역을 진행하는 책임자가 된다. 이것은 선임 선교사가 이미 현장에 있고, 여섯 가정 이상 10가정 미만이 모인 팀에게 적당하다. 각각의 팀에서는 부분적으로라도 재정의 연합을 시도해볼 수 있다. 그러나 모든 사역에서 최종 결정은 코디네이터들이 모인 자리에서 의논되어야 한다. 이 방법은 선교팀에 전문성이 있어야 한다는 점에서 바람직하다. 안식년을 갖게 되는 선임 선교사라면 안식년 기간에도 자기가 하던 역할이 진행되기 위해 코디네이에게 위임할 수 있어야 하고, 사역에 필요한 정보를 사전에 공유하여 준비시키는 것이 바람직하다.

코디네이터 방식은 그 팀이 팀사역을 통해서 전문 분야에 특화된 단체로 성장하게 하는 데 유리하다. 현장에 따라 큰 선교단체가 할 수 없는 사역이 있을 수 있다. 그런 경우는 전문적인 사역팀을 구성하여 담당시키거나, 혹은 현지에 그 일을 해낼 만한 팀이 이미 있다면 그 팀이 그 전문성을 가지도록 도와야 한다.

세계의 여러 선교 현장에는 각종 기술을 비롯한 전문성을 가지고 세분화시킬 영역이 다양하게 존재한다. 불교권, 회교권, 힌두교권을 비롯한 종교적 장벽이 있는 지역은 대상에 따라 전문적으로 접근해야 한다는 건 상식이다. 나아가 교회 개척과 목회자 훈련, 학교 설립과 선교사 자녀 지원, 탈북자 전도와 공산권 선교, 미전도 종족과 소수 부족 전도, 창의적 지역 접근과 각종 연구 등에 필요한 전문 인력이 다양하게 요구되고 있다. 큰 선교단체가 이처럼 다양한 사역들을 전부 장악할 수 없다. 이제는 그래서도 안 된다. 전통적인 선교단체가 세상의 대기업이 하는 것처럼 모든 일을 하려는 문어발 방식에서 벗어나, 작지만 전문적인 단체들을 팀으로서 육성하는 정책이 필요하다. 세상에서도 벤처기업을 키우는 것이 대세 아닌가?

——— 팀사역을 지원하는 본부의 기능이 중요하다

파송 단체는 현장에서 팀사역이 세워지도록 행정적인 지원을 해야 한다. 또한 리더에게는 팀사역을 이끌도록 행정비 지원이 필요하다. 현장은 계속해서 달라지기에 본부가 예전의 경험만으로 선교사들에게 요구하면 안 된다. 모든 선교적 결정은 팀 리더를 중심으로 현장에서 이루어져야 한다.

본부의 역할은 지원팀과 같은 것이다. 선교 현장의 팀사역에서 필요에 의해 요구하는 것이 있다면 이를 지원하는 역할이다. 일종의 서비스 개념인데, 이를 위해 본부는 후원 교회들과 긴밀히 네트워크를 해야 한다. 팀사역은 아무리 실천하기 어렵다고 해도 포기하면 안 된다.

이 글에서 국제단체의 팀사역을 예로 들지는 않았지만. 결국 한국교회의 선교도 현장에서는 팀 리더 중심의 팀사역으로 갈 수밖에 없다.

⊹ **18** ⊹

돈이 중심이
아닐 수 있는 선교

———— **프로젝트 선교의 유혹**

  나는 선교사로서 독불장군처럼 사역하지 않았다. 미전도 종족을 입양해 복음을 전하고 교회를 세우는 것만 목표로 삼지도 않았다. 현지인에게는 목회자 훈련을 시켜 교회가 세워지면 그들이 현지인 교단에 들어가도록 하였다. 이후에는 그들에게 선교훈련을 시켜 그들 스스로 선교하도록 도왔다. 내 이름으로는 센터나 교회 건물을 하나도 사지 않았다. 돈이 필요하지 않은 것은 아니었지만, 재정이 많이 필요한 프로젝트성 선교는 지향하지 않았다. 나와 함께 팀으로 일하는 선교사들도 그렇게 하도록 권고했다. 그래서 우리 팀의 어떤 선교사는 교회

(예배당)를 하나도 세우지 않았다가 후원 교회에서 파송 중지를 받기도 했다. 교회 개척과 관련하여 선교사가 하는 일반적인 선교 방식은 예배당 건축을 지원하거나 혹은 월급을 주는 현지인을 목회자로 세우고 선교사는 협력하는 정도인데, 우리 팀은 이런 스타일의 교회 개척은 하지 않도록 하였기 때문이다.

돈이 중심이 되는 한국교회 해외선교의 관점과 행태에 대해 지적하고 싶은 결과론적 맹점이 하나 있다. 바로 'U 상(償)'이다. U 선교사가 한국에서 했던 것처럼, 한국 선교사가 해외에 가서 큰 교회를 세우거나 학교나 병원을 세운 경우, 그것을 선교적 업적으로 여기고 주는 상이다. 이런 상을 받으려면 당연히 현지에서 많은 돈을 들여 큰 프로젝트를 진행한 선교사여야 한다. 그러나 다시 말하지만, 이것은 지나간 서구 선교의 패러다임이다.

한국교회가 해방 이후 근세 선교를 시작한 것은 1955년부터다. 그러니 우리는 선교의 후발주자이지 선발주자는 솔직히 아니지 않은가? 그렇다면 다른 패러다임으로 선교에 접근해야 한다. 그런데도 한국교회는 여전히 선발주자인 양 옛날 방식으로 선교하고 있다. 이 방식이 문제라는 건 아프리카만 예로 들어도 알 수 있을 것이다. 리빙스턴과 슈바이처를 비롯해 수많은 서구 선교사들이 그곳을 다녀갔다. 그들이 선교 현장을 떠날 때는 그 정도면 됐다 싶었을 것이다. 그런데 그들이 했던 걸 한국 선교사들이 들어가서 또 하고 있지는 않은가? 이제는 교회와 학교와 병원을 세우는 일이 아무 의미가 없다는 말은 물론 아니다. 기존의 서구적 방식으로만 접근하는 것이 문제라는 걸 지적하고 싶은 것이다.

솔직히 말하자. 프로젝트 선교는 돈에 대한 유혹과 비리가 있을 수 있다. I국의 모 선교사는 자녀 없이 수많은 재산을 남겨두고도 하나도 이양하지 못한 채 돌아가셨다. 큰 프로젝트를 운영하는 선교사에게 자녀가 있는 경우 현지인에게 이양하지 않고 그 자녀에게 사역을 대물림하기도 한다. 그러므로 프로젝트 사역을 할 때는 선교지의 인프라를 계속 발전시킬 수 있는 현지인(현지 교단에 속한) 후계자를 생각하면서 해야 한다. 내가 KWMA의 사무총장이 된 것도 그런 고민의 연장선에 있다. 나는 한국선교가 건강하게 발전하며, 시대적 흐름에 맞게 변화된 패러다임과 더불어 사명과 역할에 적합한 선교를 하게끔 노력해왔다.

한국 선교는 앞으로 '돈 중심의 선교' 방식을 포기하고, 서구가 지금까지 보여온 선교 방식, 즉 사역은 선교사와 선교단체가 하고 교회는 후원하고 기도만 하는 돈 중심의 선교, 이른바 크리스텐덤(Christendom) 선교 방식에서 벗어나야 한다. 이제는 가난하거나 작은 교회도 선교할 수 있도록 모든 성도가 선교적 마음을 가진 선교적 크리스천(Mission-minded Christian)이 되고, 교회는 선교적 교회(Missional Church)가 되어야 한다. 우리 주변의 260만 명의 이주민들에게도 삶으로 복음을 전하는 선교 정책이 필요하다. 이것은 2023년에 개최한 NCOWE(National Consultation on World Evangelization)에서 다룬 중요한 주제이기도 하다.

방콕포럼에 참석한 선교사들.

──── 모든 사역의 중심에 있는 단어, '팀'

돈 문제와 더불어, 일을 많이 했다고 선교를 잘한 선교사라고 말할 수도 없다. 나는 33살 때까지 목회하다가 선교사로 파송받았으며, 현지에서 33년간 사역했다. KWMF(세계선교사회)에서 일한 적도 있다. 2002년에는 서기로 일했고, 2004년에는 사무총장이 되었다. 그때 내 나이가 40대 후반에 불과했다. 2008년에는 회장이 되었다. 상당히 젊은 나이에 요직을 맡은 것이다.

47세가 되어선 내가 설립했던 KGAM의 리더 자리를 내려놓았다. 나는 KGAM에서 팀으로서 사용하는 동안 선교사들의 자녀교육 문제의 해결을 위해 국제학교도 세워봤고 선교사 자녀 기숙사를 설립해 2년 반 동안 직접 사감(Dorm Parents) 역할도 하였다.

한국에 돌아오기 전에는 선교사들의 선교 토론 모임인 방콕포럼

(Bangkok Forum)을 만들어 '어떻게 하면 선교지를 건강하게 만들까' 하는 고민을 했다. 태국에서 사역하다 총회선교회(GMS) 사무총장 직을 맡아 선교사들을 관리하였다. 그런 다음 다시 태국에 돌아가 선교사와 선교 현장을 관리하였고, 현지인 리더십과 더불어 교회개척학교(Thailand Church Planting)를 시작하였다. 태국교회가 선교하는 교회가 되기 원해서 평신도 선교학교를 세워 7년을 사역하기도 하였다. 또한 2013년에는 방콕에 오아시스힐링센터를 세워 한국에 돌아오기 전까지 매년 20여 가정 이상의 선교사들을 '디브리핑'하였다. 이 사역을 통해 많은 가정들이 회복되었다.

2021년에는 다시 KWMA에서 국내 사역을 시작하면서 한국 선교 현장이 건강하도록, 한국 교회가 건강하게 선교하도록 흐름과 방향을 설정하는 중에 있다. 2023년에 개최된 국제선교전략대회인 엔코이(NCOWE)도 주관했는데, 한국선교의 흐름을 바로잡는 일에 사명감을 가지고 있기에 준비하고 진행했던 것이다. 이 사역들의 중심에는 언제나 팀이 있다. 프로그램위원회, 리서치 커미티, 로지스틱(전체 행정, 촬영, 대회 진행 등) 위원회, 예배팀, 진행팀, 그리고 10개의 주제별 트랙을 운영하는 소위원회 등등, 모든 대회가 팀으로 운영되었다.

─────── **선교 역사에서 배울 교훈**

세계 선교 역사는 200년 이상 지속되었고, 시대마다 특징이 있다. 한국 교회의 타문화권 선교는 1912년 산동에 선교사를 파송

디브리핑 강의중인 필자의 아내 황정신 선교사.

함으로써 시작하였지만, 현재와 같은 선교는 해방 이후 1955년에 최찬영, 김순일을 태국에 파송함으로써 시작됐다고 본다. 반면, 서구는 1800년대부터 선교가 시작되었다. 당시의 유력한 교통 수단인 배를 타고 해외에 나갔으며, 주로 항구에 도착해서 그 주변의 마을들에 복음을 전했다. 따라서 그때를 '해안선 시대'라고 한다. 그런데 허드슨 테일러가 중국에서 사역하던 중 '저 산 너머에 무엇이 있을까?' 하여 며칠을 걸어가 보니 같은 중국 사람이라도 언어와 문화가 다른 사람들이 있는 걸 발견하였다. 그래서 내지선교회(CIM : China Inland Mission)가 설립되었다. 같은 시대에 아프리카에서는 SIM(Sudan Interior Mission)과 AIM(Africa Inland Mission)이 설립되었다.

　선교사들이 내지에서 사역하다 보니 많은 미전도 종족을 만나게 되었다. 1917년, 캘리포니아 옥시덴탈대학교에서 2학년으로 재학중이던 캐머런 타운센드(Cameron Townsend)는 1년간 휴학하고, 스페인어로 된 성경을 보급하려고 콰테말라의 칵치켈(Cakchiquel) 인디언을 찾아갔다. 그러나 칵치켈 인디언 20만 명 중에 스페인어를 아는 사람은 아무도 없었다. 그들은 오히려 "당신이 전하려고 하는 하나님이 그렇게 똑똑하고 지혜로운 분이라면, 왜 우리에게 우리의 말로 말씀을 가르쳐주지 않습니까? 우리가 스페인어를 배워서 성경을 읽어야 합니까?"라고 물었다. 충격을 받고 돌아간 그는 10년간 언어 공부를 한 다음, 다시 과테말라에 가서 인디언의 언어로 성경을 번역했다. 그로 말미암아 위클리프선교회가 세워졌다. 성경번역 시대가 열린 것이다. 아울러 미전도 종족 선교에 대한 개념도 생기기 시작했다.

성경번역과 미전도종족 선교가 온 세상 모든 족속에게 복음을 전해야 한다는 지상대명령과 맞물려 지금까지 이어져왔다. 그와 더불어 서구의 선교는 교회와 학교와 병원을 세우는 방식의 전형을 만들어왔다. 선교사들은 선교하러 가면 교회부터 세우고 학교와 병원까지 세우곤 했던 것이다. 한국의 선교는 그것을 모델로 삼았다. 한국 선교사들은 태국에 간 초기에 그랬고, 일본과 필리핀 인도네시아와 말레이시아에서도 그랬다. 그런 선교의 결과, 그 나라들에서 예수 믿는 사람이 어느 정도 생긴 것은 사실이다.

크리스텐덤 선교 방식은 지금까지로 보면 하나님이 사용하신 최고의 선교 방법이었다. 이 방법으로 수많은 사람이 예수님을 알게 되었다. 그러나 세계선교의 지도가 바뀌는 이 시대에는 선교지(mission field)였던 비서구 교회가 선교사를 파송하는 국가(mission force)로 변하고 있다. 서구(global north)보다 비서구(global south)에서 교회가 부흥되고 더 많은 선교사가 파송되고 있다. 그런데 비서구인 아시아,

아프리카, 남미는 서구에 비교하면 절대적으로 빈곤하기에, 서구 선교사들이 사용하던 힘의 선교 방식, 즉 돈을 사용하는 프로젝트성 선교를 계속해서 전략으로 채택하기는 어렵다.

——— 패러다임의 전환을 불러온 상황

그런데 21세기 초반에 코로나, 즉 세계적인 팬데믹이 왔다. 이것이 그동안 이어온 선교 방식에 근본적인 혁명을 일으켰다. 대면이 불가능하고 모이지 못하게 되자, 시설과 자금을 통한 접근이 불가능해졌기 때문이다. 이것은 현실의 교회 침체뿐 아니라 선교 현장의 침체 또한 가져왔다.

더구나 이제는 서구의 교회가 가라앉고 있다. 교회에 동성애가 들어오고 젊은 세대가 떠나가고, 교회가 문을 닫고 심지어 술집이 되는 지경에 이르게 됐다. 서구의 선교 전략이 지속되려면 서구에서 계속 선교사가 나와야 하는데, 정작 서구 교회는 교인의 숫자가 줄어들고 문을 닫기까지 하는 상황인 것이다. 그 결과 선교사도 줄어들고 있어서 그들의 전통적인 선교 방식과 철학 또한 전파되기 어려운 지경에 이르고 있다. 그런데도 우리는 신학 공부를 위해 여전히 서구에 간다. 이런 상황에서 '앞으로의 선교는 어떻게 할 것이냐' 하는 문제가 나온다.

그래서 선교계에 등장한 새 개념이 '비서구 중심의 선교'이다. 서구가 아닌 지역, 즉 동양이나 남미와 아프리카 같은 제3세계의 교회가 파송한 선교사들이 사역 가능한 방법이 나와야 한다는 것이다. 힘의 선교

(크리스텐덤 미션)와는 다른 선교 방법이 필요하게 되었다.

지금 전세계에서 기독교가 가장 부흥하는 지역은 아프리카와 남미이다. 선교사들도 그만큼 배출되고 있다. 하지만 이들은 서구 출신 선교사들과는 비교할 수 없을 만큼 가난하다. 프로젝트성의 사역들, 즉 학교나 병원을 세우는 방식으로 선교할 수는 없다. 필리핀과 인도네시아를 비롯한 동남아권의 교회들도 부흥하고 있지만, 그들 역시 그렇게 선교할 수는 없다. 이런 와중에 닥친 코로나는 교회를 어렵게 만들었고 선교의 지형까지 변화시켰다. 한국교회만 하더라도 코로나 기간에 그 큰 예배당을 두고도 모이지 못하지 않았는가?

상황이 이렇게 되자 교회는 새로운 선교 전략을 고민하게 되었다. 서구의 전통적인 선교 방식에서 벗어나는 본질적인 선교 방식이 무엇인지 모색하기 시작한 것이다. 그런데 한국 선교사들은 위와 같은 선교의 역사적 교훈과 현실과 관계없이 여전히 기존처럼 하고 있지는 않은가?

변화되지 않은 고정관념과 기존 방식을 따른 선교의 결과는 감정에 호소하는 이야기로 대치되곤 한다. 한국교회는 특히 정서를 움직이는 감동적 선교 보고(간증)에 반응하는 경우가 많기 때문이다. 독자가 감동하려면 책의 내용에 정서적이고 충격적인 이야기가 있어야 하듯이, 선교사의 이야기에도 그런 요소를 기대하는 것이다. 그러나 그 이야기가 사실은 본질이 아닐 수 있다.

예컨대 어느 나라에서 정치 소요가 일어나 탱크가 왔다 갔다 하는 긴박한 상황에서 어느 선교사가 우연히 친구 집에 가서 하룻밤을 보냈다고 하자. 단순히 친교 목적의 방문이었음에도 하필 그날 큰일이 일어났는지라, 본국에는 긴박하고 불안한 상황에서 피신했다고 보고할 수도 있다. 아주 틀린 보고는 아니지만, 전부 사실은 아닌 것이다. 그래서 나는 후배들에게 선교 편지는 구체적으로 5W 1H에 근거에 명확하고 정직하게 쓸 것을 강조하곤 한다. 선교 보고는 기도를 요청하는 편지이기에 사실을 전달하는 것이지, 감정을 섞어 쓰거나 혹은 감정을 유발하는 소설이 아니기 때문이다.

한국 선교사들은 한국교회가 본질과 무관할 수 있는 감성적 이야기에만 선교에 대한 인식이 머무르게 해선 안 될 것이다. 세계선교의 흐름을 이해하고, 그런 흐름의 연장선에서 어떻게 하면 건강한 사역을 할 수 있을지 계속 고민하고 공부하고 연구해야 한다.

나는 선교사들의 연구와 건강한 사역을 위해 선교사들이 모여 토론하는 모임을 결성하였다. 그것이 2002년에 결성한 '방콕포럼'이다. 내가 안식년을 이용해 에딘버러대학에서 공부하고 돌아온 다음 만든 것인데, 그때는 내가 방콕에 있었기 때문에 선교사들이 그곳에 모였다. 그래서 모임 이름이 자연스레 방콕포럼이 된 것이다.

아시아 지역에 있는 선교사들이 자기 사역을 글로 쓰고 연구하도록 독려하는 운동도 하였다. 그것이 CSCA(Center for the Study of Christianity in Asia)인데, 나는 선교사들의 모임을 통해 선교를 혼자서 하지 말고 팀으로 하며, 특히 현지 교회와 협력하자고 강조했다.

내가 장로교 합동측 목사이고 총회선교부에서 일했지만, 선교지에 가서 혼자 사역하기보다 현지에 있는 감리교회나 침례교회, 심지어 오순절 교회라도 같이 사역하는 것이 혼자서 하는 것보다 건강하다고 강조했다. 왜냐하면 선교사는 교단을 확장하거나 교파를 전하러 선교지에 간 사람이 아니기 때문이다. 복음을 전해서 그 지역의 사람들이 예수 믿고 구원받는 하나님의 백성이 되도록 하는 사람이 선교사다. 그러므로 만일 현지에 이미 교회가 작게라도 있다면 그들과 협력할 생각을 해야지, 다른 교단은 상대하지 못하겠다며 보수적인 입장만 고수해선 안 된다고 교육했다. 교단의 확장은 서구 교회의 생각일 뿐이다.

또한 선교사가 너무 많은 일을 하려고 하지 말고 하나님이 주신 만큼 하자고 강조했다. 선교사는 빚까지 얻어가며 일을 벌여선 안 된다. 나는 교단선교부(GMS)에서 일할 때도 팀사역과 아울러 '돈으로 하지 않을 수 있는 선교'에 대해 강조하였다.

─── 동역자로서 살았다

놀랍게도 한국교회가 해방 후에 처음 선교사를 보낸 나라가 바로 내가 사역했던 태국이다. 지금으로부터 무려 70여 년 전의 일인데, 그때 영락교회는 최찬영 목사를, 대구서현교회는 김순일 목사를 태국 선교사로 파송했다. 태국기독교총회는 한국 선교사들을 '동역자'(fraternal worker)로 받아들였다.

나는 태국에 가서 처음부터 당연히 동역자처럼 사역했다. 내가 현지인의 교단에 소속된 것도 동역자로서 사역하는 것이었다. 내가 태국에 처음 갔을 때 시무했던 한인 교회가 현지 교단 소속이었기 때문이다. 그것은 내 의지와 상관없는 일이었다.

그런데 총회 소속 선교사로서 두 번째 파송된 다음 현지에서 비자 발급의 필요를 위해 만든 선교회도 태국기독교총회(CCT)에 속하게 되었다. CCT는 이미 본부 건물이 있었고 큰 규모의 교회들도 많이 소속돼 있었다. 내가 태국에서 이와 같이 CCT 소속으로, 즉 동역자로서 사역하다 보니 따로 땅을 사고 건물을 살 필요가 없었다. 목회자훈련원이든 선교훈련이든, 무얼 하든 현지인이 지은 교회 시설을 이용했다.

그래서 내가 KWMA 사무총장이 되어 한국에 돌아오기 위해 여러 가지를 정리할 때도 불과 2주밖에 걸리지 않았다. 후배 선교사들과 동료 태국 목사들에게 내가 하던 사역을 위임하는 것이 전부였을 뿐, 부동산 같은 재산을 물려줄 것이 없었기 때문이다. 내가 태국을 떠날 때 후배와 동료 선교사들이 마치 은퇴잔치를 해주는 것처럼 환송 파티를 열어주었는데, 그 시간이 더욱 유쾌하고 행복한 기억으로 남을 수 있게 된 건 아마도 이런 배경 때문이었다고 생각한다.

내 이야기여서 어쩔 수 없이 내 자랑 같은 이야기들을 할 수밖에 없었다. 하지만 나는 나와 같은 이야기가 선교사들 사이에서 많이 나와야 한다고 생각한다. 내 이야기이므로 사람들 앞에서 말로 하긴 어려웠는데, 이렇게 책을 통해 설명할 수 있어 기쁘게 생각한다.

선교사와 교회의 동역

사도 바울은 로마서를 기록하면서, 마지막 16장에 평생 자기의 선교 사역을 후원한 개인과 교회들을 회고하며 그 이름들을 기록하였다. 나 또한 지난 36년 동안 사역할 수 있도록 지원해준 교회 이야기를 마지막으로 기록하면서 이 글을 마치려 한다.

보냄받은 선교사는 교회의 기도와 후원을 먹고 산다. 36년 동안 나의 선교 사역을 후원하던 교회들을 일일이 기록할 수는 없지만, 나를 파송한 교회들의 이름을 기록하며 감사의 마음을 전하고 싶다.

내가 1989년에 한국을 떠날 때는 나를 후원하는 교회가 없었다. 예장합동 교단 선교사가 되기 위한 필수 과정인 MTI(Missionary Training Institute)를 마치고 교단선교부의 파송이 필요한 때였는데, 정문호 목사님(신용산교회)께서 파송을 결정해주셨다. 신용산교회는 예배당을 건축하고 있었음에도 파송예배를 드려주셨다. 나는 본 교단의 100번째 선교사로서 총회장 이름으로 기념패를 받았으며, 신용산교회의 첫 번째 선교사로 파송되었다. 그런데 은혜로운 파송예배를 드린 후 1년이 채 안 되어 정 목사님께서 교회를 떠나시게 되었다. 그러자 교회는 선교사 후원을 정지하고 그 결정을 나에게 통지하였다. 나는 다른 사람들에게 도와달라는 말을 하기보다 한동안 기도만 하며 지냈다. 정문호 목사님께서 새롭게 개척하신 예손교회에서 이런 사실을 알고서 다시 파송을 결정해주셨다. 그 교회는 파송예배도 생략하며 최선을 다해 후원해주셨다. 생각할 때마다 감사한 일이다.

정 목사님은 선교를 귀하게 여기셔서 회갑 잔치를 포기하고 태국에 오셔서 현지인 목회자들을 위한 집회를 섬기셨고, 휴대전화기를 구입하라고 내게 헌금도 해주셨다. 태국에 방문하셨던 어느 날, 나의 선교용 자동차가 오래돼 속도가 나지 않는 것을 보시곤 차량 구입 헌금을 보내겠다는 연락을 해오셨다. 나는 아직 탈 만하다며 극구 사양해서 그 헌금을 받진 않았다. 정 목사님은 이처럼 정말 사랑이 많으시다. 선교지에 자주 오셨지만 흔한 관광 한번 안 하셨다. 성경만 읽고 연구하시는 존경받는 목사님이셨다. 그런데 정 목사님이 몇 년 후에 교회를 은퇴하시자, 그 교회는 선교사 지원이 어렵다며 후원 중지를 통보했다. 그때가 2001년이었다.

나는 1999년 2월에 최남수 목사님(의정부광명교회)을 태국에 초청하여 내가 사역하던 목회자훈련원에서 '예수꾼 만들기' 강의를 하시도록 부탁드렸다. 태국 목사님들이 이때 큰 은혜를 받았다. 그리고 2002년 8월, GMS 행사를 위해 잠시 국내에 와 있던 나는 최남수 목사님을 다시 만날 수 있었다. 최 목사님은 나와 대화하시는 중에 언젠가는 나를 크게 도와주겠다고 격려하셨다. 나는 당시에도 '프로젝트'를 하지 않았기에 '큰 도움'을 요청할 일이 없었다. 그래서 프로젝트 후원 대신 나를 파송해달라는 부탁을 드렸다. 최 목사님은 "지금 파송 교회가 없느냐"고 물으시더니, 광명교회가 당장 파송하겠다고 하셨다. 그리고 일주일이 지나기도 전에 광명교회 당회는 주 후원 교회가 되어 강대홍과 황정신을 파송하기로 결정하였고, 곧바로 파송예배를 드렸다. 그 파송예배를 드리며 흘렸던 눈물을 잊을 수 없다. 선교사로서 헌신하겠다는 마음이 다시금 부푼 풍선처럼 커져만 갔다.

과거엔 담임목사님이 은퇴하시는 경우 후임에게 부담을 주지 않기 위해 파송한 선교사의 후원을 중지하는 교회가 종종 있었다. 그러나 광명교회는 나처럼 파송 중지가 된 선임 선교사마저 여러 명을 다시 파송하는 일이 종종 있었다. 당시 광명교회는 의정부시 호원 사거리에 있었으며, 교회는 언제나 뜨거운 믿음의 성도로 가득하였다. 예배 시간마다 앉을 자리가 없을 정도였고, 교회는 선교와 교육과 전도의 열기로 가득 찼다.

광명교회의 파송을 받은 후, 나의 선교 방식은 태국의 기도 운동으로 자연스럽게 이동되었다. 2012년, 광명교회는 '세계기도정상회의'를 열었고, 그 대회의 준비를 맡은 나는 자연스럽게 태국교회를 대표해서 당시 태국개신교협의회 회장이자 방콕신학교 학장이었던 아짠 마놋과 CCC 총재인 아짠 녹을 한국에 초청하였다. 열왕기상 18장을 공부하며 기도하는 '기도자학교'에서 큰 은혜를 받은 두 명의 태국인 리더는 나에게 태국에 와서 기도운동을 일으켜달라는 부탁을 하였다. 그래서

2012년 12월말에 태국에 다시 입국한 나는 자연스럽게 태국교회의 기도하는 지도자들과 동역하게 되었다.

광명교회의 기도자학교 교재를 태국어로 번역한 것은 실로 엄청난 효과를 가져왔다. 태국 전역에서 기도운동집회가 열렸으며, 나라를 위해 기도하는 7,000명의 기도자를 세우기 위한 세미나를 계속하였다. 그런 와중에 라오스 복음주의 교회에서 기도자학교 개최를 요청했고 미얀마에서도 요청이 왔다. 태국 목사들과 나는 라오스와 캄보디아와 미얀마로 가서 기도자학교 세미나를 진행하였다.

우리 부부가 선교사 사역을 한 지 30년이 되었을 때, 최남수 목사님은 우리 가정을 위해 큰 선물을 준비했다고 하시며 '사모님 만세'를 선물로 주셨다. 기도는 하나님께서 남자보다 여자에게 주신 선물이라고 하시며, '사모들을 위로하고 격려하는 버전'으로서 기도자학교를 '사모님 만세'라는 이름으로 진행하도록 요청하신 것이다.

아내는 동남아의 여선교사들을 위해, 중앙아시아의 사모들을 위해, 당시 중국과 인도에서 비자발적으로 철수한 사모들을 위해, 태국인 사모들을 위해, 그리고 GMS 여성 선교사들을 위해 '사모님 만세' 기도자학교를 진행하였다. 이를 통해 사모들이 위로받고 변화할 수 있었다. 그때 관계를 맺은 사모들은 지금도 기도하는 그룹을 유지하고 있다.

광명교회는 나에게도 큰 격려가 되는 교회이다. 내가 GMS의 정치하는 이사 몇 명과 갈등을 겪을 때도 전적으로 선교사의 편을 들어주었고, KWMF나 GMS의 사무총장을 할 때나 KWMA 사무총장을 할 때도 내가 최선을 다해 사역에 임할 수 있도록 물심양면으로 지원하셨다. 목숨을 거는 것과 같은 기도로써 함께해준 교회이기도 하다.

광명교회는 진심으로 기도하는 교회이다. 지금도 수많은 성도들의 기도를 선교지로 흘려보내고 있다. 선교사를 위한 기도는 매번 빼놓지 않고 하는데, 100여개 국의 기도팀장들이 선교사들을 위해 기도하며 선교지를 섬기신다. 특히 우리를 섬겨주시는 태국 담당 기도팀의 팀장인 송주인 장로님 부부는 정말 우리를 위해 쉬지 않고 기도하신다.

최남수 목사님은 광명교회가 선교대회를 할 때 파송 선교사들을 모두 초청하여, 본당의 강단 바닥에서 한 주간 철야 기도를 하도록 하였다. 광명교회의 파송 선교사들은 기도하는 강단 위에서 나라와 민족, 그리고 선교지와 파송해 준 교회를 위해 밤을 새우면서 "주여!" 하고 외친 그 기도회를 잊지 못한다. 또한 영국의 기도 선교, 프랑스의 기도 선교, 미국의 기도 선교를 잊지 못한다. 교회의 기도 덕에 우리의 기도 영성도 같이 깊어지고 있다.

광명교회 외에도 우리를 후원해 주시는 교회들의 이름을 일일이 기록할 수 없어 죄송하기만 하다. 하지만 하나님께서 그 교회들의 기도와 후원, 그리고 헌신을 기억해 주시리라 믿는다. 또한 나의 태국 선교의 모든 열매는 기도해주신 이들 교회의 선교 열매이기도 하다. 그리고 지난 36년간 우리의 선교 사역(태국과 한국)이 계속되도록 격려해주신 모든 기도 후원자와 교회들에게 하나님께서 큰 은혜를 베풀어 주시리라 믿으며 감사한다.

마라나타! 주님 어서 오시옵소서! 아멘.